深圳学人文库

An Interview with Social Innovators in Shenzhen

知行者说：
深圳公益人访谈录

徐宇珊 ◎主编

社会科学文献出版社
SOCIAL SCIENCES ACADEMIC PRESS (CHINA)

序

早在数月前，就答应为宇珊这本书写序。

赶上疫情，厚厚的书稿在手里压了很久。偶尔翻阅，颇感欣慰。虽是口述史，记载的却非旧事，述如当下，论及过往。

还是在宇珊读博的时候，我开始了口述史研究。常带着几个学生访谈，整理，统稿，边干边学，不但完成了任务，学生们也在实践中掌握了要领，久而久之，他们也成了口述史的达人。想来宇珊的基本功，必是在那一段磨砺中练就的吧。

口述史，顾名思义，乃口述者所讲述的历史。但这历史并非官修的正史或散落民间的野史，而是有着鲜活生命印记和亲身经历的人生史。我之所以喜欢和在乎口述史，是因为它留住了历史的细节，并通过可信的社会资本证实了那被讲出来的历史。宇珊在书中记载了她所访谈的18位深圳公益人。什么是"深圳公益人"？宇珊说有三个特点：一是"不安分、爱折腾"，二是"善于发现和解决问题"，三是"有情怀、有理想"。读了她的书稿，我想再加两个特点，一是创新性，用行为书写历史；二是可述性，用故事讲出历史。仔细想想，这5个特点或许不仅仅属于书中述及的18位主人公，或许也属于活跃在深圳这座改革开放最前沿的城市里的所有公益人吧。写到这里，我的眼前立即浮现出他们中的一位：郭小慧。我曾在一本口述史的书中记载了她的故事，依然记得和她每次对话的场景，她美丽深邃的目光，考究得体的服饰，轻松却满载正能量的话语，尤其她讲述的每一个故事，都是堪称里程碑的历史。我想，或许她已成为深圳公益人的一个标杆，宇珊大概在有意无意间就已经用了这个标杆？你看本书中的每一位无不处处闪现着郭小慧的影子。其实，公益人身上有许多共性，恰是此书所尽力呈现的东西：人性之共美，天地之和德，日月之同辉。

《周易·大有》卦云：自天佑之，吉无不利。我想借用此句，表达对书中每一位深圳公益人的感恩和敬意。公益乃大道，大道之行，必有天佑。期待并祝愿：在公益人的努力下，深圳的公益必将承载更加美好的明天！

王　名

2020 年 11 月 11 日于清华园

前　言

做这样一个访谈的缘起是 2019 年初，看到导师王名教授主编的新书《知行者说——公益新生代访谈录》，该书是继《中国 NGO 口述史》第一辑和第二辑之后的第三本中国社会组织口述史。如果同时翻看这三本书，会从一个个鲜活的生命个体中，清晰地看到中国社会组织乃至中国整个经济政治社会变迁的脉络。可能王名老师的很多学生或多或少地参与过这三本书中某些人物的访谈。十几年过去了，我依稀记得跟随导师访谈第一辑书中一些访谈对象的情形。

在隆重纪念了改革开放 40 周年后，又迎来深圳经济特区建立 40 周年，我想是否可以为深圳的社会组织人物进行一次访谈，作为 2020 年深圳经济特区建立 40 周年的礼物？王名老师的前两本口述史，记录了深圳外商投资企业协会的郭小慧会长、深圳残友集团的郑卫宁先生，他们都是深圳社会组织及社会创新界的资深领袖。我想，深圳还有很多社会组织领军人物，他们的故事也一定非常精彩；应通过一个个社会组织创业者、从业者的生命故事，展现深圳社会组织这几十年来的发展，反映社会组织所处的制度环境的变化以及深圳 40 年来的变迁。我的想法得到了深圳市社会科学院领导的支持，随后我开始对诸多人物进行访谈。随着访谈的深入，我可以自信地说，做这个事情的初衷达到了。

每次访谈结束，我都久久不能平静，我感受到这个城市深处所涌动的生命力量，自己如此幸运，可以与这样一群勇担责任、有活力、有干劲的同道中人前行，可以跟随这座城市的脉搏一起跳动！

一 这是一群怎样的人？

在选择访谈对象时，一方面我尽可能地考虑了不同年龄的群体。此次访谈对象的出生年代从 20 世纪 40 年代到 80 年代，"40 后""50 后""60 后""70 后""80 后"，都有相应的代表人物，年龄跨度大。另一方面，他们从事与社会组织相关的工作基本都在 10 年以上，只有长期从事相关工作，才能够看到组织的发展以及外部环境的变化。本书访谈对象的出场顺序大致按照他们与深圳结缘的时间顺序排列，同时兼顾年龄、从事社会组织工作的时间等。这些访谈对象中，大致可以分为两种情况。一种是在深圳的土壤里孕育出的社会组织创新领袖，他们每个人在深圳的居住时间都超过 15 年，最久的 37 年。他们最初踏上深圳这片土地时，几乎都不是从事社会组织工作，一路走来，伴随这座城市成长的脚步，他们离公益慈善，离社会治理，越来越近，把社会组织当作一生的事业追求。另一种可以说是深圳社会组织相关政策的"梧桐树"引来的"金凤凰"。他们定居深圳的时间并不长，来深圳就是为了创办社会组织或从事与社会组织相关的工作，他们在其他地方要么功成名就，要么专业卓著，到深圳就是为了做公益的，是深圳良好的环境吸引他本人或本人所在的组织落地深圳！

尽管这些访谈对象年龄不同，来深圳时间有先后，但随着访谈人数的增多，我的脑海中不断勾勒出他们的集体画像，发现他们诸多相似的人物特点。每一次的访谈，也都让我有"胜读十年书"的感觉，每个人都是一座真人图书馆，从他们的故事中，我认识深圳的变迁，解读社会组织的发展，了解他们所做的具体工作，更在感受他们的激情与行动！

这是一群不安分、爱折腾的人。"敢闯敢试"是深圳精神的重要特色，这些社会组织创新者身上具有浓厚的"敢闯敢试"的特区精神。在后面的访谈中，你会看到，虽然他们来深圳的缘由各不相同，但他们中的很多人，过去在内地有着一份体面、稳定的工作，但当他们来到深圳时，被深圳的气质、被深圳的活力所深深吸引，于是放弃过去在内地的工作，放弃体制内的安定，放弃商界的高薪，来到深圳打拼。也许，在这些人的身体中，就流淌着一股不安于现状的血液。也许，正是有了比其他城市更多的天然带有"敢为人先"基因特质的人，深圳才有了一座城市特有的人文气质。

这是一群善于发现和解决问题的人。几乎每一个社会组织的创业者都是一个社会问题的发现者。在后面的访谈中，你会看到，几乎每个组织都会对应一个或一类社会需求或社会问题："失独"家庭需要心灵关怀，登山出事故需要救援，自闭症儿童需要康复治疗及社会关怀，因病致贫需要系统解决……也许，发现社会问题的人很多，其中的多数可能仅仅成为麻木者，成为抱怨者，成为指责者，但本书的访谈对象们不仅仅是问题的发现者，更是社会问题的解决者、社会政策的倡导者。发现社会需求和社会问题，是他们出发的起点，是引领他们前进的动力。他们尝试调用一切资源，采用一切方式，努力寻找社会问题的解决途径。他们是乐观的行动者、积极的建设者。

这是一群有情怀、有理想的人。社会问题的解决往往是一个系统工程，牵一发而动全身，各种问题错综复杂。如果没有长期作战的决心，没有整合资源的能力，没有专业科学的方法，问题极难解决。而本书的访谈对象，之所以一直在这个领域有10年、20年的坚守，套用一下文中刘海军老师的话，是因为"既有虔诚的信仰又有热恋般的激情"。即便每次推进一小步甚至半步，即便是进两步退一步，但他们心中一直有希望，一直积极前行。即便他们遇到各种各样的困难，但一直对所有帮助过他们的人和组织，充满深深的感恩和敬意；对我们的政府和社会，怀有满腔的信心和信任。

其实，选择访谈对象，于我来说，有点痛苦，因为这是一个不断割舍的过程。纳入备选名单的访谈对象非常多，在访谈中不断有新的发现，不断纳入名单的也很多，但囿于篇幅，要控制数量，只能不断筛选和放弃。事实上，全深圳在社会组织领域做出杰出贡献或有独特作用的典型人物远远不止这些，他们一起构成了这个城市温暖的民间力量。

二　这是一些怎样的组织?

在选择访谈对象时，除了考虑到访谈对象个人的因素外，也特别考虑到他们所在组织能够反映深圳社会组织的全貌。首先，考虑组织的多样性。从组织的登记类型看，包括基金会、社会团体和民办非企业单位，其中基金会有企业基金会、社区基金会、政府发起的基金会、纯民间发起的基金会等；社会团体中，有互益性的行业协会和公益性的社团等；民办非企业单位中，有社工机构、研究机构等。同时，也有社会企业以及以工商注册形式出现的组织。其次，尽量通过一个人反映多个组织的情况。本书的很多访谈对象与多家社会组织有关，要么是先后创办不同组织，要么是同时在不同组织担任职务——这样可以最便捷、最快速地从一个人物透视多个组织的发展。据不完全统计，这18个社会组织人物所涉及的社会组织有近40家。最后，考虑组织的典型性。这些人物背后的组织基本上是某个方面在深圳乃至全国属于"首创""率先""第一"，它们确实是社会组织中的引领者。例如，这里有全国第一个社会组织托管生态公园的案例，有全国第一个尝试民间评价政府的基金会，有率先在深圳参与社会组织等级评估工作的社会组织，有全球首家由中美慈善家创建的深圳国际公益学院，有率先尝试差额选举的行业协会、社区基金会和特殊儿童家长组织……这些都说明，我们的社会组织不就是深圳先行示范的行动者吗？

虽然访谈对象及其所在的组织，都是我过去比较熟悉的，但每一次的访谈，还是让我有耳目一新的感觉，加深了我对社会组织价值与意义的理解。王名老师把社会组织的功能概括为四个方面，分别是资源动员、社会服务、社会治理和政策倡导。[1] 我们看到本书访谈对象所在的组织在这四个方面均发挥了重要作用。

在资源动员方面，房涛带领的深圳市慈善会在动员慈善捐赠资源方面位居全国慈善会之首；李弘带领的壹基金号召人人参与，每天捐出1元钱；窦瑞刚所在的腾讯基金会则成为最重要的公众捐赠平台，并发起"99公益日"掀起全民参与的热潮；李敢、余冠彬、李海、石欣等，都是深圳志愿服务的参与者，他们见证了深圳社会组织动员志愿服务资源的能力；罗海岳发起的中国留学生爱心助学基金，动员海外学子捐资捐智关注贫困地区

---

[1] 王名主编《社会组织概论》，中国社会出版社，2010。

的教育问题。

在社会服务方面，廖艳晖所发起的自闭症研究会及仁爱和善等多家服务机构，弥补了自闭症儿童康复教育的服务空白；石欣率领的山地救援队提供技术含量极高的专业户外救援服务；刘海军参与的一系列残疾人社会组织和社会企业为残障人士提供全方位、精细化的服务；孙亚华所领导的阳光家庭综合服务中心为妇女、儿童、家庭提供专业化的社会工作服务；李敢发起的星聆热线提供心理咨询服务，"10℃俱乐部"让失独家庭重燃生活的希望；朱舜华一直服务的钟表行业协会既为会员企业，也为政府部门提供全方位的社会服务；李亚平所在的几家社会组织积极参与政府购买服务，为政府的管理和决策提供专业服务。

在社会治理方面，范军参与的几家组织一直致力于公众参与，活跃在社会治理的前沿，为深圳各级政府的社会治理工作出谋划策；李海所见证的蛇口社区基金会作为公民自发建立的组织，成为社区居民参与社区公共事务的载体和平台；孙莉莉发起创立的红树林基金会以捐赠、自然教育、参与理事会等多种渠道建立公众参与自然生态治理的平台；房涛领导的社会工作学院在多次的危机处理、应急管理等方面做出突出贡献，有力地化解了社会矛盾。

在政策倡导方面，李罗力领导的深圳市马洪经济研究发展基金会通过评议政府，有力地推动法治政府的建设，深圳市慈善事业联合会深入调研会员组织面临的共同问题，形成政策建议；王振耀所领导的深圳国际公益学院参与深圳多项公共政策制定，直接将研究成果转化为公共政策；廖艳晖先后发起的几家机构通过调查研究、行业倡导、家长互助等方式积极引导社会舆论，关注残障人士权利视角下的社会支持体系建设，致力于改善心智障碍人士的社会环境和公共政策；朱舜华及钟表行业协会很多领军人物通过参政议政，为深圳的时尚产业发展出谋划策；佘冠彬所在的深圳市无障碍环境促进会则一直致力于打造深圳的无障碍出行环境。

然而，此次访谈让我感到上述四个方面的功能并不能完全概括深圳社会组织正在发挥的作用。我想再特别增加一个功能——社会创新试验功能。

正如访谈对象陈行甲所说："我想我要成立一个公益组织，帮国家来探探这个路。我的理想是为整个国家的医疗保障的进步来做一个'小岗村'。"腾讯基金会的窦瑞刚认为，"基金会所做的最重要的事情是探索了一个不一样的模式，寻找社会创新的供给侧改革方案"。我们要思考"如何在需求和供给矛盾变化的情况下，找到中国社会组织独特的价值所在？"陈行甲和窦瑞刚在访谈中，都表达了这样一个观点：由社会组织去探索尝试的风险很小，成功了就皆大欢喜可以复制，哪怕失败了，对政府、对老百姓也没什么损失，无非是模式不可行，不可复制罢了。特别感谢这两位公益开拓者，他们的理念和行动给我深深的启迪。

陈行甲所发起的联爱工程探索大病综合救助的模式；窦瑞刚就职的腾讯基金会参与深圳公办教育改革和养老机构的运营管理改革；孙莉莉发起的红树林基金会探索公众参与下的自然保护区的管理新模式；孙亚华参与运营的花果山社区服务中心为深圳社区管理体制创新探路；李弘带领的壹基金在全国探索县域社会组织的培育模式；房涛管理下的深圳市慈善会整合跨界资源，探索公益金融的可行道路；刘海军用社会影响力投资的方式探索引导主流企业解决社会问题；朱舜华一直服务的深圳市钟表行业协会最早实行差额选举制度并在全市行业协会中推广，同时尝试以行业协会为主体举办研究院、检验中心等，试点民办事业单位。

以上这些，虽然表面上也是在提供社会服务或是参与社会治理，但我觉得，其社会创新试验功能应当特别予以强调。他们不是在提供传统的公共服务，不是在按照政府采购要求参与购买服务，不是在做政府提供公共服务之外的补充，而是主动地为社会变革探索全新的管理和服务方式，在做开创性的、试验性的、前瞻性的工作。

社会创新试验功能，可以说非社会组织莫属。社会组织不像企业那样要追求利润，捐赠资金不要求投资回报率，因此可以进行战略性、前瞻性的尝试，而不为眼前短期效益所动。社会组织不像政府那样出台任何一项公共政策都需要全方位考虑全体社会成员的利益，考虑整体的社会稳定；社会组织的行动因其民间自发性，可以更加灵活自由。社会组织可以在尊重捐赠者意愿的前提下，在小范围试验、试错。成功了，可能就探索出一种新的公共服务的供给模式；即便失败了，也不会有太大社会危害，只是可能难以复制推广而已。就像王振耀院长所表达的意思，社会组织不能埋怨政府，而应该走在前面试错，发现错误再反馈给政府，这样政府决策才更加科学有效。科学创新需要实验室，社会创新也需要实验室，这些实验室正是社会组织正在管理和运营的一个服务项目，一个社区中心，一个小公园，一个养老院……

三　这是一座怎样的城市？

在访谈时，我几乎对每一个访谈对象都问了这样一个问题，您觉得所做的事情在其他城市能否做成？几乎每一个访谈对象都坚定地说，这事儿只有在深圳才能做，在他的老家做不了，内地其他有类似需求或问题的朋友在当地做不了。那么，为什么是深圳？每个访谈对象都列举了他所理解的原因。

深圳是一个由来自五湖四海的移民组成的城市，他们有很强的独立性，虽然靠自我奋斗打拼，但也有互助的需求和内在动力。深圳的城市形态，与托克维尔笔下的美国，公民依靠互助、不依赖政府、乐于结社的形态高度相似。这里的结社并不是指正式成立社会组织，而是指大家为了兴趣爱好或解决某个问题自发组织起来。独乐乐不如众乐乐，一个人跑得快但一群人跑得更远，在深圳的公园里常见各种跑团，周末有各种驴友的活动。深圳民间能够组织"磨房深圳百公里"这样的活动，就是最鲜活的证明。大家都很独立，但又互助，每个人都尽自己一分力量，积极地关心和参与公共事务。为了解决某个问题自发地组织起来，本着解决问题的态度而不是对抗的态度，更加理性地与其他利益相关者对话。所以，这个城市的人们更加具有自治精神，更有包容的态度，更有参与公共事务的热情和能力。

深圳是一个富有志愿精神的城市。"送人玫瑰，手有余香"，早已成为深圳十大观念之一，志愿服务是深圳一张亮丽的名片。本次绝大多数的访谈对象也谈到了深圳的志愿服务、义工文化，其中有多名访谈对象就是长期的、资深的、专业的义工。很多访谈对象也对深圳义工的发展变化有细致的观察和深刻的思考。深圳作为移民城市，其独特的人口结构是孕育义工文化的土壤，陌生人之间的互助需求让市民参与义工服务成为内心的需要，做义工完全不求任何回报，把志愿服务作为生活方式。很多访谈对象谈到早年参与义工服务的经历，也谈到了自己作为普通市民如何得到义工的关爱和帮助，反映出当年的义工文化。但同时，大家也不约而同地提到现在的义工文化不如早年，变得更加形式化和行政化。有多位访谈对象分析认为，这与深圳人口的稳定化和常态化有一定的关系，与越来越大的生活压力和越来越快的工作节奏也有一定关系，当然也与相关机构的管理创新不足有关。对于深圳的义工文化，我与各位访谈对象的体会大致相同。我刚来到深圳时，除了接触的同事外，认识的人不超过五个。周末我想带孩子接触更多的人，主动寻找了一些与儿童相关的组织，也因此在深圳结识了最早的一批志同道合的伙伴，甚至推动这些妈妈从松散的志愿者变成社会组织的正规军——彩虹花公益小书房，该组织现在在深圳也小有名气。

深圳是一个有无限活力和创新精神的城市。创新是深圳的灵魂，是深圳的基因。很多访谈对象说，吸引他们放弃内地的工作，只身来到深圳从头开始的动力，就是深圳的活力与创新精神。这种活力和创新不仅体现在企业家身上，而且体现在每个行业每个市民身上；不仅体现在具体的产品创新上，而且体现在组织管理运营体制机制等全方位的创新上。政府有创新意愿，把先行先试作为深圳的使命；社会组织有创新意识，会采用各种方法整合各种资源解决社会问题。我非常欣赏访谈对象刘海军的观点：深圳的创新不是为了创新而创新，而是为了解决问题而采用新方法、新思路；创新不是一句口号，是在实干中总结出来的。注重实践，注重结果，是深圳创新的鲜明特色。

深圳是一个政府理念开明、观念开放、务实高效的城市。很多访谈对象提到了社会组织在登记注册过程中的深圳速度，政府重视、信任和支持社会组织发展，但又不干涉和包办，给社会组织放权和赋权，给予成长空间。这样的政府气质离不开政府的官员们。很多访谈对象提到，政府从市级到区级，甚至街道一级，都不乏专家级领导。他们对问题有着极其深刻的洞察和见解，他们具有快速学习的能力，愿意尝试新的事物，愿意接受新的建议，愿意承担创新可能带来的风险，愿意倾听民间的声音，愿意与民间携手共同推进社会的进步。多位访谈对象提到，当政府官员看到民间人士想真正做事的时候，都会尽力地提供帮助，愿意为好人做好事提供平台，一起克服各种困难，甚至能突破现有制度的藩篱，把事情做成。而创新也就是在这样的过程中自然而然地发生了。对各位访谈对象关于政府官员的看法，我深表认同。平时，我与深圳各级政府各个部门的公务员也有较多的接触，绝大多数的公务员让我很欣赏和佩服。大部分的公务员是带着对事业满腔的热情和对人民的责任，非常用心地做事，想的是如何让这个城市变得更加美好，百姓更加幸福。

深圳是一座尊重市场规则，让企业家能有担当、充分履行企业社会责任的城市。深圳是改革开放的受益者，较早建立起中国特色社会主义市场经济体制，这里最具有契约精神，最尊重市场规则，这里有最好的经商环境。一大批企业家伴随着深圳的改革开放迅速成长，他们不仅成为市场中的"弄潮儿"，也在可持续发展、社会治理、公益慈善等领域先知先觉，在王石、马蔚华等知名人士的带领下，深圳的企业家们一直在履行企业社会责任。这里有完全从商业转型做公益的企业家，像孙莉莉；也有慷慨地对公益事业给予各种无私支持的人，像王振耀、陈行甲提到的那些令人感动的故事中的企业家。深圳市慈善会成为全国慈善系统接受捐款最多的社会组织，也与这个城市企业家的爱心密不可分。企业家们不仅捐款捐物，更身体力行地参与社会治理，把商界的智慧运用到社会领域。

四　这是一个怎样的时代？

从本书一个个人物的故事中，我们可以看到这40年来社会组织制度环境的变化以及深圳的变迁。

首先，访谈对象个人及其组织见证了深圳社会组织的重大事件。在2016年的首届"深圳社会组织风云榜"上，评选出了深圳"十大社会组织影响力事件"，本书各位访谈对象的故事基本涵盖了这十大事件以及其他与深圳社会组织关系密切的重要政策。例如，1986年，深圳的8家行业协会的成立拉开了社会组织发展的序幕，深圳市钟表行业协会尽管不是最早的8

家行业协会之一，但也是紧随其后，次年 1 月成立。1990 年深圳义工联正式注册，本书多位访谈对象是义工联不同发展阶段的核心参与者。2004 年成立深圳市行业协会服务署，开始行业协会管理体制改革，行业协会全面脱钩，深圳市钟表行业协会、深圳市企业评价协会等组织是此次改革的直接利益相关者，从中也可以看出同一政策对不同组织的影响不同。2006 年，深圳率先进行社会组织等级评估的探索，之后全面推开，李亚平所在的几家社会组织全面参与了这项工作；本书访谈对象所在的组织绝大多数也是 4A、5A 级社会组织，是深圳市社会组织中的典范。2007 年，深圳开始部署安排社会组织党建工作，之后不断加强，推进党建工作全覆盖，访谈对象朱舜华、李敢、刘海军、石欣等都提到了社会组织如何开展党建工作，党员如何在社会组织中发挥作用等。2007 年，社会工作"1 + 7"文件开启深圳专业社工服务，孙亚华带领的阳光家庭综合服务中心、刘海军参与创立的残友社工、廖艳晖发起的仁和社工，都与深圳的社会工作政策密不可分。2008 年深圳试点工商经济、社会福利、公益慈善等 3 类社会组织直接登记，2012 年又将直接登记的范围扩大到 8 类组织。本书中很多组织能够顺利、快速地成立，均与这项政策密不可分，很多访谈对象也提到了这一黄金期对组织的影响。同时，几乎所有的访谈对象都感受到了社会组织登记从严格到宽松再到严格的过程。2009 年的"部市协议"是本书中很多组织成立的政策基础，壹基金、红树林基金会、恒晖儿童公益基金会等的成立均得益于"部市协议"给深圳赋予的先行先试的使命。2012 年创办中国慈展会并永久落户深圳，本书访谈对象所在的组织积极参与到慈展会中；2014 年深圳开始推动社区基金会发挥作用，蛇口社区基金会就是其中的典型。

其次，访谈对象以普通市民的视角，呈现出鲜活的深圳变迁。尽管深圳的变化并不是本书访谈的重点，但因为每个访谈对象都是深圳城市的一分子，他们在生活中发现的一些细节汇聚成深圳变化的图景。很多访谈对象提到了深圳当年的基础设施比内地落后，条件比内地艰苦；提到深圳到处是建设工地的轰鸣声；提到深南大道的上海宾馆。除了这些共性的感受，还有个人生活的细节。例如廖艳晖讲到刚来深圳时，深圳的学校严重不足，大家拿着自己家的桌椅板凳到校上课；再如罗海岳细心地发现随着年级的升高，班级中说普通话的学生越来越多。虽然笔墨不多，但也为我们勾勒出深圳的变化脉络。深圳今日现代化大都市的面貌不是一天形成的，作为后来的新移民，我们在享受早年"拓荒牛"的辛勤耕耘的成果，我们感恩这些早年的建设者。

再次，让我们看到社会组织之外，深圳其他领域非常重要的历史故事。这些历史故事，对于我来说，有些甚至从未耳闻。例如通过李罗力执行长的介绍，我才知道原来早年曾专门研究过深圳是否要单独发行货币的问题；通过石欣的介绍，我才知道原来现在时常乘坐的深港巴士竟然是一家基金会推动成立的；通过孙亚华的故事和罗海岳的讲述，我才知道当时深圳高级中学曾经面向全国招收优秀学生！作为一个新深圳人，我非常感恩他们的分享。后来我特意阅读了一些纪念深圳经济特区建立40周年的图书和文章，有些故事相互印证，读来甚为有趣。

最后，本书访谈对象所在组织的发展充分体现出时代特征。在纪念深圳经济特区建立30周年的时候，曾经有一种说法是，深圳前30年主要是经济建设，后30年要加强社会建设。本书绝大部分的组织是进入21世纪之后成立或开始活跃的，与社会组织相关的政策也大多集中在2000年之后。这是因为，随着改革开放的深入，深圳经济快速发展的同时，社会领域的短板已逐渐凸显，因此进入21世纪后，深圳越来越重视改善民生，加强社会领域建设，重视社会组织的作用。本书提到的这些社会组织，既是深圳重视社会建设的产物，也是实施社会建设的重要力量。

五　展望未来

2019年，中共中央、国务院颁布了《关于支持深圳建设中国特色社会主义先行示范区的意见》，深圳建设中国特色社会主义先行示范区离不开社会组织。深圳社会组织培育发展和综合监管的政策以及社会组织自身的诸多做法已经在全国起到了先行示范的作用。例如，深圳的行业协会全面脱钩比全国至少早十年；深圳最早以独立第三方的形式开展社会组织等级评估，在民政部没有统一要求的时候，率先把党组织的活动纳入评估指标体系；在《中华人民共和国慈善法》颁布之前，深圳已经着手对慈善会进行改革，探索募捐行为与行业管理分开，深圳市慈善事业联合会成立后的经验，已成为很多内地城市学习的范例；壹基金在深圳注册为公募基金会后，为全国民间基金会转为公募基金会提供了先行示范；同时，如李弘所说，深圳先行先试让壹基金得以注册，壹基金又辐射到全国县域组织，这也是深圳对全国的贡献。

这些以往的实践是深圳在社会组织领域摸索、尝试、创新、总结，成功后被其他地方效仿或成为全国的政策，这就是深圳在社会组织管理领域对全国的先行示范。过去几十年的经验表明，社会组织在建设中国特色社会主义先行示范区中有着不可或缺的作用，深圳社会组织领域已经有一系列先行示范的优秀案例。深圳政府重视社会组织的发展，社会组织本身也具有强烈的创新意识和能力，相信未来，深圳社会组织领域在全国会有更多的先行示范。

感恩有这样一群有热情、有担当、有行动的人。

感恩有这样一些组织活跃在民间。

感恩深圳这座城市。

感恩我们所处的这个时代。

目 录

contents

李罗力：深圳市慈善事业联合会的创办与发展 ……………… 001

王振耀：深圳公益慈善界引入的金凤凰 ………………………… 023

廖艳晖：心智障碍人士的社会化支持体系建设 ………………… 034

余冠彬：深圳义工发展和无障碍环境建设 ……………………… 057

朱舜华：钟表行业协会引领深圳时尚产业 ……………………… 068

李 敢：关爱失独家庭的 4.0 版本 ……………………………… 082

罗海岳：三个赛道的公益体验 …………………………………… 100

石 欣：专业民间户外救援服务 ………………………………… 113

范 军：公众参与社会治理的方法路径 ………………………… 126

房 涛：城市慈善的先行示范 …………………………………… 138

李 海：蛇口诞生的两家知名基金会 …………………………… 145

孙莉莉：公众参与下的环境保护 ………………………………… 164

窦瑞刚：公益资本推动公共服务供给侧改革 …………………… 177

李亚平：深圳社会组织等级评估的起步与完善 ………………… 198

孙亚华：深圳社会工作推动社区服务创新 ……………………… 212

刘海军：需求导向下的社会创新 ………………………………… 230

李 弘：人人公益的实现路径 …………………………………… 241

陈行甲：大病救助的民间道路 …………………………………… 256

后 记 ……………………………………………………………… 267

李罗力：深圳市慈善事业
联合会的创办与发展

【人物及机构简介】

李罗力，1982年毕业于天津南开大学经济系，获经济学硕士学位。1985年任南开大学经济研究所副所长，1986年任国家物价局物价研究所副所长。1988年后调至深圳工作，历任深圳市政府办公厅副主任、深圳市信息中心主任、深圳市委副秘书长，并于邓小平同志南方视察期间兼任深圳市接待办公室主任。1993年底至2006年担任中国（深圳）综合开发研究院副理事长兼秘书长。现任中国（深圳）综合开发研究院副理事长，深圳市慈善事业联合会（Shenzhen Charity Alliance）创会名誉会长，深圳市马洪经济研究发展基金会创会理事长，开放导报杂志社社长，南开大学深圳校友会创会会长，中国经济体制改革研究会副会长，南开大学教授、博士生导师。

作为中国著名的经济学家和改革开放理论家，李罗力多年来发表了数十万字的论文，主持完成了多个重大咨询项目，主持召开了多项重大学术活动和国际研讨会，撰写及主持编撰了多部重要著作。

近年来，李罗力在社会公益事业上也做出重要贡献，2011年发起创办了深圳市马洪经济研究发展基金会，2013年发起创办了深圳市智库百人会，2016年受政府委托创办了深圳市慈善事业联合会，2016年荣获"鹏城慈善推动者公益创新奖"，2019年其所领导的深圳市慈善事业联合会和深圳市马洪经济研究发展基金会同时被评为深圳市5A级社会组织。

深圳市马洪经济研究发展基金会是为了纪念我国社会智库的创始者和领导者与兴同志，2011年11月由国家高端智库中国（深圳）综合开发研究院发起成立的，成立近十年来，已发展成为在国内外均享有一定声誉的新型民间智库，并于2015年荣获"全国先进社科组织"荣誉称号。

深圳市慈善事业联合会（简称"深慈联"）是在深圳从事慈善事业的自然人、法人和其他组织自愿联合发起成立的非营利性社会团体。深慈联以健全慈善行业运行机制、增进社会信任、推动慈善行业健康快速发展为宗旨，直接为全市慈善行业服务，是连接政府、慈善机构和社会各方的枢纽型慈善行业组织和公共服务平台。

一 以充满改革开放的热情和魄力
投身深圳这片热土

我跟深圳结缘，应该是 1983 年。

我是 1982 年在南开大学硕士毕业的，毕业以后就留校了。当时我们南开大学经济系受国务院特区办公室的委托，到深圳来做一次调研。那次调研的课题是要不要发行特区货币。国务院特区办之所以委托南开大学经济系做这个课题的调研，是因为建立特区后，对是否应该发行特区货币有两派意见。一派认为可以发行。理由是当年中央苏区、陕甘宁边区也曾发行过自己的"边币"，那么现在深圳既然是经济特区，当然就可以发行特区货币。另一派则认为，深圳经济特区并不是一个封闭的市场环境，因此根本不具备发行特区货币的基本条件。这个争论很大。当年我就是跟着我的导师、南开大学经济系主任魏埙教授参加了这次调研活动。那是我第一次来深圳。从那次的调研结果看，我们得出了深圳经济特区不具备单独发行货币的条件的结论，因为深圳与香港、澳门不同，它不是一个独立的关税区，不具备相对封闭的市场边界。最后的历史事实证明，当时我们调研的结论是正确的，中央有关部门也采纳了我们的意见。

那次来到深圳，给我留下的最深刻的印象就是深圳充满了活力。我记得我们来的时候，位于深南大道的市政府大楼刚刚建起来，整个深南大道的建成建筑向西就到上海宾馆，再往西去那边就是一片农田了。而且深南大道上的建筑很少，当时深圳经济特区的建成区，主要还是在现在的和平路、解放路、东门老街一带。尽管特区的经济建设当时刚刚起步，但是你会感觉到这里的人们充满了活力，改革开放的气氛非常浓。这一切在我的思想和心灵上留下了深深的、难以磨灭的烙印。

到了 1986 年，我从南开大学调到国家物价局物价研究所当副所长。当时工作能够调到北京，而且是做副厅级干部，同时我爱人的工作也调到北京，她和孩子的户口调进了北京，国家物价局也马上给我们分了房子，这一切应该说是非常不容易的。在别人来看，这是一次难得的机会。但是我对这些并没有特别放在心上。1987 年，我的一个老朋友向当时深圳市的主要领导李灏①同志和副市长朱悦宁同志推荐我到深圳当体改办主任，我非常心动。因为自 1983 年以来，我就一直向往深圳那片改革开放的热土，我非常希望自己能够在改革开放第一线充分发挥作用，能够有所作为，能够有所贡献。所以，尽管在别人看来，我能够调到北京工作，一切条件都很好，但我毫不犹豫地下决心到深圳来工作。后来国家物价局的领导批准了我的调动申请。1988 年 2 月，我就调到深圳，做市政府办公厅副主任。

从这个过程看，我对深圳是充满感情、充满期望的。主要的动力就是希望在改革开放的第一线，直接地做一些贡献。对我自己，也是学习和提高。对我的人生价值来讲，我希望能够投身到改革开放中，能实现自我价值，能够做出自己的努力和贡献。

二 做好市委、市政府的工作

我到深圳以后，自 1988 年 2 月到 1993 年 12 月一直是做市委、市政府的工作。那时的市委、市政府充满了勇往直前、勇于担当、敢为天下先的改革精神。

我在市政府办公厅工作时，在当时市政府秘书长兼政府办公厅主任李定同志的领导下，以充满改革的热情和精神开展了很多开创性的工作。其中包括在全国各省市政府办公厅系统率先创建了"政府信息快报"，此项工作受到了当时国务院办公厅的表扬。此外，当时我们在办公厅工作中做了一个很重要的大胆改革，那就是"减政放权"。在中央批准深圳特区成立后的十多年里，特区管理体制的主要特色是"小政府大社会"。当时深圳市政

---

① 李灏，1985 年从国务院副秘书长职位调到深圳工作，历任广东省副省长、深圳市市长、深圳市委书记。1993 年 3 月，任第八届全国人大常委会委员、财经委员会副主任委员。现任深圳市政府高级顾问。

府办公厅权力很大，功能很多，可以说是"集大权于一身"。比如那时审批企业，都是首先由政府办公厅审核企业提交的材料，并报经分管市领导同意之后，才转给企业进行工商登记。再比如，那时候每年进入深圳市的户口指标，都是由政府办公厅牵头，与市公安局、劳动局、人事局等相关部门进行联合审批的。甚至那时人们要进入沙头角"中英街"，都要到政府办公厅来领证。尽管直到今天，还有不少人认为当官掌权越多越好，越大越好，但我们当时就已经认识到这样是不对的，是不符合社会主义市场经济要求的，是不符合改革开放要求的。认为政府办公厅的权力不应该那么大。为此，我们当时就秉承改革的精神，向市领导提出，要把办公厅过于集中的权力放到各个职能部门和各个区，同时在全国率先提出要建立"一站式"的审批制度，精简政府的审批手续，提高审批企业的效率。直至今天，我们这种推动政府简政放权，从权力型政府向服务型政府转变，以及不断提高政府效率和透明度的改革精神和改革举措，仍然处于时代的前列。

后来我当了深圳市信息中心主任，也是以大胆改革和勇于创新的魄力，以励精图治和一丝不苟的态度，以严格管理和细致规范的作风，在一年之内就把当时管理混乱、内斗不断、业务落后、一盘散沙的机构，变成了排在前列的先进单位。

1991年底，我担任了市委副秘书长兼市政府接待办主任。在这个岗位上最值得骄傲和回味的是，在1992年1月邓小平同志南方视察时，我直接负责了邓小平同志到深圳来的第一线的主要接待工作，并亲耳聆听了具有转变中国改革开放命运伟大意义的"南方谈话"。我始终认为，那是我人生中最辉煌的一段经历。此外，市政府接待办的工作在我任职期间也进行了大胆的改革和创新，走上了规范化、制度化、科学化的管理轨道，建立了良好的工作机制和工作制度，使过去人们普遍认为只要服务好客人、伺候好领导即可的接待工作，发生了实质性的重要改变，形成了新的优良作风，走在了全国接待工作的前列。

总之，我在深圳市委、市政府的各个岗位工作的几年间，始终抱着满腔改革的热忱和愿望，发自内心地努力工作，为深圳经济特区早中期的创建和发展，发挥了自己应有的作用，贡献了自己应尽的力量。

三 构建中国第一家高端社会智库

1993 年底，经深圳市委常委会决定，我调到中国（深圳）综合开发研究院担任主要领导。这个研究院是中国改革开放后创办的第一家独立研究咨询机构，是由当时国务院发展研究中心主任马洪①同志与当时深圳市委书记李灏同志共同发起，经过当时中央主要领导批准成立的，是中国改革开放历史上社会智库建设中具有里程碑意义的重大创举。

由于这个在中国改革开放大潮中第一个成立的新型研究机构没有任何可供借鉴的经验，在探索中不断遇到各种难题，因此这个研究院在成立 5 年之际就陷入没有固定场所、没有资金支持、没有项目可做、没有工资可发，队伍一盘散沙，面临生存危机的前所未有的严重困境。就是在这样一个非常关键的时刻，经马洪同志向当时深圳市委主要领导提出要求，并与我本人反复商议后，我被调到这个研究院的主要领导岗位上。

经过 13 年努力奋斗，我不仅带领这个研究院走出困境，使它由小到大、由弱到强，成为当时扬名海内外的中国著名智库（我当时就已经将这个研究院成功地树立为"中国脑库"），而且成功探索出一条在中国特色社会主义市场经济条件下建设新型智库的独特发展道路。今天，中国（深圳）综合开发研究院已经成为我国第一批 25 家国家高端智库之一，并且至今在所有这些国家高端智库中仍然具有最鲜明的特色。正是由于我在领导该院时期为中国社会智库改革创新发展所做出的贡献，2018 年我被深圳市创新发展研究院评选为深圳经济特区发展 40 年来的 100 个改革开放代表人物之一。

四 创建马洪基金会和智库百人会

2007 年，我退休后继续担任中国（深圳）综合开发研究院的副理事长。

---

① 马洪，中国著名经济学家，老一辈无产阶级革命家。新中国成立后，曾任中共东北局副秘书长、国家计划委员会秘书长、国务院副秘书长、中国社会科学院院长等职。1985 年创办了中国第一个国家级政策研究咨询机构——国务院发展研究中心；1989 年创办了中国（深圳）综合开发研究院，任第一届理事长。

2010年我在综合开发研究院的理事会上，首倡成立以马洪同志命名的公益基金会。2011年底，综合开发研究院正式发起成立了深圳市马洪经济研究发展基金会（以下简称"马洪基金会"）。我和马洪基金会的理事们将马洪基金会的主要发展方向定位为开展符合时代要求的政府工作民间评价活动。

到目前为止，马洪基金会以"金秤砣奖民间评议活动"为品牌的民间评价政府活动，在深圳已连续举办了6届，在广东省举办了1届，在全国已经连续举办了4届。

马洪基金会作为第三方机构，汇聚民间的力量，评价和监督政府工作，不仅对十九大后国家四个全面战略布局，全面推进社会建设新发展具有深远的价值和意义，而且与党中央的治国理念高度一致。马洪基金会锐意改革、勇于创新，在全国起到了引领和示范的作用。这个发展方向毫无疑问代表了深圳乃至中国改革开放新的前进方向。

正因如此，2015年马洪基金会被授予"全国社科组织先进单位"荣誉称号。此外，由于马洪基金会严格、规范、科学、高效的工作机制和工作流程，在2019年全市社会组织等级评估中，其被评为具有最高荣誉的5A级社会组织。

与此同时，我还领导马洪基金会创建了深圳市智库百人会。智库百人会是集合深圳各行各业专才精英和来自基层各个领域的贤达的民间智库平台。马洪基金会努力构建和发展这样的民间智库平台，旨在把民间的积极性调动起来，把民间的智慧、民间的热情和民间要求改革的活力汇聚成一种力量，由这股正能量自下而上地推动改革，自下而上地推动社会创新。马洪基金会还通过这种努力，搭建起沟通政府与民间的重要桥梁，让更多的民间精英和智者能够通过这个平台向政府发出理性的诉求，提出合理的建议，帮助和促进政府更好地转变职能，更好地为公众服务。

我所创建和领导的马洪基金会和深圳市智库百人会，不但是国内首创，而且迄今仍然在国内具有独特的领先地位。

五 创建深圳市慈善事业联合会

关于创建深圳市慈善事业联合会，是我这次要讲的重点，所以要讲得详细一些。

（一）直接推动了深圳市慈善事业联合会的创办工作

2014 年 3 月我正在加拿大探亲，时任市民政局副局长侯伊莎①给我发来邮件，说希望我能够参与深圳市民政工作的一个重要改革，那就是建立深圳市慈善事业联合会。

听了侯伊莎同志介绍的情况后，我了解到，过去很多年，包括深圳在内的慈善事业基本上是由政府包办的，由政府的民政部门来管理和运作。后来虽然全国各省区市都成立了慈善会，但绝大多数地方的慈善会仍然没有真正脱离政府的体系，仍然是处于体制内运作的事业单位。而且各地的慈善会存在一个很大的弊病，就是它们既具有募集资金、发放捐款的功能，又具有管理本地慈善组织的功能。这不但直接影响到各地慈善会对本地慈善行业管理的能力、水平和工作精力，而且"既当裁判员又当运动员"大大地限制了各地慈善会对本地慈善行业管理的公正性和客观性。深圳市民政局这次所要做的慈善事业改革，就是要把慈善事业的募捐活动与行业管理分开，要把运动员与裁判员分开。换言之，建立深圳市慈善公益联合会，就是要建立深圳市的慈善行业管理协会，就是要对全市的慈善组织加强管理，实现慈善行业运作的规范性和自律性；为全市慈善组织全面服务，提高全社会慈善组织的管理水平、执行能力，优化人才结构；并且通过慈善事业联合会这样一种形式，加强党和政府对慈善事业的领导，提高党和政府对全社会慈善行为的引领，为在公益慈善领域实现全面小康建设目标发挥重要的作用。深圳市政府要实施的这一项改革，可以说走在了全国的前列。

侯伊莎同志所讲的情况大大地打动了我，我从内心里钦佩深圳市政府在发展慈善事业上具有的改革精神、改革眼光和改革魄力。而且我早就知道，从刘润华②当市民政局局长时，深圳民政系统就大胆改革创新，使深圳的民政事业和慈善工作都走在全国的前列。这次侯伊莎给我讲的这个改革

---

① 侯伊莎，时任深圳市民政局副局长，现任深圳市残联党组书记、理事长。
② 刘润华，时任深圳市民政局局长，现任深圳市政协常务副主席、党组副书记、秘书长。

思路，无疑是深圳在慈善领域的又一个大胆创新的举措。

但是，我当时也很奇怪，我已经退休很多年了，而且从来没有做过慈善领域的工作，他们为什么要找我来领导这项重要的改革工作呢？据侯伊莎讲，他们找了深圳的老书记李灏同志，说希望能够找一个深圳市德高望重的老领导来做这件事，在人品、能力、经验、资历方面都能够得到大家的认可。于是李灏同志就推荐了我，他们也就开始跟我联系。

尽管我过去从来没有做过慈善公益工作，但是我非常赞成侯伊莎副局长在公益慈善领域所要进行的这项超前的改革措施，并且回国后立即投身筹备小组中开展各项筹备工作。那时我与侯伊莎副局长及其领导下的典春丽、郭云霞、付金凤、丰梅玲以及杨琳琳等同志①做了大量工作，完成了建立深圳市慈善公益联合会的全部工作方案，其中包括制定了章程，征集了将近百名的发起会员和准备推荐给第一次会员大会选举的会长、副会长、常务理事、理事名单，制定了成立后的各项规章制度，草拟了成立后的各项工作目标和计划，提出了成立后应当开展的重大项目，甚至连该会的LOGO等标识都进行了全面设计。可以说，在当时《慈善法》尚未颁布实施之前，我们深圳已经走在前面了。

"万事俱备，只欠东风。"可惜的是，最后还是由于各方面的原因，此项改革措施当年没有落实。

2015年，市民政局的领导班子进行了调整，曾任李灏同志秘书的廖远飞②上任做局长。因廖远飞在给李灏同志当秘书时我是政府办公厅副主任，是他的领导，所以很熟。我知道廖远飞当了市民政局局长后，很高兴，给他发了一条很长的短信。一是祝贺他肩负了这样一个光荣的使命，二是希望他能够在任上把建立深圳市慈善事业联合会这项重要的改革继续推进下去。

2016年5月，廖远飞局长找到我，说还是要下决心推进这项改革，把这个深圳市慈善事业改革的产物正式定名为"深圳市慈善事业联合会"（以

---

① 典春丽等四人均为深圳市中国慈展会发展中心的工作人员，杨琳琳为当时的外聘工作人员。

② 廖远飞，曾任深圳市委办公厅正处级秘书，深圳市工商行政管理局副局长，深圳市市场监管局副局长，深圳市委办公厅副主任。2015年7月任深圳市民政局局长、党委书记。

下简称"深慈联"），并且请我继续牵头筹备这项改革工作。

由于 2014 年我们已经做了大量的筹备工作，已经为深慈联的建立奠定了雄厚的基础，因此各项筹备工作进行得比较顺利，从 2016 年 6 月底到 8 月底，全部筹备工作就已完成，并且于 9 月 5 日在深圳市民中心正式成立。而我则担任了深慈联的第一届名誉会长兼执行长，开始领导深慈联成立后的创建发展工作。

对于深慈联的这段筹建工作，我觉得有两点必须特别要强调。

第一，我请出了在深圳市乃至全国商界都具有相当大影响力的著名企业家、深圳海王集团董事长张思民①来做新成立的深慈联的会长。主要原因是，我当时即将 70 岁，不能再担任会长职务，而张思民则是我在中国（深圳）综合开发研究院担任主要领导时招收的南开大学博士研究生，因此可以说他是我的学生。张思民当时担任了很多社会职务，但在我的邀请下，他毅然同意出任这个会长。后来的发展证明，这是事关深圳慈善事业发展的一个非常正确和非常重要的决定。张思民担任会长不但为深慈联带来了重要的社会影响，在政界和商界都形成了重要的社会支持力量，而且深慈联成立后的第一笔 200 万元启动资金，就是由海王集团捐助的——没有这 200 万元启动资金，深慈联成立后根本没有任何开展工作和活动的可能。2017 年，他又动员了深圳市许多著名的企业家，为深慈联捐助了共计 1000 万元的启动资金，为深慈联在第一届理事会的三年期间所做的大量工作奠定了经费基础。

此外，我还请我的大学同班同学、时任平安银行党委副书记的王骥来做深慈联的法人代表和副会长，他对深慈联的建立和发展，同样也发挥了重要的作用和积极的贡献。

第二，我所领导的马洪基金会为深慈联的筹备和创建，发挥了至关重要的作用。在深慈联筹备期间，市民政局领导曾经同意拿出 2000 万元资金作为深慈联筹备和成立后的启动资金，但时至今日这 2000 万元启动资金也没有到位。深慈联成立时，注册资金只有 3 万元，还是由 3 个慈善组织和

---

① 张思民，现任深圳海王集团股份有限公司董事长、广东省工商联副主席。

个人分别捐助的。所以我常说，我们深慈联是在"一穷二白"的基础上建立起来的。在这种"一无钱、二无人、三无办公场地"的情况下，马洪基金会为深慈联成立后初期的发展无偿提供了所有的办公条件，马洪基金会的刘炜秘书长事实上承担了深慈联成立后创建初期阶段的具体组织工作，马洪基金会的所有工作人员都为深慈联的创建发挥了重要的作用。由此可见，马洪基金会对于深慈联成立后的创建发展发挥了十分重要的作用，做出了重要的贡献。

此外，我还要非常感谢深圳社会组织研究院的饶锦兴院长，他在深慈联筹备期间做了大量的工作。此外还要非常感谢在深慈联创建初期曾经担任兼职副秘书长的六位同志，他们是刘炜、范军、汤敏、胡绵鹏、宋晶晶、李家旺，他们都对深慈联成立初期的发展做出了无私的贡献，发挥了重要的作用。

（二）领导深慈联开创辉煌

我当初答应廖远飞局长牵头把深慈联筹建起来后只做三年就退出，但这三年里我保证一定要为深慈联今后的发展奠定坚实雄厚的基础，开辟出广阔的发展前景。

2019年正好是深慈联成立第三年。我作为深慈联第一届理事会期间实际担任领导职务的名誉会长兼执行长，还是兑现了我当初的承诺，确实带领深慈联的团队为深圳市慈善事业发展做出了重要的贡献，不仅成立伊始就做了大量出色的和具有重大影响力的工作（可谓"一鸣惊人"），而且在很多方面开拓创新，走在全国前列。

总结起来有以下几个重要的方面。

1. 狠抓制度和队伍建设，使深慈联迅速成为深圳市最优秀的社会组织之一

对于一个机构来说，制度建设和队伍建设是最重要的。过去我在抓综合开发研究院工作时就对此有着深刻的体会。所以深慈联一成立，我就把狠抓规章制度建设、团队建设、档案建设、管理的规范化和科学化建设放在第一位，从而使深慈联成立伊始，就在健全完善治理能力和提高治理水

平方面，走在了深圳市社会组织的前列。

仅以现在深慈联的工作机制为例，深慈联每年有年度计划，年度计划中按月形成月度工作计划；每周一必须召开秘书处工作例会，安排本周工作，写出《工作会议纪要》；每周末各部门必须进行本周工作小结，形成每周的《工作周报汇总》；每月月底都要对本月的工作进行总结，写出《月工作简报》，不仅记录在案和存档，而且要呈报给本会的理事、监事、副会长和上级主管部门；年底秘书处还要进行全员绩效考核，由所有中层干部和员工相互进行绩效考核打分，最终根据绩效考核分数进行褒奖。此外，深慈联所有重大决策事项，必须以议案形式报经会长办公会讨论通过，并以《会长办公会纪要》的形式，记录在案并存档。

正是深慈联建立了这样科学、严格、缜密的工作流程，才使整个深慈联的工作不但井然有序，忙而不乱，而且非常有效率，工作质量和水平也很高。也正因如此，深慈联在 2019 年全市社会组织等级评估中，被评为具有最高荣誉的 5A 级社会组织，成为全市 11000 多家社会组织中具有最高荣誉的 32 家 5A 级社会组织中最年轻的成员。

在这里我想强调一句，抓好制度建设和队伍及运行机制建设，应该是我对深慈联最重要的贡献，因为它为深慈联今后长期可持续地良性发展奠定了根本的基础。

这里我还要特别提出的是，在这三年里，以闵齐双为监事长的深慈联监事会，出色地发挥了监事会的监督和提升作用，对于我们深慈联的制度建设、规范化发展和科学化决策做出了重要的贡献，我真的很感谢她和所有深慈联监事会的成员。

2. 出色地为政府服务，使深慈联成为政府管理慈善行业的得力参谋助手

为政府服务是我们在策划深慈联成立时就明确的两大宗旨之一。深慈联虽然是一个独立的社会组织，但是它作为慈善行业主要的协调、组织和管理机构，其最主要的任务之一就是做好为政府服务的工作，成为政府与各类慈善组织的桥梁和纽带，是政府管理好各类慈善组织的重要参谋和得力助手。

在这方面，三年来深慈联确实没有辜负政府（主要是市民政局）的委托和期望，出色地完成了政府委托的各项工作，其中包括组织开展"深圳慈善日"、"全民慈善月"和"中华慈善日"系列活动，在打造全民慈善活动方面开创了深圳市慈善事业的新局面：连续两年广泛动员全市各慈善组织在慈善月期间积极开展慈善活动，展示慈善月活动成果，总结慈善月活动经验，对全市慈善创新活动和项目、优秀慈善机构以及活力社区进行评选和大力褒扬。

正是由于深慈联成立后出色地完成了政府交办的各项任务，政府对它很信任，逐步把越来越多的过去由政府来承办的项目，委托深慈联来完成。其中就包括深圳市慈善捐赠榜编制工作和深圳慈善最高奖项"鹏城慈善奖"评审工作。

3. 深慈联在为会员服务方面做了很多开创性工作，走在全国前列

为会员服务，即为慈善行业组织服务，是我们在策划深慈联成立时就明确的两大宗旨之一。深慈联本来就是深圳市慈善行业协会组织，因此做好为慈善行业组织会员服务的工作，就是成立这个机构的宗旨，就是它的基本使命，也是它必须做好的工作。

三年来，深慈联不辱使命，在服务会员方面做了大量工作，很多工作是开创性的，走在全国的前列。

从成立伊始，深慈联就通过调查问卷全面且认真地开展会员需求的调研工作，在此基础上撰写出高质量的会员需求调查报告，将会员需求纳入深慈联的工作计划中，以此回应会员关切的问题。与此同时，为了加强与会员的交流和学习，深慈联从 2017 年开始每两个月就进行一次会员参访活动，深入了解会员单位运营情况，精准掌握会员单位实际需求，收集意见和建议，并对会员单位的工作经验进行分析总结。在此基础上，每年形成《深圳市慈善事业发展案例分析报告》，将参访过程中发掘的优秀品牌项目和服务经验进行总结和推广，立体地呈现不同类型社会组织的服务特点，为慈善组织如何在打造共建、共治、共享社会治理格局中发挥作用提供借鉴。

另外，深慈联积极为会员单位搭建慈善资源对接平台，帮助会员单位

高效整合外部资源，解决问题。其中包括通过微信公众号为会员单位招聘人才提供服务；建立"深慈联网上服务中心"，为会员单位提供注册登记、财务、税务、法律等各方面的服务；成立法律、财务等专家委员会，为会员单位提供专业解决方案；同时，也为有捐赠需求的企业和有慈善项目需求的会员单位进行资源对接，促成双方的合作；搭建行业诉求平台，及时反映慈善组织诉求，畅通沟通渠道，维护会员权益。

还有一项重要的工作，就是从 2017 年开始，我就领导深慈联团队下大力气做深圳市社会组织的分类工作，即不是按现在民政登记的"基金会""社会团体""民办非企业单位"三大类别划分社会组织，而是按社会组织注册时所具备的"扶贫济困""灾害救助""医护服务""社区服务"等 20 多项慈善公益类型，对深圳市 1 万多家社会组织进行分类。这项十分耗力和十分复杂的工作，终于在 2018 年上半年全部完成。在此基础上，深慈联完成了《深圳市慈善组织分类汇编》，以已登记或认定的慈善组织和基金会数据为基础，按照民政部所规定的六大类业务范围，对深圳市慈善组织进行了分类汇总，并编印成册。

尽管这项工作目前还没有发挥重要实效，但我相信这项工作对于深圳市慈善事业发展具有深远的意义。一是它有利于政府和社会各界对深圳市 1 万多家社会组织所具有的功能和定位有一个清晰且全面的了解和把握，从而更好地发挥社会组织在各方面的作用；二是它有利于政府在对社会组织的引领、管理和条件成熟下进行政府职能转移，有利于政府转型和社会进步；三是它有利于制定细分行业的社会组织（特别是慈善公益组织）的行业规范，引领和督促社会组织不断提高自身水平；四是它有利于企业和捐赠方与慈善公益项目对接。特别值得一提的是，据我所知，这项工作迄今为止仍然是深慈联领先全国的开创性工作。

4. 狠抓行业规范和行业自律是深慈联作为行业协会组织的根本任务

我前面提到深慈联是深圳市慈善事业改革的产物。成立深慈联，一方面是把政府对慈善的管理从政府内部职能中剥离开来；另一方面就是把"运动员"和"裁判员"进行分离。"运动员"就是原有的慈善会，而"裁判员"是新成立的"深慈联"。

正因为我对深圳市慈善事业改革有深刻的认识，我深知创办深慈联的主要目的是什么、主要任务是什么，因此从深慈联成立那天起，我们就把规范慈善行业行为和引领行业自律放在了深慈联工作任务的最前列。

2017年，深慈联成立伊始，我就领导团队率先开展深圳市慈善组织规范的制定工作，着手起草《深圳市慈善组织行业规范（草案）》，并先后组织召开两次深圳市慈善组织行业规范专题研讨会，听取专家、学者和会员代表的意见和建议，研究细化和完善规范内容。结合与会代表的反馈意见和实际需求，于2017年底完成了《慈善组织登记与认定操作指引》《非营利组织免税资格申请指引》《公益性捐赠税前抵扣资格申请指引》《公开募捐资格申请指引》四个操作手册，并将它们编写到"深圳慈善蓝皮书"中。

2019年，深慈联又启动了《慈善百问》的编制工作，为深圳市公益慈善组织的实际操作提供有效的指导，为建立和完善行业自律机制奠定了坚实的基础。

尽管如此，三年来深慈联在这方面所做的工作，也只是一些基础性的工作，中国慈善事业的行业规范工作和行业自律工作非常艰巨，现在只能算是刚刚开始，今后的路还很长。深慈联在这方面还要下大功夫，力争在这方面也成为全国的样板，走在全国的前列。

5. 理论研究是我国慈善事业的短板，因此这成为深慈联发展的重点建设任务

相对于在政治、经济、法律、金融等领域的理论研究来说，我们国家在慈善领域的理论研究几乎可以说是空白。我深知真正要促进慈善事业，不能只注重于募集资金和对外捐款这样普通的慈善行为，必须提高整个慈善行业的认知水平、理论水平和行为规范水平，必须提高每个慈善机构的管理水平、研究水平和人才水平。

在这三年里，我们大力加强深圳慈善公益界的理论建设，通过各种座谈会和课题调研，总结深圳慈善事业发展经验，探讨慈善行业发展方向和战略路径，为增强工作实效性提供理论支撑。三年来，先后举办了2017年深圳市慈善事业发展研讨会、2018年深圳慈善发展论坛、"2018中国慈善

行业组织发展研讨会"、2019年深圳市慈善行业人才发展政策研讨会等，邀请专家学者和从业人员分析深圳公益慈善的发展历程和现状，深度探讨深圳市慈善事业发展趋势和解决对策。

此外，出版理论研究成果也是提高整个慈善行业理论研究水平的重大举措。2017年，我领导深慈联团队开始编写《深圳市慈善事业发展蓝皮书（2016—2017）》。据我所知，目前国内只有极少数地方编写了类似的蓝皮书，但普遍委托一些大专院校的专家学者来编写，内容大多是本地慈善发展的一些数字和项目罗列，以及统计分析和结论，因此显得千篇一律、大同小异。我领导的深慈联团队决定不用这种套路方式，因此我们这本书的作者几乎都是在深圳慈善公益界各个组织、各个机构的负责人和专家，由他们直接提供本机构所从事的慈善公益案例，由他们来总结深圳市慈善事业的发展进程和经验，分析深圳市慈善事业的优势和短板；同时，在这本书中加入了公益慈善组织操作指南的内容，还能使这本蓝皮书成为一本对深圳市慈善公益组织有实际参考价值和操作指南的工具书。2018年7月，《深圳市慈善事业发展蓝皮书（2016—2017）》正式发布。

2019年，我们与国内重要的相关研究咨询机构合作，在全市范围内开展深圳市慈善行业从业人员发展状况和薪酬调研项目，形成《深圳市慈善行业从业人员发展状况之薪酬调研报告》，并在此基础上起草了有关加强慈善行业人才队伍建设和提高行业薪酬水平的政策建议，并拟定了慈善行业薪酬体系标准。

正如我在前面所讲到的那样，尽管三年来深慈联在慈善公益理论研究方面做了些工作，但中国慈善领域的理论研究与慈善事业发达国家相比差距太大了，因此现在只能算刚刚开始，今后的路还很长。深慈联在这方面也要继续下大功夫，更加努力，力争在这方面也成为全国的样板，走在全国的前列。

6. 狠抓人才队伍建设是深慈联的另一根本要务，深慈联也要走在全国前列

正如理论研究是中国慈善领域的短板一样，人才队伍也同样是中国慈善领域的短板。众所周知，几乎所有的中国优秀人才都优先选择进入中国

的政治、经济、司法、金融等领域，他们在那些领域寻找自己的发展前途，实现自己的人生价值。而对于大多数甚至绝大多数年轻人来讲，慈善肯定不会成为自己人生目标的优先选择。其实就拿我们国家高等教育的学科建设来说，就已经是一个非常鲜明的例证。长期以来，慈善领域的专业人才培养完全是一个空白，近年来在一些大学里才有了相关的研究生培养；至于本科人才的培养，在我们国家也是近几年才开始在个别学校设置相关学科。这难道不是我们国家慈善领域优秀人才短缺的根本原因之一吗？与大学学科教育设置空白相一致的是，我国人事、劳动、人力资源部门的有关政策（工资、福利待遇等），对于从事慈善公益事业的人群来说，也几乎都是空白。这同样也是这个领域人才极其缺乏的重要原因之一。

但是从我踏入慈善公益领域后才发现，如果有优秀人才投入这个领域中，是大有可为的。随着我对慈善公益事业的不断了解和熟悉，就越发感到，无论是一个地区，还是一个机构，其慈善工作能否做好，水平能否提高，取决于这个地区和这个机构有没有优秀的"掌门人"，有没有一支优秀的、稳定的、甘于奉献和不断进取的人才队伍；越发感觉到，做好人才队伍建设工作才是慈善事业不断发展和水平不断提高的关键。因此在我领导深慈联的三年里，始终把人才队伍建设放在工作的重要位置。

一是我们与高校合作，主要是与国内首家开设公益慈善管理四年制本科教育的高等学校——南京工业大学浦江学院合作，采取"请进来"和"走出去"的方式，对深圳市公益慈善组织从业人员进行系统培训，建立公益慈善专业化培养体系，推动慈善组织专业化、职业化人才队伍建设。

二是我们通过举办"深慈研习社"，聘请慈善公益领域的各方面专家及优秀慈善公益组织管理者来讲课，针对会员和业内需求以及热点问题开展不同主题的专题培训，传播慈善理念与知识，分享成果与经验，着力提升从业人员专业水平。

三是从2018年开始举办"我的公益之路"演讲比赛。邀请深圳各公益慈善组织中的从业人员讲述自己从事公益工作的心路历程，分享参与公益实践中亲历、亲见、亲为的精彩故事，搭建深圳慈善人才学习和交流的平台，选拔优秀人才推荐至长江商学院学习，探索建立深圳市公益慈善人才库，推动深圳市公益人才队伍建设。截至 2019 年已举办两届比赛，先后有 25 位选手参赛，其中 2 名选手获得长江商学院公益奖学金。

四是 2019 年我们与国内著名的公益慈善机构、中国首家国际公益学院——深圳国际公益学院建立了长期培养慈善公益高级人才的合作关系，这有助于提升深圳市慈善公益人才水平，推动深圳市慈善事业发展迈上一个新的台阶。

7. 开创对外合作与交流的新局面，为深慈联今后长期良性发展创造良好的外部环境

我负责综合开发研究院很多年，深知无论是对于智库，还是社会组织，能否有一个良好的外部环境非常重要。只有与其他机构开展充分的合作和交流，才能具有良好的外部发展环境，才能为自己的发展聚集更多的资源和有利条件，才能产生更大的影响力，获得更多的支持；同时也会学到别人更多好的经验和做法，自己也才能突破狭窄的眼界，有更大更广阔的视野和更多更长远的发展目标。

因此，在我领导深慈联的三年里，非常注重搭建信息交流平台，通过组织开展多元化的慈善活动交流，很好地学习了全国其他地区慈善组织的发展经验，大大开阔了眼界，有力地扩展了深慈联的活动舞台，大大提高了深慈联在全国的影响力。

2017 年 11 月底，我带领团队首次前往北京，拜会和参观了首都慈善公益联合会、中国慈善联合会、中国扶贫基金会、中国公益研究院和清华大学公益慈善研究院等在京著名公益慈善机构。特别是对中国慈善联合会（中慈联）的参观考察和学习交流，对深慈联之后的发展起到了极其重要的作用。在这次参观考察和学习交流中，我们与中慈联建立了全面合作关系，并且中慈联的刘福清秘书长接受了我的一项重要建议，由中慈联主办、深慈联承办在深圳市举办"2018 中国慈善行业组织发展研讨会"。2018 年 5 月，"2018 中国慈善行业组织发展研讨会"在深圳举行，中慈联的主要领导以及各省区市民政部门及慈善联合会都派主要负责人参会。会议举办得非常成功，不但全国各省区市的慈善组织分享和交流了各地慈善行业工作的先进经验和做法，而且由此开始搭建以中慈联为首的全国性慈善公益组织

的行业学习、交流与合作的平台，对全国慈善事业的发展起到了有力的推动作用。

总之，三年来深慈联加强与行业内相关机构的交流和联系，向全国各兄弟机构学习好的经验和做法，同时积极介绍和推广深圳慈善事业发展的经验，与业界同人共同探讨慈善发展趋势，联动各方优质资源，为深慈联的发展奠定了日益坚实有力的基础。

8. 狠抓慈善文化的宣传推广，推动全民慈善，让"大慈善""大公益"深入人心

慈善事业在我国起步很晚，比世界上慈善事业发展先进的发达国家差不多晚了一个世纪，而且我们对于慈善事业的认识几乎局限于对"募捐行为"的理解，很多人认为慈善只是有钱人和有钱企业对穷人或弱势群体的施舍行为，是"发善心""做善事"之举。这也是我国各界对慈善事业一直重视不够，慈善事业发展迟缓，慈善领域改革不力，甚至会发生"郭美美"事件的根本原因。

我们成立深慈联后，很重要的一项工作就是宣传"大慈善""大公益"的理念，让大家知道，凡是有利于改善民生、提高社会福祉的行为，都属于"大慈善""大公益"的范畴。我们从事慈善事业，不仅是为那些穷人或弱势群体寻找"施舍"，而且要推动我们整个社会对民生的关注、对公众利益的关注，这同样也是对全社会价值观的一种提高和升华，要全社会的人都有一种"大爱"的理念。这种"大爱"就是对社会的奉献，对他人的奉献，对国家的奉献，对民族的奉献。

三年来，深慈联组织开展了形式多样的宣传活动，融合运用传统媒体和新媒体，传播慈善文化和慈善理念，引导社会公众关心慈善、支持慈善、参与慈善，用慈善文化的力量推动深圳慈善事业的改革与发展。其中开展了以下几项非常具有特色的活动。

一是每年定期举办"慈善大讲堂"，打造面向市民的大型慈善知识系列讲座品牌。三年来，共举办六期慈善大讲堂，先后邀请张思民、王振耀、章必功、徐永光、康晓光、印顺大和尚等著名行业专家和著名社会慈善家登台发表主题演讲，旨在倡导慈善精神，弘扬慈善文化，用慈善文化和慈

善理论的力量推动慈善事业的改革与发展。

二是创办《慈善大视野》。深慈联与南方大视野杂志社合作，创办了自己的品牌刊物《慈善大视野》。以杂志为载体，聚焦慈善行业动态与发展趋势，集结展示并宣传深圳慈善行业典范机构或个人，探索和创新慈善模式。

三是创办了深慈联的《专刊》和《简讯》。深慈联从成立之日起，就高度重视各种会议和活动成果的积累，每次会议或活动都要拍摄图片和做文字速记，会后整理，并将这些成果通过《专刊》形式编印出来，传播出去。《简讯》则是每个季度对深慈联的主要工作通过图文并茂的形式进行总结，并印发送给深慈联领导、会员和上级主管部门。这些《专刊》和《简讯》，不但成为深慈联最好的对外宣传资料，而且日积月累，成为深慈联发展的重要历史记载和图文并茂的档案资料。

四是合作开展了《公益民心桥》电台节目。2019 年，深慈联携手深圳广电集团新闻频率（先锋 898）、深圳市广电公益基金会，合作开展《公益民心桥》电台节目，利用"公益 + 广播"的形式，传播公益理念和专业知识，架起社会大众与慈善公益的桥梁，搭建慈善创新驱动集聚平台。

五是创办了"深圳慈善创益市集"活动。2017 年，深慈联与公众力公益发展中心联合创办了此项活动，邀请公益慈善组织和企业以露天市集的形式，进行机构宣传、项目路演、沙龙等活动，促成企业与公益慈善组织的资源对接，提高民众参与慈善事业的热情。2019 年则是以"慈善，让生活更美好"为主题，组织 29 家机构开展"美好生活'慈善 +'市集"，为市民提供体验性、参与性、互动性较强的活动和服务，让市民真切感受慈善与生活息息相关。

总之，三年来，深慈联在慈善公益文化的宣传推广方面做了很多工作，但我还是那句话，现在所做的一切只能算是刚刚开始，今后的路还很长，深慈联在这方面也要继续下大功夫，更加努力，力争在这方面也成为全国的样板，走在全国的前列。

（三）写在"光荣谢幕"后的结束语

2019 年 12 月 31 日，深慈联召开了第二届理事会第一次会议，这也是深慈联的换届会议。在这次会议上，我卸下了"名誉会长兼执行长"的职务，成为深慈联的"创会名誉会长"。至此，我在深慈联的领导工作就"光荣谢幕"了。

在我领导深慈联的三年里，与深慈联秘书处工作团队的伙伴们一道努力拼搏，改革创新，励精图治，终于创造出成立伊始"一鸣惊人"的辉煌，也引领深圳市的慈善事业走在全国的前列。为此，我深深引以为傲，也深深地感谢深慈联工作团队的所有伙伴们。

其中，特别值得我高兴，也是我为深慈联今后发展奠定重要基础的一件事是，经过在深慈联兼职的刘炜副秘书长推荐，我们选聘了深圳市宝安区民政局原副局长、宝安区慈善会原副会长兼秘书长刘国玲同志，来做深慈联的秘书长。她努力拼搏的工作精神、精益求精的工作态度、扎实有效的工作作风、丰富充实的工作经验、魄力果断的领导能力和周密细致的与上级领导机构及团队工作伙伴的沟通能力，赢得了深慈联会长、副会长、秘书处工作团队及上级领导机构的高度认可和好评，在第二届理事会第一次会议上她当选为深慈联执行副会长兼秘书长。我深信，今后深慈联在她的领导下，一定会走向新的更大的辉煌。

在这个结束语里，我还想讲讲自己在这三年深慈联工作经历中的两点深刻体会。

其一，我们的慈善事业，一定要做"大慈善""大公益"，一定要提倡一种对整个社会的大爱，而不仅仅是对社会弱势群体做一些募捐活动。

所以，我在创办深慈联时就把深慈联的发展方向定位为"联结一切慈善，回归大爱本源"。而且我认为，现在我们提倡的这种大慈善、大公益，将来应该成为我们一个新的道德标准，成为我们新的价值观。因为社会主义核心价值观就是要求我们爱祖国、爱人民，对祖国、对社会、对人民要有一种奉献的精神，这本身就是一个"大慈善""大公益"理念。而我们成立深慈联的最高宗旨，就是要搭建一个跨界的大慈善、大公益的平台，使公益慈善的理念跳出原来狭义的圈子，集中社会各方面的力量，共同推动慈善事业的发展。

其二，做好慈善公益事业，一定要处理好慈善行业组织与政府的关系。

换言之，慈善行业组织必须要由民间来做，而不是由政府去做。这当然也是深圳市民政局要进行改革、成立深慈联的根本宗旨。我完全赞成。

深慈联这样的行业组织，之所以要用民间形式来办，并不是要脱离政府的领导，而是要保持自己一定的运作独立性。其实道理很简单，就是因为它的工作性质、工作目标、工作特点、工作流程与政府部门有很大的区别。因此它一定要按社会组织的规律来运作。如果这个行业组织像政府体制内的机构一样，事事都要政府上级机构审批，事事都要政府部门上会讨论决定，那么肯定就会失去行业组织应有的活力，就会被体制内的各种要求束缚手脚，发挥不出自己应有的作用。

我们深慈联三年来做了那么多的事情，取得了那么多的成绩，就是因为我们是按自己的工作目标、工作要求、工作特点、工作流程来进行独立运作的，这也是深慈联能够在成立伊始就取得这样辉煌成果的重要"秘诀"之一。当然，这种独立运作也是相对的，有些项目、活动、工作等，凡涉及政府的，需要政府批准的或者必须要政府支持的，还是要向政府部门汇报并取得批准。但那些符合自己工作目标、工作任务和工作特色的而不需要请示政府的活动、会议、项目都是由我们自己来决定的。这个应该说，就是保持了慈善行业协会的民间特色，保持了慈善行业协会相对的独立性。

深慈联成立的时候就有两个宗旨，一是为政府服务，二是为会员服务。就是说，一方面要做好政府职能转移的工作，要具有代表政府或接受政府委托来发挥监督管理慈善行业的职能；另一方面要为会员服务，就是要充分发挥行业协会的活力和创造性，只要哪一件事情有利于社会，有利于慈善，我们就可以去做，不需要每件事情都向政府请示汇报。只有这样，深慈联才能调动各种各样的资源，为会员、为慈善组织、为整个慈善事业的发展创造各种各样的有利条件。

我始终认为，深慈联在保持自己应有的民间独立性和接受政府领导支持这两个方面，是做得比较好的，应该说是走了全国的前列。现在国内大部分省市的慈善会和慈善工作，基本上还是囿于政府的民政系统。而我们深慈联创造的这套运行模式和工作经验，得到了中慈联的高度评价，也得到不少省区市的高度重视，已经成为学习深圳创造"先行先试"改革经验又一个鲜活的范例。

我认为，我对深圳市慈善事业发展最重要的贡献，不仅是创建了深慈联，不仅是领导深慈联在三年内取得了出色的成绩，而且是创造了一套慈善公益行业组织正确、科学、高效且符合其发展规律的运行机制。这才是慈善公益行业组织能够长期的、良性循环的、可持续发展的最重要的保证。

访谈印象

1947 年出生的李罗力老师，在我眼中，是一位令人尊重的长者、博古通今的学者、富有洞察力的智者、身体力行的实践者。他是教授、博士生导师，他是市委领导，他是民间智库的掌舵人，他是企业的独立董事，他是社会组织的创办人……不管如何跨界，其创新精神始终未变。

从担任市委、市政府领导，到掌舵中国（深圳）综合开发研究院，到创办马洪基金会，再到筹备和领导深圳市慈善事业联合会，李罗力老师始终充满改革创新的热情与干劲。每一次的改革，都是他将经济学、管理学、社会学的理论与深圳的改革实践的有机结合；每一次的改革，都是他把过去的经验总结与深圳的未来发展的有机融合。

虽然他在跟我的交谈中说，年轻人有活力，人一上了岁数慢慢就墨守成规了。但在我看来，李罗力老师身体硬朗，思想新潮，他比很多年轻人更有活力，更有干劲，更有创新精神。从他的身上，我看到了改革开放初期很多来深干部的共同气质。他们真的是为改革而生，改革创新的精神已经融于他们的生命中，一直涌动不息。同时，特别令我感动的是，在每件事情的每个环节，他都提到了相当多的工作人员。看得出，最为年长的他，心里装着每一个人，装着对所有人的感恩。

当我把访谈整理稿发给李罗力老师后，他在百忙中对文稿进行了大幅修订，几易其稿，特别是非常详细地补充了深慈联这三年的具体工作，字里行间能看出老一辈人严谨认真的工作态度。为了表达对李罗力老师的尊重，文稿最终完全按照他的修改意见定稿，保留了他的文字风格。

王振耀：深圳公益慈善界引入的金凤凰

【人物及机构简介】

王振耀，1954年生，1982年毕业于天津南开大学历史系，获历史学学士学位；1986年毕业于武汉华中师范大学政治学系，获法学硕士学位；1999—2000年就读于美国哈佛大学肯尼迪政府学院，获行政管理硕士学位；2001年毕业于北京大学政府管理学院，获法学博士学位。2010年6月，北京师范大学聘王振耀教授为北京师范大学中国公益研究院院长。现任北京师范大学教授、中国公益研究院院长、深圳国际公益学院创始院长。

王振耀历任国务院农村发展研究中心助理研究员、非经济分析室副主任，民政部基层政权建设司农村处处长、基层政权建设司副司长，民政部救灾救济司副司长、司长等。在任期间，他曾推动建立城市居民最低生活保障制度，实现"应保尽保"，建立国家自然灾害救助四级应急响应体系。2008年，他被中国改革开放30年论坛暨评选活动组委会评选为"中国改革开放30年30名社会人物"。2019年，因在慈善界展现卓越的领导能力，以及坚持不懈助人的爱心事迹，王振耀荣获第14届"爱心奖"。

深圳国际公益学院由比尔·盖茨、瑞·达利欧、牛根生、何巧女、叶庆均五位中美慈善家联合倡议发起，由比尔及梅琳达·盖茨基金会、北京达理公益基金会、老牛基金会、北京巧女公益基金会、浙江敦和慈善基金会共同捐资成立。招商银行原行长马蔚华为深圳国际公益学院董事会主席。学院的校训为"兼爱·师仁"，以仁为师、兼爱天下，以建设百年学院为目标，以"慈善引领社会文明"为愿景，以"培育全球公益典范"为使命，构建以"善知识"为核心的现代公益慈善知识体系，建设以实践和创新为准则的教学体系。

一　我与深圳缘分深厚

我与深圳的渊源很深，早在1984年春，我在武汉华中师范大学读研究生的时候就来过深圳。深圳那时候是个大工地，推土机到处都是。1988年我也来过深圳，那时候我所在的工作机构有两块牌子，一块叫"国务院农村发展研究中心"，另一块叫"中共中央书记处农村政策研究室"。当时我们在国务院工作的几个部门组成了一个调查组来到深圳，为未来深圳的体制改革进行规划。我主要是负责调查研究深圳的领导体制，研究深圳党政领导机构下一步有哪几种选择。我是报告执笔人，在深圳住了3个多月。那时候李灏同志担任深圳市委书记，我们一块讨论改革措施。

1988年底，我到民政部基层政权建设司担任农村处处长。后来我在民政部工作了20多年，先后担任基层政权建设司的副司长、代司长，救灾救济司的副司长、司长，国家减灾委员会办公室常务副主任，国家减灾中心主任，社会福利和慈善事业促进司司长等，其间常来深圳。深圳其实是我们中国的一个典范，尤其是在公益慈善方面，深圳一直在全国走得比较靠前。那时候我和时任深圳市民政局局长刘润华①经常讨论，有时候他也来调研，一起探讨很多社会问题。他有很多改革的思路，比如说社区建设的体制性探索，社会福利的政策规划等，其中一个很典型的案例是2009年我们讨论自闭症孩子的将来，包括社会组织怎么做，政府怎么介入，能不能政府拨款支持社会组织等。那时候自闭症孩子的家长给温家宝总理写信，结果温家宝总理批示到民政部。那时候我就过来跟刘润华局长探讨怎么做，后来建立了一套制度。还有就是怎么把深圳与香港联系起来，推动社会服务，建立一套服务对接机制，这也是我和刘润华局长推动的一项内容。

之后我离开民政部，在北京师范大学建立中国公益研究院，最早的名称是壹基金公益研究院。后来，很快就发生了壹基金的注册问题。那时候刘润华局长给我打电话，说是听说李连杰先生壹基金注册困难，能不能到深圳来，深圳欢迎。当时我正在送李连杰离开北京师范大学的京师大厦，我马上就说：连杰，现在深圳市民政局的刘局长来电话，说你在别的地方注册困难，能不能到深圳？李连杰说可以考虑，后来就跟我说，让杨鹏到深圳联系吧，杨鹏是当时壹基金的秘书长。接着我又一次来深圳调研。跟刘

---

① 刘润华，时任深圳市民政局局长，现任深圳市政协常务副主席、党组副书记、秘书长。

局长见面之后，刘局长又重复一句，他说壹基金愿意来注册可以来跟他见面。我就马上给杨鹏打电话，我说你最好过来，跟刘局长见个面，你们俩说定。我作为介绍人，我就完成任务了。杨鹏说应该过去拜访，能不能请刘局长吃顿饭？我都把信息转到。结果杨鹏第二天就飞过来，刘局长说：怎么是人家来了让人家请我吃饭？我应该请人家吃饭。这样，我们中午其实就用吃顿饭的时间来决定推进注册事宜，当时就商讨注册应该需要哪些材料，要干什么。深圳在这个时期已经在实施"部市协议"①，他们可以在协议的框架下注册。注册的过程很快，壹基金成立仪式我也过来了，见证了这件大事。成立仪式时深圳市市长出席并讲话，接见了这些企业家，那时候马云都过来了。这是一件大事。引进的过程就是这样，我算是个中间人。但真正促成的是深圳市民政局局长刘润华。

后来深圳又推慈展会，深圳市民政局的同志经常跟我联系，后来我又成为深圳慈展会的一个专家，就这样我与深圳慈展会有了深度的联系。

二　深圳国际公益学院的筹办

决定筹办国际公益学院的时候，第一消息并不是落户深圳，而是在上海。我在上海开会，当时我跟上海市慈善基金会的冯国勤理事长说这件事。冯理事长说应该到上海，说基金会有一个八层楼，你们来办公也可以。特别是比尔·盖茨先生也参与国际公益学院的建设，这是让人高兴的一件事。当时深圳市民政局局长杜鹏也参加同一个会，会上通报这事，他就觉得最好应该到深圳办国际公益学院。杜局长追得特别紧，向市里面报告，跟市长报告，他追着我来开市长办公会。深圳市民政局在市委、市政府的统一指导下，在 2015 年 10 月就完成了深圳国际公益学院的注册工作。这样就决定于 2015 年 11 月 12 日在北京钓鱼台国宾馆举行成立仪式。

---

① 部市协议，指的是 2009 年 7 月 20 日民政部与深圳市政府签订的推进民政事业综合配套改革合作协议。这是深圳为落实《珠江三角洲地区改革发展规划纲要》和《深圳市综合配套改革总体方案》与国家部委正式签订的首个"部市"合作协议。协议明确提出在探索社会管理体制改革方面实行部市合作，充分发挥深圳特区改革试验田的功能优势，大胆进行社会管理方面的体制创新、制度设计和重大举措的先行先试。

三　公益慈善的深圳特色

多年以来，深圳市民政系统在公益慈善事业方面是引领者。深圳改革开放的这种先行先试的思想很重要，就是敢闯。我长期研究深圳的盐田模式、社会组织建设、居委会体制、桃源居基金会。那时候我跟刘润华局长都聊过，他也征求过我的意见。所以我跟深圳在社会政策方面有这种很长的历史渊源。从1988年算起，差不多31年，跟深圳有这么长的工作关系，所以这就导致了我能来深圳。来深圳的时候是杜鹏任局长，后来他调到了前海管理局任局长。接着廖远飞局长又来了，大家谈得都很好，合作得很愉快。

深圳的官员与其他地方相比，创新力度非常大，非常特别。要我说，深圳的政府、深圳的官员，整体上在工作中都不是畏首畏尾的，几乎每个岗位都在想创新，这（跟有些地方相比）是一个非常大的区别。因为中央赋予深圳的，就是要先行先试，所以大家就根据深圳的条件来创新，当然也是放眼全世界，看能不能做到在全世界靠前，不是见了矛盾的事就给推掉，或者干少干坏一个样。你看把壹基金、国际公益学院引进来，这些是我亲身经历的。包括慈展会等也是大胆创新，原来类似的慈展会是在别的地方零零星星地举办的，但深圳希望把它正规化，书记、市长每次都参加，也请国家领导人并主动与民政部等机关合作，这就是政府支持公益慈善事业的表现。

再一个，不仅是市政府创新，社会也与政府之间形成了一个很好的联系。你看，我们国际公益学院落户，首先是在前海，办公的地方其实很小，可以坐七八个人。很快，大中华国际金融中心的黄胤菲女士听说了之后，她立即想到应该支持，捐赠该中心一层楼给我们使用，让我们的团队很快到这里来办公——这是民营企业捐的，让我们真感动啊！福田区政府则说，你们这房子没落实，就把国际创新中心一层给你们。那一层是按政府用房算房租，比外边便宜几百万元。福田区政府还给我们几套人才房，不是只给我们国际公益学院，也给很多社会组织。这在全国都是相当靠前的，它的创新不是口号式的。你看它给你提供办公的地方，提供住房。尽管说不可能给每个人都提供住房，但是它给你提供了几套。我收到住房的时候，发自内心地感受到被支持。根本不用人家催，我觉得我得给福田区、给深圳市打工。深圳的支持是非常实在的。

我觉得，深圳的创新不是一般的创新，更不是一般的口号，而是给你很多实实在在的支持，连民间也可以给你支持。这样就形成一种社会气氛，你在这里，说白了，就是既能生活也能创业。我们公益组织要求也不是太高，人家给你的条件也不低，你只能是感谢、感激，接着干活。所以我认为深圳的创新与很多地方不一样，不是官腔官调的口号。

许勤①同志担任书记的时候特别注意跟我们聊天讨论，他特别强调观念的转变。他说，深圳经济发展水平到了一定阶段，这个阶段应该有社会组织、公益慈善事业，公益慈善应该成为深圳发展水平提升的一个重要领域。他是这样判断的。我觉得这是深圳不一样的地方。你在深圳感受到了什么？能感受到的是这里的社会气氛，大家都愿意学习，我觉得是整个政府在不断地探索提升。还是以福田区为例，福田区关注厕所问题，研究公共厕所如何建设更好。我们当时办了一个有关厕所的研讨会，请日本厕所协会的副会长来讲，福田区城管局的一个副局长居然听了三天。后来我就问他，你是局长，你对厕所怎么看？他说，厕所太重要了，这是文明的一个基本标准。在深圳，你会感受到这样的一些实实在在的创新。

四　深圳国际公益学院的发展

这四年来我们在公益慈善方面做了很多工作。这几年，我们都是慈展会国际峰会的承办方，承担市里面的一些任务，邀请公益慈善组织来参加，也邀请国际国内的　些慈善家来参加峰会。在峰会上我过去是发言人，现在这两届我演变成主持人，得从头到尾跟下来。就是一句话——干活。深圳福田区一直支持我们做公益金融、社会影响力投资，我们已经做了两届公益金融峰会。当然在民政上我们也做了很多政策性研究的课题，包括市

---

① 许勤，时任深圳市委书记。

民政局，也包括福田区民政局，都让我们做了一些研究性的课题，有的也是带有培训性的专题。这是市里面给我们的多方面的支持。我认为它不仅是支持，让你办公益金融峰会，你说这是支持还是引导？其实我认为它是一种引导。

另外，我们重点是做培训。我原来的目标是"百千万"。能不能前5年培养100个GPL①，1000个EMP②，1万个公益网校学员？现在看来公益网校注册学员超过3万，大众学习还是可以的。"百"和"千"这两个目标也提前实现了。GPL就是慈善家的培训，举办了各种各样的讲座，组织这些慈善家在国际上与比尔·盖茨、瑞·达利欧对话。EMP是培养高端公益慈善管理人才的项目，其实在北京师范大学的时候，教育部当时就给了我们硕士学位授予权，试验了一期，不成功。为什么不成功？因为是统招统考，有实践经验的人未必能通过考试。学位考试有英语和政治，这两个科目就是挑战了。后来不太理想，办学就变成非学位教育，非学位教育倒是有非常好的效果。在北京师范大学中国公益研究院先试验了几期EMP和GPL。现在我们国际公益学院两年制的EMP班就接近600人。还有一些专题班，我们承担着慈善组织的培训专题班，加起来800多人。所以深圳的很多社会组织的秘书长、副秘书长，总监级别的管理人员，以及个别社会组织的理事长都是我们的学生。我想，这5年能不能先积攒起一定的基础，让大家了解。像现在培养到100多个慈善家的时候，它就形成了一定的基础。现在，我们这里成了深圳社会组织的一个活动中心。要开会、培训、做讲座，很多社会组织先找我们联系教室，联系一下我们哪天没课，然后在我们那里培训。现在大家已经自动地互相串联合作，各种各样的互相支持，形成各种各样的项目，这样对社会产生了积极的影响。在深圳，同学之间互相交

---

① 全球善财领袖计划（Global Philanthropy Leaders Program，GPL），是深圳国际公益学院打造的顶级教育项目和善财合作平台，是社会价值引领经济价值的善经济时代最燃的"新商科"跨界课程。

② 国际慈善管理（Executive Management of Philanthropy，EMP），是深圳国际公益学院重点打造的培养高端公益慈善管理人才和领袖的课程，旨在为关注公益慈善的各界领袖提供世界领先的系统慈善管理教育，其目标是为中国乃至大中华地区培养心怀天下、勇于创新的非营利部门高级管理人才和领袖。

流，有儿童、养老、厕所等各种各样的项目。联系好之后，他们就互相参加活动，这样就形成一种交流。我认为，一个学校、一个学院不能只靠老师教，而是要靠同学们相互之间的这种交流学习和创造。

2019年3月，习近平主席访问意大利，深圳国际公益学院与意大利的有关组织合作建立中意慈善论坛，习近平主席见证了"关于设立中意慈善论坛的谅解备忘录"签署仪式。这样就纳入政府间的合作协议，其实这是给国际公益学院，也给深圳建立了一个很大的国际联系渠道，全世界基本上知道了深圳国际公益学院。你拿出名片，人家记不住别的，就知道你是深圳，这四年为深圳打造了很好的名片。

说到国际公益学院的挑战，关键是你到底要做什么。很多创始人包括我自己的理想，还是希望深圳国际公益学院能变成一个百年学院。因为深圳国际公益学院是目前全世界唯一的这样一个学院，它的建院逻辑与别的大学都不一样。你意识到这个挑战了吗？这里学的知识体系是奉献性的。你看咱们一般的学习学什么本领呢？学挣钱的本领。将来在报效祖国的同时，自己也可以找到好工作，然后挣更多的钱。别的学校教育出来的学生都是要去挣钱的，人家年轻人学的就是这个。在我们这儿学什么知识呢？不是学怎么挣钱，而是学"送钱"的知识。你看别的大学教育出来的学生，去做商业，能把企业做大了，他也挣钱了。我们这儿呢？是学"送钱"的知识体系。这个定位为什么全世界都没有？为什么只有我们一家？别的人想学很难。为什么？因为它的逻辑是跟商业，起码跟前期的商业不一样，所以我觉得这个是一个非常大的挑战。因为它整个的知识体系和整个的课程逻辑与别人不一样。以前依托北京师范大学还好一些，现在独立注册以后，我认为这是一个最大的挑战。这是一个公益学院，从逻辑上它是一个很大的挑战，让它能存活下来就不容易。能走到四年，我知道这个挑战有多大。

同时，第二个挑战，就是面临着师资、经费的困难。我研究了美国的大学，它们的经费一般来自三个方面：一是学费，二是项目经费，三是社会捐赠。这三项大体比例相当，当然有的高，有的低，但原则上三等分。国际公益学院在做着前人没有过的探索。好多朋友做培训是不收钱的，我们这里原则上必须收钱。因为培养一个EMP，成本没有十几万元是不可能的。时间是两年，知识结构是三合一，既有理论导师、实践导师，还有行动计划，又是双师辅导。这样做知识体系的创新，有很高的成本。这样的成本就是一个挑战。所以我们要募款。我们有六类奖学金，比如我们有一个文雅奖学金，有一个慈善家每一期他捐六七个人，就捐百万元。这样你申请到文雅奖学金，基本就是免费，但名额竞争很激烈。还有奖学金资助学生免费到哈佛上三个星期课。有的慈善家资助学生到美国学语言。此外，还有伙伴计划奖学金、媒体合作奖学金，他们可能没法给你捐钱，但他们答应给你做很多项目，传播也可以。总之，各种类型的奖学金挺多的。

五个捐赠人支持了我们这几年，我认为这个事将来要想往前走，就是一个公共的、民间的平台，当然希望将来政府也可以有更多的支持，这样形成一个中国社会的学习大平台。我们也希望建百年学院，这就要有几栋房子，不能一直靠租房子办学，靠捐这一点款也不行。如果学生要长期学习，一部分学生是不是要住校？老师是不是也得住校？这就有个校园建设（的问题）。这也是现在整个深圳国际公益学院面临的挑战。

五　对深圳的殷切希望

现在社会组织总体上面临的问题，就是跟不上经济和社会发展的速度，这是我们全行业都要警惕的，包括我在内。像这次习近平主席见证"关于设立中意慈善论坛的谅解备忘录"签署仪式，我一开始不相信这是真的，我思想够解放了，我说总书记怎么就把这事儿纳入政府间的合作备忘了呢？我都跟不上。两国元首都认为这件事重要，觉得公益慈善应该成为中国与意大利，甚至中国与欧洲的一个重要纽带。

深圳的很多项目，比如"民生微实事"，政府的投入很大，一个社区就200万元。现在我听说很多社会组织存在一定的埋怨情绪，说这个不顺，那个不顺。我说，你就没有想到政府现在是拿着钱出来，光"民生微实事"一年就十几亿元，对政府的善意我们首先要肯定。政府采购会不会有不周全的行为？我认为完全可能。而从我们社会组织的角度来看，我们现在老把政府当作一个领导机关，没有想到政府就是客户，政府需要我们来办事，提供儿童、养老方面的服务。我们社会组织给政府设计了什么样的有影响力的项目？如果从更大的角度看，政府拿十几亿元做"民生微实事"，这不是客户吗？用商业来比喻，哪有一个企业埋怨客户，说客户不好，我没法做生意？当政府成为一个客户，要求你提供大量服务的时候，你的服务能力不行，你还埋怨政府管这个、管那个，管得多了。我认为人家掏钱了，人家就要管。你们招标的项目，做得不合适，人家可以要求你在细节方面做得更规范。其实经济现在快速发展，社会事业也快速发展，但我们社会组织的活动、组织体制、项目结构没有跟上来，出现了不适应的情况，这是当前的主要矛盾。

我深切地感受到，目前中国社会正处于大转型、大提升的时候，我们社会组织应该发挥更大的作用。应该把社会问题置于前沿，对此要有很多新的想法、新的试验，然后把这些试验，不管是成功的，还是失败的经验教训，总结出来。从这个意义上说，社会组织是引领政府的。但现在我们老在背后埋怨政府，说政府走得太靠前，出现了各种各样的缺点。你只是埋怨和批判，这样位置就摆错了。本来是社会组织站在前头，错误由社会组织来犯，然后犯完错了之后给政府报告，这样政府的决策就会做到心中有数。但现在社会组织跟不上，这是一个很大的挑战。这方面我感受很深。比如腾讯99公益日，那是真正的创新，深圳引领全国。99公益日就是中国公益组织募捐方面的一个创新，其社会效益让全世界都觉得很惊讶。我作为一个专家参与99公益日三天的募捐活动，体会到腾讯基金会在不断完善。在这样的引领中，可能有很多不健全的方面。谁能一开始就健全？如果不健全就什么都不做，到今天你也没法批评它。

深圳要建设中国特色社会主义先行示范区，应该来一番新的变化。深圳在社会建设方面的提升空间很大。因为经济发展水平不低了，深圳整体上人均GDP近3万美元，像南山区超过5万美元，这在全世界都属于发达国家（水平）了吧。但深圳还面临很多社会问题，这些社会问题需要大量的社会组织衍生出很多的社会服务项目来解决。社会服务项目，仅仅靠商业化解决不了，应该把社会组织的社会服务功能进一步强化，这是我的一个基本观点。应该建立起现代化、专业化、以人为本的社会服务体系，我认为这是社会组织下一步发展的重点。客观上讲，深圳还有很多具体的社会问题，但它们不是靠资金能解决的，更不是靠简单地增加资金来解决的，那需要什么来解决呢？需要专业化的技能、专业化的网络，也就是专业化的社会组织来解决。下一步，我们深圳的社会组织能不能走在前列，我们社会组织能不能不要埋怨，埋头苦干，善于创新，这需要做很多示范和试验。

整个深圳的社会组织发展能不能加快速度？加速发展是当务之急。我们需要专业的研发体系和培训体系，既要有社会建设的革命性引领，也要借助现代科技，我看恐怕需要咱们整个社会组织集体努力来做。一方面，我们去观察社会，理解社会问题；另一方面，我们开发出项目，把项目转化为政府的政策，也转化为爱心人士的行动。我举个很形象的例子，我们深圳有100多万个志愿者，那么请问其中有多少小学老师、多少中学老师、多少幼儿园老师、多少医生、多少警察？各种专业技术人员有多少，比如说钟表师有多少？有没有分类？你要有分类，它就有力量，你拿着这些名单去跟各行各业对接。比如说医院出现医患矛盾或者其他问题了，我就去找一些有医生背景的人员来做志愿服务。这些人很可能退休在家，在街上跳广场舞，现在只是让他们参加一般的志愿活动了，没有发挥其专业能力。但其实要尊重人家的专业，人家可能七八十岁了，但是人家身体好的，愿意去医院做指导，这样才是专业的志愿服务。再比如说图书室、"小孩4点半课堂"，让这些有教师背景的人，除了照顾家人和子孙之外，可以到社区课堂做志愿者。我们对这一类的志愿服务，提供一点物资，甚至提供一点经费，把事情做得更专业。像这些事我认为都需要全面加强，因为下一步的社会服务是很具体、很专业的。再一个，要有网络性。不是说各家都必须竞争，下一步的发展需要更大范围的合作。

中国政府的性质是民生性质的，公务员、知识分子有一个共同点，有民生情怀，就是"先天下之忧而忧，后天下之乐而乐"。我在体制内的时候，你看我改变了多少政策？按说我没有啥权力，只是有执行层面的职责。但是我提了很多意见，政府高层很快就会有反馈，这些意见很可能会变成国家政策。我们的政府确实有它的内在逻辑，简单地以西方标准来看，那我们就啥也不是了？那不是很荒唐？我们怎么取得了这个成就？我们怎么就五千年延续没断？我们应该重新梳理、冷静看待，政府也好，社会也好，可能有很多问题，但是你的视角不能"一刀切"，不能用西方的标准来衡量我们。我觉得现在是需要大家冷静下来思考的时候，我觉得会让大家增加很多的信心，对政策有盼头。人生都应该这样，永远有信心，国家也是，社会也是，人生也是这样，我这个过来人知道，建立坚实的信心是很重要的。

访谈印象

王振耀院长一直是我非常敬仰的师长，睿智而又谦和，创新而又务实。我还在学生时代时，就多次听到当时的王司长捐款体验税收减免程序的故事，我深深感动于他的身体力行和实事求是；当王司长转型为北京师范大学中国公益研究院的王院长时，我深深佩服于他的放下与拿起；当王院长带着国际公益学院落户深圳时，我不禁暗自叫好，感叹这真是深圳公益圈的福音；当我在央视《心理访谈》栏目看到王院长的 PDP 测评结果竟然与我的测评整体相似时，心中不禁升起小小的惊喜。

在整理王院长的访谈记录时，我的脑海中一直回响着一句话：居庙堂之高则忧其民，处江湖之远则忧其君。我感觉用这句话形容过去的王司长，今天的王院长，或许挺贴切的。当他在司长的位置上时，从民众的利益出发，推动建立了城市居民最低生活保障制度、国家自然灾害救助四级应急响应体系、公益慈善事业信息公开制度等一个又一个新机制；当他在院长的位置上时，他通过专题研究、授课讲座、培养学生等方式，以学者的身份参与社会创新，在儿童福利、养老服务、社会影响力投资等多个领域进行政策试验，为政府的公共政策提供理论支持。他一直走在社会最前沿，将善经济的理念传递给社会大众，引领整个中国公益慈善的方向，他是公益慈善界当之无愧的导师！

2019 年对王院长进行访谈时，他当时担任深圳国际公益学院的院长，但 2020 年后，他不再担任院长，但他作为深圳国际公益学院创始院长，为学院的发展打下了坚实的基础，也为深圳公益事业的发展出谋划策，勾画出未来的蓝图。

廖艳晖：心智障碍人士的社会化支持体系建设

【人物及机构简介】

廖艳晖，1971年出生，1983年随父亲定居深圳。患有自闭症和智力多重障碍的儿子让她感受到人们对自闭症不了解和不接受，在陪伴孩子的过程中，她自发组织起自闭症儿童的家长，充分发挥自助互助的精神，致力于建设社会服务及社会保障体系，志愿服务心智障碍社群19年，创建了3个非营利社会服务机构及3个心智障碍者社会团体。

深圳市自闭症研究会创立于2001年，是由自闭症者家长自发创建的自助组织，于2005年在深圳市民政局登记注册为社团。之后，该会开办了深圳市罗湖区仁爱康复服务中心、深圳市仁和社会工作服务中心、深圳市仁善康复福利院三家社会服务机构，形成了家庭服务、倡导服务、康复服务、行业服务"四大服务"体系。2010年创建"合鸣网络"。"合鸣网络"已发展成为全国枢纽组织，与壹基金是战略合作伙伴，通过所创建的社会组织为深圳市360位障碍者提供康复服务，为47家服务机构提供行业支持，支持全国各地182家社会服务机构，覆盖全国55个城市。

2014年，成立深圳市守望心智障碍者家庭关爱协会，该协会致力于推动和促进与心智障碍者相关的服务和权益发展，增强公众对心智障碍者认知和接纳程度，增强心智障碍者家庭互助精神，促进社会福利保障体系的完善，重点关注家庭支持、服务监督、政策倡导、家长组织建设及公众教育。2015年与其他组织发起成立"守望网络"。"守望网络"已发展成为全国枢纽组织，与壹基金是战略合作伙伴，为深圳市2293个心智障碍者家庭提供支持服务，孵化扶持全国各地心智障碍者家长组织成员110家，覆盖全国65个城市。

2019年，深圳市精神残疾人及亲友协会登记注册成为法人社团，该协会是深圳市残疾人联合会五大专门协会之一，代表精神残疾人共同利益，反映精神残疾人特殊需求，为精神残疾人服务，维护精神残疾人合法权益，促进精神残疾人平等、充分参与社会生活。

一　我与深圳

我 1971 年出生，1983 年跟着父亲"干部南下"来到深圳。那个时候深圳缺干部，调了很多不同城市的干部过来。我爸跟我说，他跟王石是在一个调令中调过来的。在我的印象中，当时深圳这个地方好土，比我们韶关还土，只有一条解放路和一条人民路，除了十字交叉就什么也没有了。我们的学校是湖贝小学，要穿过很多鱼塘才能走到。

有两个印象很深刻：一个就是很脏，到处都是鱼塘，都是外来务工人员，菜市场也很乱，到处都是骗秤的；另一个就是很多广告牌，在韶关是没有见过的。记得那个时候有一个叫"鲤鱼门"的餐厅，广告牌上是一条很大的鲤鱼，广告牌上的字全是繁体字，让我们开眼界了。

当时我们同学分两拨，一拨是我们这种随眷的，算是干部子弟；另一拨就是湖贝村、向西村的。后一拨孩子很有钱，他们大部分人家里面有一两个逃到香港的亲戚，会拿着红白蓝的蛇皮袋来救济他们。当时，我们觉得自己穿得很土，人家穿得那么新潮，很害怕人家看不起，但是我们的学习成绩比他们好，普通话讲得比他们标准。

我们那个时候在深圳念书有些特色。初中部和高中部都是为我们而创办的，不管是初中还是高中，我们是第一批毕业生。我们来之前深圳没有那么多中学，突然来了这么多人，都带着孩子来，没有学上怎么办，马上去建，马上找老师，桌椅板凳都是我们从家里搬过去的，所以整个班没有椅子是重样的。到了高中，学校赶不及我们的成长，来不及建了，就借用了旁边小学的教室。记得高中春游，去大梅沙、小梅沙，走盘山公路，全班同学尖叫。这边是悬崖，路很窄，那边还有车开过来。

当时深圳"经理"特别多，有笑话说，一个招牌砸下来，砸到五个人，其中有四个是经理。所以，我自己也觉得要当经理。我那个时候学的知识基本是商业方面的，比如怎么做经理。后来毕业、工作、结婚、生孩子，孩子出生以后基本上就没法工作了，全部时间去学康复训练。以前学的商业方面的知识在企业中没有发挥作用，后来我在创办深圳市自闭症研究会的时候，倒是把以前学的商业知识，看的杂书全都用上了。

我一开始是在外贸集团工作，这是一份很好的、很让人羡慕的工作。但我生第二个孩子的时候，算是超生。为了不因为超生而影响单位其他同事，我就调离了外贸集团。怀孕的时候，我潜伏回我的老家，没想到我的老家是广东省抓计划生育的重点城市。到怀孕后期，我就每天在楼顶上，天天看着天亮、天黑，吃三顿饭，什么也干不了。女儿满月后，我们晚上11点多潜伏回深圳的家，第二天早上人家就敲门了，因为听到了小朋友的哭声。当时被罚了8.5万元，这个数字即便放到现在，也不会觉得少吧。

我觉得，实际上我们每一个个体都受整个政策的影响。我从韶关来深圳，就是因为有干部南调政策，这是跟深圳当时的政策相关的。

二　我与凯文

女儿和儿子相差一岁半，我同时带两个孩子很辛苦。那时候实际上不知道凯文特殊，但是带凯文好辛苦，因为他通宵不睡，平均每天只睡两个小时，我在家里基本上抱着他走，全程是这样抱着，从唱粤剧到唱流行歌曲，全都唱完了他还不睡，一直熬得我得了肺炎。我想一个人带不了两个，就把凯文送去幼儿园吧。当时他还不到三岁，找了一个亲戚关系，提前送到幼儿园。去的第一天接他放学，幼儿园的老师说，你们家是不是只有空调没有吊扇，你儿子看了一天吊扇，什么也没有干，很开心地看了一天。我说家里没有吊扇，可能他感兴趣。但是第二天、第三天，他还是这样看着吊扇，就有问题了。老师没敢直接跟我说，跟孩子的奶奶说你孙子可能有毛病，你带他去医院看一下吧。当时，在我眼中，别人说凯文的不好，都是好，都是优点。那个时候我给他拍了很多照片，他把那些小书摆成一排，家里的鞋子也是要摆成很整齐的一排。所有的东西原来在哪里放，就必须放回到哪里，多聪明，多有规矩。后来才知道，这些都是自闭症的症状。

事实上，有了女儿之后，我也慢慢地觉察出儿子是有问题的。女儿是什么都不用教就会的，凯文是任何东西都是要教的，而且流口水很厉害。最终幼儿园的老师让他离校，因为她要照顾班级里面的孩子，（每个孩子）出了问题（她都）要负责，不能只看着我的儿子，我的儿子到处跑，她管了我的儿子就照顾不了其他孩子。因此，即使有亲戚在这个幼儿园，也要让凯文退出来。凯文被退出来后，我就把女儿送进去了，因为我要带凯文去看病了。

我们一开始是在深圳人民医院诊断，但是深圳人民医院的医生没有诊断水平，他只打了一个问号——"大脑发育迟缓？孤独症？"不太敢确定。后来我在深圳康宁医院拿到两份资料，一份是北医六院一位医生的讲稿，像一篇文章的复印件；另外一份就是台湾的宋维村①写的一本关于行为训练的书，这本书里面讲到怎么做评估、怎么做计划。这就是当时能够得到的全部信息。后来，又到广州儿童医院就诊，医生推荐针灸。

1998年，我带着凯文在广州待了半年，找名医针灸。针灸最多的时候一个穴位扎三针，像头顶的穴位一共有五个，中间一个旁边四个，五乘三就有十五根针。身上、手、脚，都要扎针。凯文肯定不配合啊，就用那种乡下很结实的背孩子的背带把他的手脚都绑在椅子上，我搂着他，腰也要绑，找一个人固定着头，然后给他做针灸。一开始是在广州中医药大学对面的一个小诊所里扎针，后来来回奔波太辛苦了，我就想着还是自己学，回家给他做吧。我带着凯文，先去了广州市北京路的新华书店，找到了中医针灸的书柜，在书柜里面找到一本书，找到危险穴位在哪里，把危险穴位圈出来——哪些不能动的地方不能扎，别出人命。然后我去菜市场买了四个猪肘，买了一盒针灸的针，消毒的东西，等等。我有模有样地学着，先开始在猪肘上飞针，然后在凯文身上飞针。现在想起来，对于现在的家长来说，当时的我们挺愚昧的。那个年代没有人认识自闭症，针灸对于脑

———————————

① 宋维村，毕业于台湾大学医学院医科，曾任台大医学院和台大医院精神科讲师、副教授、主任，高雄市凯旋医院院长及天主教若瑟医疗财团法人若瑟医院院长，现任若瑟医院首席顾问及儿童精神科主治医师。

瘫是有用的，但对于自闭症是没有任何作用的，有作用也一定是副作用，凯文从此以后都很害怕（针）。你想想一个人被扎那么多针，天天扎，而且扎他的人是他妈。

2000 年，我带着凯文到北京看病，去了很多家医院。我们先去了博爱康复中心，语言科主任说孩子不是聋哑人，不会说话，不归我们这里管。我们还去了中国聋哑儿童康复中心去做听力测试，因为觉得他有听觉过敏，经常一听到一些声音就尖叫，测试后果然是有两三个频率他是过敏的。最后，我们是在北京大学第六医院给他确诊了是孤独症，北医六院是精神科专科医院，医生正式确诊了。北医六院本身有幼儿园，有一两个班是专门针对孤独症的，在那里，我认识了更多的家长。后来有个家长拿到了星星雨①的学位，但不能去，想把这个学位转给我，于是我拿着这个学位去了星星雨。从星星雨回来以后，我发现我知道我怎么去帮助他了，我知道了很多方法。

在星星雨，我是带着凯文一起的，我们各自收获的东西不一样。我作为妈妈，收获接近癫狂，我会把 24 小时当作 25 小时来做训练，每天晚上在睡梦中都是在想，我今天教他一加一等于二，明天教他什么。而孩子的感受是，他的妈妈来这里以后，他就没有妈妈了，他多了一个训练老师。而这里的人全部不喜欢他，他们都认为他有问题。七年后，澳门地球村制作了一个纪录片，还能看到当时的训练对凯文的影响。星星雨是在一条小巷的尽头，七年后已经改变很大了，跟以前不一样。但是凯文认识那条巷子，一走到那个地方就不动了，怎么拉都不走，后来劝了好久才走进去，一见到当年的老师，他上去就打。七年前，开学的第一天，我给他穿了一件很漂亮的新衣服，像做早操一样做游戏的时候，凯文不愿意配合，跑来跑去。那个老师直接把他压在地上，地上都是尘土，让他乖顺，给他一个下马威。七年后，他长大了，长高了，那个院子的门一开，一见到那个老师，他就冲上去打他。七年，你想想行为训练对这个孩子来说是什么。在妈妈眼中看到的是，他由原来不会一加一等于二，现在会一加一等于二。这是妈妈

---

① 北京星星雨教育研究所（简称"星星雨"），成立于 1993 年 3 月，是中国第一家专门为孤独症儿童及其家庭提供教育的民办非营利机构。创始人田惠萍是一位孤独症儿童家长。

眼中的收获，但是对于孩子来说，他所有的收获是什么？这些是后来的反思了。

但在当时，我对自己的信心很强，因为我教会了凯文很多东西，我觉得自己好棒，我有经验可以传递给别人了。我记得回深圳后，我第一次做分享的讲座就是讲行为训练的。但过了很多年以后，在我创办守望协会之前，我对之前所做的所有事情有所怀疑，包括我所推崇的 ABA 行为疗法①，包括我创办的康复服务机构等。

后面我创办的几个机构的服务，凯文基本上没有享受到，包括福利政策也没有享受到，争取到的时候他刚好过了年龄。但凯文是我们要做什么的一个起源。最终都会是前人种树，后人乘凉，没本事自己种树自己乘凉。政策永远都是滞后于孩子的成长，就只能是我的后辈人享受我们前辈人所争取的东西。

三 自闭症研究会的诞生

（一） 来自香港的启发

2000 年，香港召开了一个海峡两岸暨港澳自闭症儿童家长参与的自闭症研讨会。这个研讨会让我看到了家长可以做的事情。以前是专业打压，你是家长，你什么都不懂，我是专业人士，你必须听我的。参加这个会后，我才知道在香港，自闭症儿童家长原来这么有社会地位。家长并不会因为有这样残障的孩子，觉得自己什么都不是，什么都不如。我看到香港的家长基本上都是笑眯眯的，我们内地的家长都是哭哭啼啼的。我问香港家长你们为什么这么开心，他们说因为我们和你们不一样，我们有服务。我们的孩子即使像我们这么老了，他们还能够去托养机构。如果运气好，抽签抽到一个好的，比如东华三院，里面连泳池什么都有的，那是个很豪华、

---

① ABA 行为疗法，即应用行为分析疗法（Applied Behaviour Analysis），是一种结构化的教育方法。它可把要教授的技能分解成可执行的行为单元，用特殊的手段对每一个行为单元进行培训直到掌握，最后把已掌握的行为单元串联起来形成更为复杂的行为，表现在语言、模仿、游戏技巧、社会交往等方面。它是在治疗自闭症时常采用的行为疗法。

很漂亮的托养机构，好比中了六合彩一样开心。我问他们这些服务怎么来的。他们说，都是我们家长争取的，都是我们去向政府呼吁的。他们都是很老的家长，头发都白了。原来是这样，我觉得别的我可能不能做，这个家长组织我是可以做的。

我是在香港的会上认识了唐先生[①]。当时有个家长让我找他咨询怎么办家长组织。他说，我给你两本书，香港教育署管辖的每一个学校都会有一个家委会，是由家长和学校共同组成的家委会。书里面有家委会的章程、家委会干部培训等，很薄的一本，字很少，但是非常棒，很实用，例如包括第一次开会之前的调查问卷等，你只需要做一些修改，就可以直接用了。所以我创会，在源头上就已经跟别人不一样了，我是先做问卷后创会的。我是跟着大家的意愿走的，而不是说我是一个创办人，你们都得听我的。所以，比起国内其他机构的创办人，我一开始就比较完整地学习了社会组织的基本知识。

记得在这个家长论坛里，有个香港理工大学的李楚翘[②]博士，他说要做家长组织是因为家长组织有不可替代的作用。他说的那几段话一直影响着我。别人创办的机构都可以有其他的东西去替代，只有你自己的孩子、你的声音是别人不能替代的，你的作用是不能替代的。

（二）从"问卷"开始的创会

我们一开始走的路就跟别人不太一样。我们当时借鉴了香港的模式，从问卷开始。第一次的问卷，定了几个基本的东西，第一个是逢星期几活动；第二个是会费收多少；第三个是最重要的，我们是在残联下面做一个协会，还是自己去创办一个协会。这些都是在这份问卷中通过投票决定的。当时有12个家长填了问卷。就是这12个人，确定了我们不在残联下面做协会，而要做个独立的民间的协会。当时，我为什么支持独立做协会呢？我的想法来自我先生。我先生说独立做，你自己想怎么干就怎么干，不用搞

---

① 唐先生，这里指唐兆汉，深圳自闭症研究会第四届理事会理事（2017—2020），香港智障服务人员协会会长，曾为香港明爱康复服务专家。
② 李楚翘，香港理工大学教授。

那么复杂的东西。其他家长是怎么想的，我也没有采访过他们，也许他们是出于一种信任。

12个人填完问卷之后，一开始做的是招募会员。第一年和第二年的活动基本上是AA制的，我可能出大头。由于有问卷，所以大家想吃什么就做什么，而不是我出钱做饭请人来吃饭这种模式。但是会有几个核心的家长，分别做我不擅长的事。例如说做账，有人管钱，有人负责记账。现在还能找到当年创会时，一支笔、一个本都是谁捐的记录。从那个时候开始，我就立志要做一个干净的会。当时，还不懂社会组织的公开透明，就是想着所有东西都可以"晒"出去，我要做好这个准备。当然，这个准备不是为了证明我们的会有多干净，而是为了证明我本人是没有拿钱的，不要让别人以为廖艳晖挣了多少钱。因为当你慢慢做大了以后，即使所有的钱是你出的，但是人家肯定会觉得你背后有什么不良的动机，要不然你为什么会这样做。

那个时候是星期一到星期五自己在家里面给孩子康复，周六周日就是亲子活动、家长活动。活动很简单，都是家长自己想的，像圣诞节办活动，请专家过来做讲座等。活动的地点搬了很多次，一开始是在我住的洪湖花园小区的地下室的业主活动中心。那个时候最宝贵的是书，因为当时网络不发达，那个年代内地没有有关自闭症的书，大部分书是香港的，要去香港买——香港的书都很贵——然后还要带回来，这些书是吸引大部分家长过来的第一个原因。然后接着就是亲子活动，亲子活动也吸引了很多家长，因为好吃、好喝、好玩。后来，我们又搬去八卦岭一个家长办的印刷公司的办公室，再后来又搬到了另一个家长住的廉租房，后来又搬到我的另一套房子的客厅，最后就搬到了我家的写字楼。我拿了写字楼里的两套房出来，当时的租金也不少，但是我没有拿去收租，就直接拿出来给大家用了，实际上只有星期六和星期天用，星期一到星期五没有什么人来。再后来，罗湖区残联的叶国强推荐我们认识黄镜波理事长。黄理事长去我的写字楼一看，就说，我可以给你们场地，你不要用自己的写字楼，这么浪费。然后就把罗湖泰宁康复站给我们使用。我们就逢星期六、星期日去那里做讲座、办活动，当时办活动打出来的条幅是"孤独症儿童家长会"。

当时自闭症孩子的康复要么就去找早期干预中心，要么就在元平（特殊教育）学校，要么就是家长自己给孩子做康复，也没有专门的社会康复服务机构。当时我没有想过自己去开办康复服务机构，因为我从香港参会的时候就知道，专业的服务应该由专业人士做。我一开始的定位就是做家长组织，不是做服务机构，不是做服务提供者。我们一开始就是为了"抱团取暖"，就是说我们首先解决家长的问题，我们情绪不稳定，精神很颓废，整天想自杀。抱团至少让我知道，不是只有我一个人有这样的孩子，这么多人都有，而且有很多是教授，是官员，大家很平等，人人都有一个（自闭症孩子），心情会好一点。跟你说的话，你也能明白，都不用跟你解释那么多，互相之间一聊天能缓解负面情绪，这是当初创会最主要的原因。

到了 2004 年，家长们觉得三年了，做家长组织没有什么用，不解决我们的实际问题，回家后我们的孩子没有地方去，于是才开始做服务提供者。当然，已经有了前面的经验，每走一步都是先做问卷。大家投票说收费多少，怎么做，然后按照大家的意愿把菜单列好，我们才会去做。

总之，从 2001 年到 2004 年，我们是一种很松散的方式。大家采用 AA 制做家长培训，就是照顾者的技能培训。因为没有服务提供者，给孩子做康复是我们在一起最主要的学习内容。2004 年 10 月，我们召开第一次全体会员大会，那个时候应该有 100 多个人了。

（三）正式注册"柳暗花明又一村"

我们一直以来都想注册。2004 年，我们去民政局问了，人家说你要先找主管单位。我们去哪里找主管单位，没有人愿意做我们的主管单位。残联说自闭症不是残障[①]，不归残联管。后来经会员介绍，找过社科联，也没同意。再后来，康宁医院的胡赤怡[②]医生建议我们可以试试找科协。科协为什么能够绿灯一路通过？那是因为刚好深圳电视台的节目《百姓故事》采

---

① 2006 年第二次全国残疾人抽样调查时，自闭症被纳入精神残疾范畴。同年 6 月，国务院同意并批准的《中国残疾人事业"十一五"发展纲要（2006—2010）》，将自闭症康复纳入了工作计划之中。

② 胡赤怡，香港大学哲学博士，主任医师，深圳康宁医院副院长，深圳市精神卫生研究所医学心理与心理治疗研究室主任。

访了我。节目播出的时候，科协当时的负责人正好看到这个电视节目。然后我们去找她，她一看，这不就是电视上的那个人吗。两个女领导就让我们通过了，这个是很偶然的事情。2005 年 1 月，深圳市自闭症研究会正式注册登记。后来科协还给了我们挺多的支持。

在科协注册，名字只能定两个，要么是学会，要么是研究会。学会，我们不知道干什么的，后来想想研究会是我们能理解的，我们就说叫研究会吧。当时香港和澳门的家长组织还说，你们为什么叫研究会呢，你们搞什么研究吗？我说没有，是因为我们只能这样去注册，所以叫作研究会。但是你没有发现英文不是叫研究会？英文是协会，我们就打擦边球，英文 Shenzhen Autism Society 是这样来的。

我们去登记注册时，民政局说你就是一个家长，不能做理事长。我做了两届的秘书长，直到后来马宏①做民间组织管理局局长，她说，你不行还有谁行，就你做，我从第三届才开始做副理事长。

登记注册后我们就可以正式接受社会捐款。募捐来的钱做什么？除了 2004 年举办第一届海峡两岸暨港澳自闭症研讨会以外，很多活动的举办就是为了人有我也有！由于我们群体的特殊性，所以很多普通人群的活动我们都被拒之门外，不和我们玩，那我们自己做起来。于是从 2006 年开始有了自闭症关爱周活动，它是社会倡导活动，比联合国把 4 月 2 日定为国际自闭症日还早了两年。2005 年举办第一届展能运动会，2007 年举办第一届展能艺术节，2009 年举办第一届社区邻里节，2010 年举办第一届"活出彩虹"夏令营，2016 年举办第一届"I CAN"青年营，2018 年举办第一届夫妻营……这些活动都每年一届延续至今，备受欢迎，后续还推出手足营、融合营等，一切都是因应受障者的需要。

2005 年，正式注册后开始有聘用的工作人员。刘姗姗②是第一批聘用的工作人员，当时的工作人员是一支"杂牌军"，那一点工资招不到什么人。

---

① 马宏，时任深圳市民政局党组成员、深圳市民间组织管理局局长，现任深圳市妇联党组书记、主席。

② 刘姗姗，2004 年入职深圳市自闭症研究会，先后担任康复部老师、康复部主任、行政发展部主任等职务，现担任深圳市自闭症研究会秘书长。具备多年的 NGO 工作经验，熟悉自闭症相关领域知识。

不管什么学历、什么专业，你来到这里的第一件事就是拿起扫把扫地，就是给小朋友喂饭、擦屁股。你是一个家长，如果你愿意做，可以进来做老师。你是一个厨师，如果你了解自闭症，带过孩子，如果愿意也可以进来做老师。第一次招聘就在我家楼下的业主活动室。当时招聘刘姗姗的时候，没有告诉她什么，让她填一下表格，然后就让孩子们过去骚扰一下，孩子们自然会骚扰她。凯文过去直接把刘姗姗的眼镜摘下来了，然后看她的反应。她如果很凶，整个人跳起来了，那这个不合适，如果说还可以，那就用。很简单的，谁有爱心，谁不乱发脾气，谁的承受力强就谁来做。学历、专业都不重要，因为那些都没有用。再高的学历，也不懂自闭症。那段时间我做秘书长，天天都要盯着，虽然我上班没有拿一分钱工资，还要捐钱，但是我不做，就没有办法跟下去了。到了 2006 年，有了管理的第一次压力，走了一半的员工。

四 自闭症研究会的管理法宝

（一）法宝之一：专业化管理

专业化管理包括程序化、标准化、规范化、个别化，是服务品质整体性的提升。2006 年，机构最大的变化是推行目标管理、分层管理和绩效管理，由"杂牌军"变"正规军"。从此以后，招的人必须是专科以上学历。原有的那一拨人就有很大的意见，走了一半的员工。这是"阵痛"，当时我就决定一定要这样坚持做下去。

我把商业上的目标管理、绩效管理引入研究会，开始抓服务质量，员工受不了，家长也出了问题。有的家长到处说她是廖艳晖的好朋友，她跟我一起创会，希望有一些特殊待遇。比如，要指定哪一个老师教她的儿子，捐款就要指定哪个房间给她的儿子用。还有两三个家长觉得这个员工不好，那个员工不好，就要把他给炒了，这样乱来。香港社会福利署网站有一个社会组织管理规则，我把它下载后根据实际情况改成了研究会的理事和监事工作细则。在这个手册中，把管理层、理事和监事所有的权责全分清楚了。

同时，我们也把香港社会福利署在香港所有社会组织里面推的 SQS① 的 16 个标准拿到了我们这里来推行。香港所有参加政府购买服务的社会组织都要符合这个标准。但在推行时发现这个质素标准还是很虚，它更多的是对外的一个手册，是程序化的、可视化的呈现而已，对我们服务品质的提升用处不大。于是我又自己去找标准，这也是我们多次获得政府奖项和荣誉的原因，主管部门都没有要求你做，你自己非要自己做成这个样子。2007 年，我去找了商业领域的 ISO 标准，当时理事会里面也会有一部分不同的声音，有人认为这个 ISO 是做产品的，不是做服务的，人家保证的是产品的品质，不是服务的品质，不适用。我们找的这一家企业，是专门做 ISO 培训的。通常一期价格是 15 万元，但最后免费给我做。这么久以来，如果说为什么这些事都能做成，我认为都是因为我做这个事是正确的事，自然就会有人来支持。这些人为了你做的正确的事，觉得应该支持你做。

这家企业在研究会推行 ISO 的方式就是先培训你，让你了解 ISO 的总体框架、思路、基本原则。第一，所有事情都是要留痕迹的；第二，所有事情都是要程序化的；第三，所有事情都是要标准化的。培训完之后，我们就让员工自己写流程。他们的工作人员就是培训所有员工学会写自己的部分。每一个岗位自己写自己的，例如，财务部门，你要出差报销，就三个人一组把所有流程步骤写出来，然后第四个人看看能否看懂。如果你去出差，通过这个程序文件你就知道第一步干什么、第二步干什么。之前没有这些程序，都很随意，有了这些就很清晰了。再比如留痕，所有做完的事情都要留痕迹文件，都能够翻查得到。每个部门自己写，怎么样留痕，哪些是必须要留的痕迹文件。

当时在研究会推动 ISO 是有阻力的。员工中有一部分是赞同的，有一部分是不赞同的。因为要做大量的行政工作，什么事情都要留痕迹，但做了一段时间以后做顺了，就习惯了。

教学方面，与行政的程序是一样的，但是会有几个关键点：一是所有的孩子进来都要有 IEP（Individual Education Plan），即个别化教育计划；二

---

① SQS，香港服务质素标准，包含四大原则，16 个标准。详见：https://www.swd.gov.hk/sc/textonly/site_ngo/page_serviceper/sub_serviceper/id_servicequa/。

是有专门的评估工具，评估后每一个孩子要有个别化计划；三是定期听课，有观摩课、公开课的课程；四是定期要找家长们共同成立个案小组，定期评估孩子的进展达标率。

（二）法宝之二：全员参与

2005年深圳市自闭症研究会和北京星星雨教育研究所及8个行业伙伴联合发起"心盟孤独症服务机构学习网络"。2006年在全国网络中选了5个组织，使用一套全员参与的评估工具，这就是自我评估标准。有一家做完了以后就倒闭了，我们这一家做完了以后，绩效噌噌噌地往上走，区别可能在于我这里是赋权的。我愿意赋权全员参与，如果你是假的、不赋权的，但又培养了所有的员工有全员参与的意识，他们有了权利意识以后就成了"造反派"。我是真赋权的，真赋权后，我就可以越来越没有什么事干，而他们就可以有越来越多的事干，我后面就不用天天在办公室盯着了。

我觉得，全员参与的方法是社会组织管理和商业管理的一条分界线。如果用纯粹的商业管理模式去运作社会组织的话，会有问题。如果你真的想做社会组织，而不是拿社会组织的名头去套政府购买服务，那么走企业的管理模式是走不通的。全员参与的重点在于民主的赋权的管理模式。具体地说，就是所有的员工都能够在他的某一些区域是有权的。例如，他可以决定我们每一个年度的评估，决定每一个年度的工作计划和财务预算，包括他自己的奖金、自己的福利待遇，员工手册中拟订的所有流程都是共同做的，一起参与，共同拟定，不是你定了以后，他是被执行的那个，而是他自己就是拟定的那个人，然后执行的就是他自己。这个过程，我觉得是跟企业管理最大的区别。2006年的全员管理，是研究会管理模式上的一个分界线。

（三）法宝之三：公开透明

研究会连续几年排名中国民间公益透明指数全国前十，还得到过全国第三名。我们的所有东西你在网站上都能找得到。一开始投票选择自己创会，就是想做一个干净的会，一定要干净到底。家长创办机构有些是希望有投资回报的，但我比较幸运，我老公能挣钱，我很感谢他。

如果不能做到干净、清白，哪怕送上门的钱，我们也不要。曾经有过一笔很大的资金，但我觉得"不干净"，我就征求理事、员工的意见。他们都愿意过苦日子，或者愿意少拿工资，愿意大热天没空调。类似的事情很多，有的企业基金会已经到了临门一脚要捐赠了，但要求必须去指定的地方购买器材，那我也不要。一直以来，我们就这样"又硬又臭"，熬过来了。所以有些人不喜欢我，我做事不合他们的意，气质不符。

我给我们团队三个原则，一件事情能做不能做，做得好不好，会不会被我批评，你不用问我，也不用看我的脸色，就看这三个基本原则。第一，是否符合孩子的利益；第二，是否符合员工的利益；第三，是否符合组织的利益。如果后两项打钩，但第一项没有打钩，那么不能做；如果第一项打钩，但后面两项没有打钩，有可能可以做。具体到每一次，都可以用这个原则评估。例如有人捐了一箱牛奶，大部分孩子要做食疗，不喝牛奶，那么是不是给员工？如果给员工，孩子的利益没有了，员工的利益有了，但是组织受损了。因为你挪用人家的捐赠，原本是捐给孩子的，没有说捐给员工。那么还是应该把牛奶给孩子，孩子带回家，自然有家人喝，不能挪用发给员工。这些指导思想应用到所有的细节当中，直接影响到所有员工应该怎么处理具体的事情，而不是每天来问这个事情应不应该做。

我们跟其他人合作也有三个原则。第一，我们做的所有事情都是透明的，都要"晒"出去。如果你觉得可以"晒"，我们就继续谈。如果不可以，就不再合作。第二，我们是要独立自主的，你给我们捐赠了钱，但也不能安插人员进来干预我们。第三，我们是不垫钱的。因为万一承诺的捐赠不能兑现，我们承担不了垫资的风险。

五　两个重要跨越

2008 年对于我和研究会来说很特别。因为那一年发生了两件事情，一是我获得"中华慈善奖"，二是研究会获得壹基金"典范工程"奖励。这对于自闭症研究会来说是一个很大的跨越。

在获得"中华慈善奖"之前，我获得了第一届"鹏城慈善奖"。因为有了这个奖，深圳市残联帮我报名参加了"中华慈善奖"的评选。之后获奖了，我说不会是骗人的吧！当时很无知，根本不知道民政部有这样一个大奖，而且，那一年胡锦涛主席在人民大会堂接见了我们。

壹基金"典范工程"的海选也是 2008 年。当时很多社会组织申报，因为壹基金有 100 万元的奖励，吸引了很多组织去参选。当时壹基金派出两个团队来审查我们，其中一个是财务团队，四大会计师事务所之一的德勤公司财务团队来审计，来了两三天，把所有的账目都翻了。当时我们把创会八年所有的财务全都放到网站上，研究会的财务郭姐①一开始还反对。但我觉得有问题你才怕，没有问题你怕什么，我坚持放上去。另一个团队是过来现场观察，还专门打电话给我们的服务使用者、捐赠者和义工，进行尽职调查。后来壹基金通知我们去北京现场答辩，我让郭姐跟我一起去，我怕人家问我财务问题，我不会回答，但其实财务问题已经审完了，没问财务问题。当时的评委有李劲②、庄爱玲③、杨团④等。每个人依次问，问了很多问题。等答辩完，我们出门后，听到里面的评委开始鼓掌。后来我才知道我们是唯一一家全票通过的。全票通过拿到壹基金"典范工程"这个奖项，对我们的意义非常大。

对于这 100 万元怎么用，理事会也是有争议的。壹基金说这个是奖金，（对如何使用）没有具体要求。有些理事希望可以用来改善福利院的设施。我提出来要做合鸣网络，做枢纽型组织。当时枢纽型组织、网络支持这些概念都比较新，理事们是没有听过的，就我老在外面跑，我的理念走在前面了。我还是靠三寸不烂之舌把他们说服了，最后投票决定同意做合鸣网络。

从此，自闭症研究会开始向行业组织发展。当年我创办家长组织的时候是想着家长"抱团取暖"。"抱团取暖"以后发现如果不解决孩子的问题，就不能解决我们家长的问题，于是就去开展康复服务。在创办康复服务机构的

---

① 郭永秋，深圳市自闭症研究会的创会理事。
② 李劲，国内知名公益人，壹基金第二届秘书长。
③ 庄爱玲，上海映绿公益事业发展中心董事长。
④ 杨团，中国社会科学院社会学研究所研究员、社会政策研究中心顾问。

过程中，发现如果不解决老师的问题，不解决行业的问题，就不能解决我们孩子的问题。当年接受过我们康复服务的家长们很多出去创办康复服务机构了，很多人觉得这是一个市场，但市场确实有点乱了。我不希望深圳像有的城市一样，服务收费越来越高，服务质量却一直不提升。怎样可以做到行业自律，怎样可以推行一些价值观、理念标准，肯定要有一个行业组织来带动。于是，我就把自闭症研究会变成一个行业组织，为会员单位培训，帮助会员单位做战略规划、能力建设，研究制定服务标准，开展行业自律，等等。

六　先做加法，再做减法

面对服务行业竞争大于合作的现状，如果研究会要做行业组织，首先自己必须不是一个服务提供者，否则，你与别人一样，凭什么做行业组织。于是，就考虑把康复服务的部分切割出去。在这个过程中，我发现我培养出来的核心骨干挺多的。如果让几个核心骨干一起做的话，有可能后面要分家。如果我把培养的三个副手作为三个种子，分到三个机构的话，那么这三个种子都能留下来。正好2009年深圳市与民政部签订了"部市协议"，社会组织可以不用找业务主管单位直接登记了。于是我们干脆就登记了三家社会组织——深圳市仁善康复福利院、深圳市罗湖区仁爱康复服务中心、深圳市仁和社会工作服务中心，一个核心骨干负责一家，分别为心智障碍儿童、心智障碍青少年、心智障碍者家庭和社区提供专业服务，逐渐形成了"仁爱和善"服务体系。

仁善康复福利院，是我通过《民心桥》栏目跟刘润华局长讲的，希望登记福利院。在那个年代，民办福利院全市只有一家，是非常难注册登记的，在刘润华局长的支持下，在深圳市社会福利基金会的资助下，深圳市仁善康复福利院顺利注册。

仁爱康复服务中心，与壹基金"典范工程"有关。因为获得"典范工程"后配套有培训，我在培训活动中认识了腾讯基金会的窦瑞刚[①]。学习中

[①]　窦瑞刚，腾讯公益慈善基金会执行秘书长。可见本书访谈。

有个案练习，我就跟窦瑞刚说这个事，我说我想要做自闭症青少年的服务。他很支持，后来腾讯公益基金会通过壹基金捐赠 90 万元给我们用来做仁爱。于是就有了深圳市第一家自闭症青少年服务机构。成立后的三年，大部分孩子没有交过学费，因为很多是单亲或者是存在经济困难等情况。但凯文是交学费的，当年大概是一个月 2800 元，反正就是正常的成本核算。

至于仁和社会工作服务中心，当时民政局给社工机构的支持很多，我们不是为了拿政府购买服务去创办社工机构。实际上前期发展的好几年也没有获得政府的资金，在我们把仁爱和仁善分出去之后发现，社区这一部分的服务与我们的康复服务不一样。我们想把社区服务的这个部门登记成一个社工机构，专门做家庭支持和社区支持。后来没想到顺利登记注册了，那就做了。

因为当时社会组织登记政策宽松，这三家组织的注册都非常顺利。从 2009 年走过来，今年（2019 年）也刚好十年。仁爱得到了 5A 级社会组织称号，仁和、仁善也拿了很多奖项。这三个机构不单单是生存下来了，运营得也都可以。举办"仁爱和善"是在把服务做加法，但其实自闭症研究会是在做减法，是不做直接的服务提供者，而是做服务提供者的行业自律发展平台。

七　做服务监察者——成立守望协会①

从一开始，我要成立的就是家长组织，这是我的初心，只是一直以来登记注册不了。2012 年，凯文的手拍到玻璃上，右手的动脉和神经都被切断了，是在医院救回来的。同时，我自己也有一次突然晕倒，送 120 急救。这两件事对我有很大的震动，我一方面反思康复服务，另一方面加速考虑服务监察的事情。

如果我们家长真的走了，我怎么把钱交出去，我怎么把人交出去，我怎么能在我死了以后安排信得过的人照顾他。政府已经开始有越来越多的

---

①　守望协会，全称深圳市守望心智障碍者家庭关爱协会。

服务经费，现在已经有服务提供了。我想做服务监察的补位，要扶持家长组织，让下一代的家长为前一代家长的孩子做服务监察。我最相信的人，还是跟我同样有这样孩子的人，因为只有他们才最懂孩子。所以，这个时候我要做家长组织并不是像原来的"抱团取暖"，而是希望它能够成为一个专业的服务监察者。

打个比方，我们 2001 年创会的时候，只有一根"支柱"就是政府。第二根支柱是服务提供者，从深圳到全国，这十几年的时间里第二根支柱陆陆续续立起来了。我发现没有第三根——服务监察，所以我要把第三根支柱立起来。至少在我死之前，如果这三根支柱能很好地发挥作用，我觉得我就能死而瞑目了。很多时候我们会做很多事情，并不是我们突发奇想的，而是因为孩子的需求会推着你不断地去做一些事，把整个框架中缺的部分搭起来。回到当时李楚翘博士说的，服务监察这个功能如果家长不做，是没有人可以替代做的。因为专家站的角度还不是服务使用者的角度，只有家长才是站在使用者的权益角度去评估服务的。

2014 年，很幸运，深圳市副市长来调研，问我们有什么想法和需求，我说想成立家长组织，因为我是家长。之后，民政一路开绿灯，顺利注册了深圳市守望心智障碍者家庭关爱协会。也可以说，守望协会的注册是抓住了社会组织登记政策宽松的尾巴；之后社会组织直接登记越来越难，又要业务主管单位了。

守望协会成立后的发展目标不再是一个区域性的家长组织，而是成为全国家长组织网络的枢纽组织。2015 年，壹基金的"海洋天堂计划"资助创建"守望网络"，短短的 4 年时间，家长组织由最初的 13 家发展为当前遍布全国各地的 110 家，已经孵化了东西南北中五个区域的二级枢纽组织。2016 年"守望网络"联合四大服务网络枢纽，开始推动建立服务品质评估标准，并且与服务行业合力推动全国第一次服务满意度调查。2018 年发动全国家长组织做了第二次服务满意度调查，服务监督开始有计划、按步骤地推进，不断积累实践经验。同时，我很幸运地找到了很能干的张凤琼[1]做秘书

---

[1] 张凤琼，曾任广州慧灵总干事，现任深圳市心智障碍者家庭关爱守望协会秘书长，从事心智障碍服务工作近 20 年。

长，与我并肩作战，几年时间，在第一届理事会战略规划结束，第二届理事会换届上任之初，就在社会组织评估中评上5A级，工作团队由1个人扩展到10个人。

守望协会已经走出一条中国社会组织网络化发展的特色路子。当时壹基金的"典范工程"在支持做网络组织的时候，这种自下而上的社会组织网络在中国还很少见。我咨询过一些专家，他们也不了解。家长组织网络化发展的优势是，家长组织不是服务提供者，不抢生源、不抢师资，容易做到合作大于竞争。守望协会作为全国的一级枢纽组织，负责全国性的工作，在各地培养了第一批共10家种子组织。这10家种子后来就成了各区域的二级枢纽组织，初步形成星火燎原之势。二级枢纽组织是由所有的成员组织选举出来的，已经开始成为区域性的核心，区域性家长组织的卫星图已经出现了。可以说，现在找到守望协会，就可以找到全国110个家长组织，找到全国的心智障碍人士的家长。

如果问守望协会有什么特殊之处，答案是理事会成员是由全体会员代表差额直选产生的。差额直选是延续自闭症研究会第二届和第三届换届大选的成功做法，守望协会第一届、第二届理事会和监事会成员都是通过差额直选产生的。这与港澳台地区的家长组织有所不同，走出了自己的特色。通过深圳10个区的家长互助小组和妈妈合唱团培育种子选手，差额提名选举产生候选人后，组织候选人的相关培训。通过直选晋升通道，管理层有了源源不断的新生力量加入，避免了组织管理层的固化、断层化和精英化，充分体现了组织自下而上的民主自治精神。

八　推行权益模式——精神障碍者协会

2012年凯文受伤让我不断反思。之前做康复服务，很多人认为我做了一件很大的善事，帮了很多的孩子，但我一直以来怀疑自己的事对不对。即使初衷是对的，但做的方法可能是对孩子有伤害的，就像我的孩子当年去星星雨训练一样，康复也许并不符合他们的最佳利益，因为康复的理念还是希望他有能力而不是有权利。凯文成长的历程不断遇到大量的社会歧视、社会障碍、社会不公。社会支持的缺乏，让我的理念慢慢地由医疗模式、康复模式转变为权益为本的社会模式，关注权利视角下服务和福利的社会支持体系的建设。到现在，我觉得我对自己做的事情有点信心了，我觉得自己做的是正确的事情。

2018年，我受市残联的邀请加入市残联理事会，在侯伊莎①理事长的推动下，五个专门协会有了第一次差额选举。通过选举，我成为深圳市精神残疾人及亲友协会（以下简称"精协"）的主席。精协在2019年5月登记注册为社团法人。

精协换届后的第一件事就是组织大家制订参与式的战略规划，在这个过程中与同行者达成共识。战略规划的参与者大部分也成为精协第一届会员大会差额直选的理事候选人。3万元注册资金是从哪里来的？是精协51个理事捐赠的。不管捐赠多少，哪怕50元，我都要给他一份银行开具的出资证明，这叫作"持份者"。3万元的注册资金全部来自理事的捐赠。这51个理事都是持份者，那么今后就可以做到：第一，所有的理事都知道，这不是一个人的协会；第二，所有运作都是透明的；第三，所有事情是全员参与的。我希望在精协推动权益的理念，现在精协10%的理事是自倡导者，1/9的常务理事是自倡导者。如果我能连任两届，也就是10年，我希望能有更多的理事席位还权给自倡导者。"精神残疾人"和"精神康复者"在精协分别改为"精神受障者"和"自倡导者"——应会员的提议称为"精英"，所以2019年举办了首届精英交流会、精英艺术节、精英拓展营，活动从策划到实施，台上、台下精神受障者作为"主人翁"全程参与，这也是落实残疾人权利公约中的规定——与我们相关的决定不能没有我们的参与，这要在我们的协会当中充分地体现。

我估计，这种理念是大部分社会组织没有的。它们可以做一个很好的服务提供者，可以充分发挥政府购买服务资金的作用，可以做到项目管理干干净净；但它们的治理不一定是民主自治的，它们都是服务提供者，而对方是服务使用者，服务使用者不会是这个组织的持份者。

---

① 侯伊莎，现任深圳市残联党组书记、理事长。

精协的四大功能是"代表、维权、服务、监督"，为了专业化地推动政策倡导，我希望精协可以建立专业的动态的数据库，因为所有政策倡导最重要的是有数据支撑。权益为本的数据库体现在，数据库包含所有的成员，通过合法授权的方式，授权他成为个案管理系统里面的一员，他愿意成为这个数据库中的信息。如果这个数据库达到了一定规模后，我们就可以做不同议题的议案了，可以让政府看到实实在在的，有数据支撑的，且精准可行的议案。

另外，我要做培训。过去是培训孩子、培训家长，让他们有能力。但现在我发现，是政府部门没有做好无障碍准备。我要培训他们。例如像美国一样，作为一个警察，如果你遇到心智障碍者，你要怎么做，有这么厚的一本手册，要提前培训拿到学分才能做警察。我要召集精协的理事，给政府部门做培训，给他们做能力建设，让他们具备了解和面对精神受障者的能力。这样等于是把工作做在前面，不要等出了事情再去维权。

九　为什么是深圳？

西安的一个家长曾说，因为你在深圳，才能办成那么多的事情。我相信，如果我不是在深圳，可能现在出来的东西不是这样的。

深圳的政府官员本身很注重效能，他们自己做事也高效率。他们并不比企业和社会组织的效率低。他们经常加班加点，很晚还打电话和我谈工作。我感觉民政部门的公务员挺辛苦的。深圳政府确实比较开明，对社会组织的支持也比较多。

深圳还有一个很大的优势，就是离香港近，而且我会讲广东话，跟他们沟通顺畅，内地的像西北地区就做不到这些。刚才说了，从一开始，我们就是向香港学习的，从根子上很正。2004 年 10 月，我们曾组织召开了一次海峡两岸暨香港澳门的自闭症研讨会。之前我认识的香港专家都过来了，香港专家很尊重我们，无偿地来帮助我们。我们开始的五年，服务督导都是来自香港的。香港的言语治疗师、职业治疗师、特殊教育专家、社工督导、康复服务师等等，每年都来给我们团队做培训。所以有人说，感觉进自闭症研究会就好像进了一个香港的机构，从整个组织架构到管理理念都跟香港的机构很像。

深圳的市民、媒体，也很有正能量，助人热情高，参与度很高。2015年有个很著名的十万网友找寻走失的自闭症孩子的例子，现在网上也能查得到。《深圳都市报》、《第一现场》、深圳交通广播、飞扬971、《深圳晚报》、深媒会等深圳各种媒体都在报道，得到超10万网友浏览、转发。公交集团、地铁集团，都是老总级别的发动参与寻找。社会组织一开始可能真的很弱小，但当它有了公信力，它就有很强的资源整合连接能力，是有很大的社会影响力的。

访谈印象

跟廖艳晖会长是老朋友啦。她做深圳市自闭症研究会理事长，我做监事长，我常常在理事会会议上挑战她。

虽然廖会长作为创办者的身份标签是自闭症儿童家长，但这些机构又与其他家长办的机构有很大差异。这些机构从来不是为了她自己，不是为了她自己的孩子。

她办机构，不是为了获得一份收入，她从未在这些机构领过一分钱；她办机构，不是为了自己的孩子，她的儿子由于程度较严重且年龄不合适，几乎没在她创办的几家机构里接受过服务。

因为不是为了私心，她从未把组织视为自己的，而是不断在这些机构中退出，给员工充分信任和授权，解决了顺利接班的问题。这几家机构的负责人多数是从一线员工自主培养起来的，可能学历未必有多高，却有着对特殊儿童满满的爱，对社会组织高度的忠诚。

因为不是为了私心，这些机构的公信力都极高。廖会长曾说她是有点"洁癖"的，尽管机构发展需要资金，但有争议的资金不要，有附加不合理条件的资金不要。同时，这几家机构的透明度极高，捐一支笔、一箱水、一块钱，都可以在账目上记录得清清楚楚。

因为不是为了私心，这几家机构一直都是随着服务对象需求的变化而调整战略方向，着眼于如何满足和维护心智障碍人士的长远需求和根本权益，而不是盯着一时的政府购买服务资金。

廖会长心直口快，不媚上、不欺下，也许有些人并不喜欢她的风格，我却真心佩服她，佩服她的胸襟、远见和智慧。

余冠彬：深圳义工发展
和无障碍环境建设

【人物及机构简介】

余冠彬，1971年出生于深圳。1994年加入深圳义工联，荣获"中国青年志愿者杰出个人"称号，现任深圳市无障碍环境促进会会长、深圳市盲人协会副主席、罗湖区盲人协会主席。

深圳市无障碍环境促进会是深圳市残联业务主管的社会团体，也是目前深圳市唯一开展无障碍环境建设督导标准化服务的专业团体，致力于促进深圳市无障碍环境建设发展、协助政府各部门开展无障碍环境建设调查和督导及相关服务工作。

一 资深义工

我是深圳本地人，只是小学没有在深圳读书，初中往后都在深圳读书、毕业、工作，一直都在深圳。

我是 1994 年 6 月正式成为注册义工，那个时候刚参加工作没多久。在那个阶段，我们做义工很纯粹，没有过多的其他目的，就是业余时间比较充沛，想帮助别人，这也是一个认识人的过程。我是从那时开始接触残疾人的，最后我自己也成为残疾人了。我有先天低视力，但它是一个持续变化的过程，低视力时我要戴 3000 度的眼镜才能够达到 0.6 的视力，镜片比啤酒玻璃瓶底还要厚，后来从 2007 年开始视力持续下降，眼底病变，发炎，视网膜脱落。我现在就是 0.03 的视力，只要你距离我 1 米以外，表情我就看不见，就模糊了，夜晚出行需要用盲杖。2009 年我在义工伙伴和残障朋友的劝导下才进行了残疾评估，结果是视力二级重度残疾。

深圳义工联是从1989年团市委的青少年热线电话开始的，这个热线电话接到很多求助，之后就有了拓展，就是接了热线电话之后还要后续跟进，就逐渐形成了一种需求。后来到1994年，义工联就根据各种不同的义工服务需求进行分工，分了很多专门的服务组别，有残疾人服务组、老人服务组、热线服务组，还有学生组，后来还有生命之光组，是专门服务病人的。最开始最活跃的就是残疾人服务组和老人服务组这两个组别，一个是"与你同行"残疾人服务组，这个名字一直沿用到现在；另外一个就是"松柏之爱"老人服务组。其实这两个组的名字是我当时取的，大家一起达成共识就通过了。我是"松柏之爱"老人服务组的第一任大组长。但是不同功能组别有需求我们都会去参与，热情和积极性还是很高的。就我而言，我参与过很多的服务，残疾人、老人的服务，去过戒毒所、劳教所，也参与过学生组的服务，接过青少年的心理咨询热线。

我们当时举办了很多的活动，我们组织义工到深圳市福利中心、罗湖区福利中心开展长期服务，每周六或者周日都会有半天时间去服务，服务内容就是帮助这些机构的工作人员做些事，让他们有一个喘息的机会。周六日他们人手不够，我们义工去帮助他们做些比如喂饭、洗澡等工作。此外，我们还会组织这些老人或者孤残儿童参加各种外出的活动，比如说去吃麦当劳或者到外面去游玩。我们当时就已经开始利用社会资源，不仅是我们义工出力，义工联也出一点相关费用，也得到过社会各界的支持，比如说麦当劳提供减免优惠。我们还会不定期开展节日活动，为这些老人、孤儿提供文化娱乐活动，后来我们逐渐地把服务延伸到社会上有需要的老人。我们也组织过很多服务残疾人的活动，比如说带盲人去摸海，抬着轮椅去沙滩等，我们当时还是很活跃的。我们各个组别之间也有结合，比如说我们残疾人服务组跟学生组的结合点是残疾人学生，或是在学龄期但未能到学校里面学习的残疾人，我们会去提供教育的服务，教他们认字、学习，这些个案我们都做过不少。比如有些智力障碍的，他可能18岁，但是他的智力不足10岁，其中有一个孩子，我们通过两年的时间让他能够写下自己的名字，还勇敢地喊出"妈妈"这个词。当他的母亲听到他喊自己的时候，当场就流泪了。

除了深圳市内的活动，我们也曾经有一段时间参与到山区孩子的助教活动中。比如说我们曾经组织过"拥抱朝阳"计划，去江西的吉安以及广东比较贫困的地区支教。20世纪90年代中后期，我们创新了很多活动方式。比如说我们跟香港的公益组织合作，它们出一部分资金，我们出人力去筹集相关的物资，然后在贫困山区的学校设置奖学金，设立学校的图书室，同时也带去一些相对比较先进的教学经验，比如说情景教学。这些活动受到了当地政府的肯定。

那时候我们做得非常规范，除了入会培训之外，在义工分到各个部门的时候，也会给他们提供相对比较专业的培训。比如凡是要参与热线电话服务的义工都要接受比较系统的培训。当初我们跟深圳市卫生学校合作，有系列的心理咨询培训，课程还是蛮长的，要有20个课时才能够拿到相关的证，才可以接热线电话。比如老人服务组和残疾人服务组，要掌握如何正确推轮椅，如何跟老人家沟通，特别是与一些有听觉障碍的老人家沟通。1995年，义工联召开代表大会，我有幸成为理事会的理事，之后就跟义工联的秘书处有更多的互动和联系。当年秘书处也对我们这些组别有很大的支持，包括我们组织活动的时候要使用的办公用品以及经费，是会给予一定支持的。

20世纪90年代，改革开放也就是十来年时间，深圳在接纳新事物方面比内地还是活跃很多。当年你要是到其他城市，顶多就是个学雷锋。深圳义工联1990年注册的时候，全称是叫"深圳市青少年义务社会工作者联合会"，1995年改名叫作"深圳市义务工作者联合会"，后来才改为深圳市义工联合会，简称"义工联"，这个其实也是源于香港的机构，因为香港有义务工作发展局。1997年香港回归后，团市委还专门组织我们，包括我和另外几位理事以及功能组的大组长去香港学习考察，取得了很多经验。义工联其实就是一个平台，我们集合力量去帮助这些弱势群体。义工队伍是一个社会的侧影，义工里面什么特长的人都有。比如我们有懂理发的义工，包括一个曾经获得过"广东省学雷锋标兵"称号的理发店老板，他也经常组织他们的团队来支持我们服务组的活动，去养老院给那些老人家理发，也为孤寡老人上门理发等。再比如当时还不具备无障碍出行条件，残疾人从家里到工作的地点没办法实现自主出行，我们组织了一个交通帮扶队，有私家车的义工去搭载残疾人上班。当时做义工就本着一颗想去帮助别人的心。我们非常纯粹，无论是什么人，无论职业是什么，到了我们这个团队都是平等的，都会被感染，哪怕是开着奔驰车的老板也一样。

其实在这个过程中，最大的获益者，我觉得是我们义工自己。我们这一群人，包括我自己的组织能力、社交能力、人事管理能力，都在这些活动中得到了锻炼和提升，我个人觉得当时最受感召的就是我们自己，最受感动的还是我们自己。包括我们有很多这种小点滴（的经历），比如去孤儿院，每次都是孩子们午睡后，我们给他们洗澡，跟他们玩耍，到 5 点多再进食。有一次到进食尾声的时候，有一个孩子就不愿意再吃了，但按照以往他的胃口是没有问题的。我们相劝之后，他就道出了不愿意吃的原因，他觉得吃完了之后我们就要离开，他说："我不吃，吃完，义工哥哥姐姐就要走了。"所有的这些义工服务，我个人觉得收获最大的还是我们自己。就我个人而言，我去做志愿者，去做义工服务的最大动力，是能够助人自助。助人自助也有两层含义：一层是帮助别人获得能力；另一层就是在帮助别人的时候帮助了自己。无论是前者还是后者，我们那时候都做到帮助一个需要帮助的人，最后使其获得自助的能力。

深圳义工的发展有几个浪潮。从 1989 年开始的 19 人，到 90 年代初有 100 人左右，这是一波。从 1993 年底 1994 年初开始，又有一波，我是 275 号，逐渐又有一个递增，突破千位。然后就到了 2000 年后，又有第三波。第四波就是大运会①期间。2011 年前后，深圳义工联提出要义工服务大运会，然后就是爆炸式的增长。

随着义工队伍不断壮大发展，我个人觉得义工服务的质量是有所下降的。特别是当年有一个政策叫"百优义工"，百优义工从正面来说是一个很大的激励政策，因为入选百优义工可以享受落户的政策，也就是可以取得深圳户籍；但也有负面作用，有些人可能就冲着户籍，全身心地去做义工，

---

① 第26届世界大学生运动会于 2011 年 8 月 12 日至 8 月 23 日在深圳举行。

甚至有的辞工了。当时我们做义工时，年轻人居多，我们的精神文化生活相对来说没有那么丰富，不像现在有很多活动可以参与，那时候闲暇时间还比较多一些。当时主要是"70后"，后来逐渐有"80后"，也包括60年代中后期出生的人。现在义工的年龄、职业有所不同，与政策方面的引导作用有关。比如说学生要有志愿服务时长，那就多了很多学生义工。青少年这一块我也跟一些家长说，把志愿服务当成释放压力、了解社会、提升素质的一个机会，不要把它当作一个负担。义工里面还有很多中老年人。上了一定年纪的老人家，只要他身体健康，他愿意来参与志愿服务，（也可以来）发挥他的余热。年轻人也有很多，但是可能现在比以前的生活压力要大一些，所以年轻人的比例会有所下降。以前35岁以下这个年龄段人比较多，现在就比较少一些。但绝对数量还是比以前增加了。

二　从伤健协会到无障碍环境促进会

我现在的本职工作是在罗湖区残联，但是我又不属于体制内，我是属于聘用的。我的工作是负责罗湖区残疾人的专门协会，比如聋人协会、盲人协会、肢残协会等等。同时，我也担任罗湖区盲协主席、深圳市无障碍环境促进会会长，这是兼职。

无障碍环境促进会的前身是伤健协会。伤健协会成立于1993年，是深圳第一个残疾人的社会组织。当时这个协会大部分的会员是深圳户籍残疾人，那时户籍残疾人相互之间的联系是比较紧密的，当时深圳的外来人口不像现在这么多，社区与社区、街道与街道之间经常会沟通。虽说没有现在的微信联系这么顺畅，但是我们会通过组织社区活动等聚在一起。当年主要是开展一些文化和体育方面的活动，也维护残疾人权益。我们残疾人机动车上路，因为它是我们肢体残疾人重要的或者是唯一的代步工具，交警当年因为管理的问题曾经有"一刀切"的举动，我们伤健协会就组织这些残疾人一起去维权。曾经有一段时间，深圳有"二线关"，过关都是要凭边防证进出，但凭我们伤健协会的会员证就能够进出特区，影响力到这个程度！就是边防官兵都知道有这个协会。我在1994年加入义工联以后，因为经常帮助他们组织活动，提供义工服务，就与伤健协会的主要成员有紧密的联系。

伤健协会为什么会变更呢？是因为深圳市人大在 2009 年通过了《深圳市无障碍环境建设条例》。这是全国第一部有关无障碍环境的条例，深圳的条例是 2010 年实施的，两年后国务院颁布了《无障碍环境建设条例》。从那以后，我们协会的主要成员觉得要保障残障人士生活、工作、学习的权益和权利，最基础的还是要靠无障碍的环境。比如说，深圳大学要录取一个坐轮椅的学生，如果深圳大学的无障碍设施做得不好，到处都是台阶，那么学生也没有办法去学习。再比如，现在有两桶食用油发给残疾人做福利，要过来领取，但残疾人来不了，还是要让家属来领取。现在有些影院说免费给残疾人电影票，但残疾人进不去。所以说我们觉得无障碍环境是基础，无障碍环境对残疾人来说是刚性需求，但实现以后是全民共享。无障碍设施仅仅是残疾人需要吗？肯定不是的。老年人、孕妇、推婴儿车的、偶尔受伤的时候可能都会用到。有这样的案例，一家人带孩子出去，抬婴儿车上台阶，但孩子从婴儿车上摔下来。当然有他自己的原因，但如果有一个坡道这个问题就不会发生了。于是，伤健协会就调整了目标方向，变更了名称。之所以没有重新成立新的组织，是考虑到有历史的延续，有底蕴比较好。目前，促进会在无障碍的三个层面——物理空间的无障碍、信息的无障碍、人文的无障碍——都在推动，基本上也是深圳唯一一家能够提供全面的无障碍解决方案的社会组织。

从 2017 年开始我到无障碍环境促进会做兼职负责人，当时我就提出要做事先自强，自己先要成为一个治理能力比较强的社会组织。现在我们有 11 个专职领薪的人员，兼职有 7 个，包括我。我们多数工作人员是残障人士，我是视力障碍；常务副会长兼秘书长欧阳（明国）是听力障碍，他一只耳朵听不到声音，另外一只耳朵只能听到四五十分贝的音量；另外几位就是坐轮椅的。这些残疾人，包括我，都是从 90 年代开始就一直没有离开过社会组织、公益圈以及残疾人工作。

资金来源方面，一个是我们承接政府职能转移和购买服务，因为我们的业务主管单位是深圳市残联，深圳市残联的一些项目也放到我们这边实施。我们是 4A 级社会组织，具有独立去竞标承接项目的能力。现在我们在组织力量做深圳市无障碍环境的整体规划。接下来我们跟很多政府职能部门会有一个对接，包括打造学校的无障碍设施。我们还做无障碍环境的测评和专项验收，我们按照规范和我们自己的合理便利性去设计改造。因为规范是死的，最后的改造结果是否便利我们是最清楚的。目前深圳市政府投资的项目验收都有我们的参与。另一个资金来源，下一步我们会做一些私人投资设施的设计和改造。私人投资的设施没有办法去强制要求，只能是激励政策。比如说你要是达标了，政府或社会组织给你颁牌，给你一定的奖励，来鼓励你去实现无障碍环境。让这些机构、社会人士认知到无障碍环境，它不是一种成本，而是一种资本。当你上上下下都做成无障碍环境的时候，任何人都可以到你这里消费，而且这可以提升你的社会价值和美誉度，是吧？这个很重要，不是一个负担。而且事实上我们也曾经做过相关的成本核算，就是你一栋大厦有无障碍设施和没有无障碍设施，其实差不了多少钱。

接下来，我们要做无障碍知识进校园、进社区。首先我们无障碍进校园活动可以把它作为志愿服务时长的一部分。我们有一个别开生面的活泼的课堂形式。培训之后我们有实践，组织残疾人和学生一起来做一些共同的活动，让学生既完成了志愿服务时间，又得到了提升。有时候学生也需要一些激励，我们残疾人朋友在环境这么恶劣的情况下都依然能够去工作、去学习，那我们健全的朋友是不是应该更努力一些？从 2018 年开始，我们盲人协会也在暑假期间组织过盲童的活动，让盲童跟一些初中和高中的学生及家长一起互动，效果非常好，甚至有的家长说孩子真的是转变非常大，以前不太爱学习，现在都认真学习了。我们之前带着导盲犬去小学，在学校里面开展认识导盲犬、认识盲人、认识残疾人的活动。整个学校都沸腾了，他们觉得这是一个全新的认知，对他们触动很大，也发现其实残疾人跟自己是一样的，只要无障碍环境做得足够好，其实大家是一样的。2019 年暑假我们带着盲童去了深圳大学，一起听大学生讲述大学里的故事，去深圳大学"看"大学的场景，去听场景，去摸场景。我认识一个肢体残疾但有一定行走能力的残疾人，他说小时候在村里面去附近学校读书，因为小孩子们天真，都不会觉得他是一个异类，都一起玩耍，这是因为从小大家都在一起接触，能够包容，知道他只是腿脚不方便，走不快而已。但如果是从小就没有接触过，突然有一天看到了，就会觉得很异样甚至很陌生和惧怕。有时候，我推着轮椅时，会有小孩回头看。我都会跟我的轮椅小伙伴说，有人回头看你，你要面带微笑说"嗨！"跟他打招呼，问问他，你以前有没有看到过有人坐轮椅？对小孩做一个科普，而不是看到别人用异样的眼光看你的时候，自己的心态就崩了。我会经常跟残疾人这么沟通，其实这很重要。

我接触残疾人，我自己也成为残疾人，同时从 90 年代开始做义工，我对于义工服务这一块其实认识很深刻的，不久后我会担任深圳地铁义工联的理事，我希望借此推动地铁义工的专业化。我就想从地铁义工联开始，把不忘初心这件事情落到实处，我希望能够把义工专业化不足的局面扭转一下，其实这个过程也是全民能够接受残疾人或者其他弱势群体的一个过程。我们促进会现在跟深圳地铁集团有一个长期的合作，深圳的地铁义工有两三百个站点，我们为地铁义工提供无障碍的服务培训，让地铁义工成为一个专业化的服务团队。我们的期待就是哪怕你可能只参加一次服务，哪怕接受我们的培训之后不再做义工了，但是你获得了这种积累，当有人需要的时候你也懂得如何去出手，如何帮助一个盲人，如何推轮椅。现在有些案例，你作为一个义工带着情怀去帮一个坐轮椅的人，但是你没有专业的技术去为他服务，他坐在轮椅上你还把他推下去了。所以现在我们来指导义工，提高义工服务的技能和专业的水平，再去为那些有需要的人服务。我们现在给义工培训，首先你要清楚他需不需要你为他服务，需要你服务的时候你才能帮助，如果不需要你千万别帮他，这不是好事。万一你帮助他，有意外发生，你还有责任呢。另外，你要有帮助他的能力。我们有些义工的家人中风了，那个时候他们觉得学到的服务残疾人的技能现在用得上了。有一次，我们培训义工如何将一个坐在轮椅上的下肢不能动的残疾人转移到用餐的桌子或者别的位置上。有个义工说，学会了之后，过年回老家的时候，就懂得如何安全地把奶奶从床上搬到轮椅上，而不用一家几个人一起来抬了。当时他说奶奶双手也很有力量，她只要双手搭在他的脖子上面扣紧，他把她的腰扶稳，双膝顶住她的双膝往上一提整个人就起来了，然后就可以转移了。这其实是一个很简单的技巧，当然要熟练。我觉得这个过程其实就是提高全民认知的一个过程。我们说的其实就是一个消灭和降低障碍的过程，除了物理空间的障碍、信息的障碍，其实最大的障碍就是意识的、理解的障碍。

三　从残疾人的角度看深圳福利政策

深圳这几年的发展突飞猛进，经济飞速发展，科技也是很领先的。但是人的获得感滞后，一个是纵向，一个是横向，都是滞后的。纵向就是把自己跟城市的发展相比，这个脚步还是滞后的。虽然说我们的工资水平各方面都在提高，但是长的更长，短的更短。所谓短的更短就是刚才我们所说的，一个是人文这一块，包括对于弱势群体的政策扶持跟不上经济科技发展的脚步，这是纵向方面的滞后。横向就是与其他的城市相比，也还是有所滞后。可以这么说，深圳在某些方面落后于国内的很多城市。比如说福利政策，有福利补助和重度残疾人补助，我们深圳的补助水平处于全国中下水平。所谓重度残疾人补助就是两项补贴，一个是生活补贴，另一个是护理补贴，两项加起来深圳的重度残疾人补助每个月只有 400 元，上海和北京有 600 元到 800 元，按比例来说就相差 50% 了，这是第一个差距。第二个差距，深圳有些扶持政策还没有内地城市的步子那么大，比如说我们的托养中心多年来一直没有落实，一些残疾人的家庭承担不了照顾的责任，残疾人无法在家庭中被照顾，需要专业的机构或者是人员照顾，但深圳没有一家这样的专业托养机构，但是内地很多城市专门选择一栋楼或者是一个园区作为一个托养中心。此外，还有残疾人的康复也是欠缺的。现在我们残疾人的康复都是零散的，分散到下面的各个医院，虽然说分散有它的好处，离残疾人居住的地方比较近，但是专业化这点相对来说就要弱一些。我们上个月去了一趟山东临沂，临沂市就专门有一个公办的康复医院，收治了很多需要康复的残疾人。只有康复人数达到一定的数量，医生才能有更丰富的临床经验，才能够更快提升康复质量。深圳也有一些政策很先进，但是后来止步不前，别的城市学习后超越了深圳。

没有残疾人的小康就不是全面小康，没有弱势群体的小康也不算是全面小康。其实我们残疾人很多时候也希望发挥自己的能力，也有创造价值的意愿，但是没有这个土壤。我们就拿深圳的广播电视大学为例，我有好几个聋人朋友要去读社会工作系或者法律系，学校没有配套的教学便利，我们要去找一些义工通过培训来协助聋人学习。我们非听障人士觉得有文字不就行了，但文字是死的，必须要通过图画、手语这样的方式去表达，他才能理解。我经常举这个例子，有两个字组成了一个词，在不同语境下它能表达出不同的内涵。再比如说我们有盲人朋友要落户深圳，所有条件都符合，大专毕业，在深圳也交了社保，但就是因为体检不合格，因为他是盲人，就没有办法落户。那这个就很不公平了，是吧？至少我们现在有两三个盲人遇到这样的情况，他们正在进行行政复议。其他残障人士也曾经出现这个问题，有些人是通过一些灰色的手段，比如体检找关系什么的就进入了，但是如果严格来说，他是无法入户的，这个条款已经卡住了。所以说深圳的科技和经济走到了前面，但是人文关怀还在后面。遇到类似的事情，我们在与领导沟通的时候只能够给他找个台阶下，说："不是不人道，而是不知道；不是不理解，而是不了解。"

所谓的弱势群体或者是残疾人，可以自主地、独立地、体面地出行、工作，这才是我们最终想达到的社会目标。好几个人去抬一个轮椅，去帮助一个残疾人，我觉得这个可能是很表面化的一种文明观，还不如把这个社会打造成为能够包容接纳，让残疾人自主独立能够完成出行的无障碍环境。

访谈印象

我之前并不认识余冠彬会长，感谢李海老师的引荐。

访谈之前，我提前做了些功课，了解到余冠彬会长曾获得第二届"中国青年志愿者杰出个人"的称号，这一消息刊登在 1998 年 2 月 26 日《人民日报》上。但务实低调的他，在整个访谈过程中都没有谈及。事后当我问及此事时，他说："过去的荣誉只是鞭策，真心不必多提及！"现在，他虽然一直参与各类志愿服务，但都没有再登记志愿服务时间，也没有再参与过相关评优活动。

从他的讲述中，我可以感受到深圳义工早年发展的峥嵘岁月，像余会长一样的年轻人怀着很纯粹的心参与义工服务，收获全方位的成长。余会长对深圳义工发展的认识和思考，也是客观而又深刻的。虽然他对目前义工的发展并不满意，但他没有选择抱怨和离开，而是带着义工的初心，凭借自己的专业服务优势，从地铁义工开始，打造专业化的无障碍义工服务队伍。

余会长在访谈中有很多金句，值得我反复咀嚼。

打造无障碍环境，"不是成本，而是资本"。我想，这句话也适用于社会建设的多个方面，儿童友好型城市的建设、融合教育的实践等；对任何弱势群体的投入，都不能只看到眼前的短期成本，而要意识到长远的价值和资本。

对待暂时不理解不接纳的人，提出"不是不人道，而是不知道；不是不理解，而是不了解"。这是一种接纳性、建设性、倡导性的姿态，不去抱怨，不去指责，而是尽一切可能去沟通，增进了解，达成共识。

对于服务弱势群体，余会长提出，与其几个人帮助一个人抬轮椅，不如打造可以让他自主独立出行的无障碍环境！从服务个体到营造环境，这是余会长义工服务的转型，也是深圳一些富有远见的社会组织的发展路径。服务个体总是有限的，只有倡导整个社会环境的变化，才能最终使个体真正全面受益。

此外，若读者朋友想了解深圳义工最早 19 个发起人的故事，可以参见巫景钦口述《义工之火已燃遍深圳　热爱义工不需要理由》，http://gdsz.wenming.cn/zyfw/201509/t20150923_2007872.htm。

朱舜华：钟表行业协会引领
深圳时尚产业

【人物及机构简介】

　　朱舜华，1987年来深圳工作，1988年进入深圳市钟表行业协会，成为协会的第一名专职员工。现任深圳市钟表与智能穿戴研究院院长，深圳市钟表行业协会会长，深圳市时间谷控股投资有限公司董事长，深圳市政协委员，深圳市智能穿戴产业联合会创会会长。

　　深圳市钟表行业协会成立于1987年，是深圳市最早的工业行业协会之一，目前拥有会员企业460多家。协会下设"产业推广、技术创新、信息研究"三大服务体系共21个公共服务平台，以"聚·变·为企业创造价值"为宗旨，以"推动企业持续成功"为愿景，立志成为全球钟表行业的最佳服务供应商。协会先后被民政部、广东省政府和深圳市政府授予"全国先进社会组织"、"广东省先进民间组织"、"广东省中小企业公共（技术）服务示范平台"、"广东省知识产权示范单位"和首批"深圳市5A级社会组织"等荣誉称号。

一　深圳市钟表行业协会的第一个专职工作人员

　　1986年，按照深圳市政府的要求，打破过去国内通行的设立工业部委办管理经济的模式，要学香港，学国外，设立行业协会来进行行业的管理，当年就决定首先成立8家行业协会。比如，当时根据香港的产业对接，像香港电子产业做得比较好，就成立电子行业协会。还有纺织协会、家具协会、机械协会等，都是那个时候成立的。钟表也是一个比较大的类别，我们协会是 1987 年 1 月 6 日发的批文。这个批文，我们协会的历史档案和深圳市档案馆也都有，都可以查得到。

虽然那时候也是以外商企业为主，香港的企业都是做外销的，做一些来料加工、品牌加工，但是大家都看得到，中国市场未来是一个大空间。所以从飞亚达开始，很多企业是两个市场兼顾，既做国内市场，也做国外市场。像依波、天王这些品牌都是这样一个发展的过程。在协会成立前，天霸表从 1982 年就开始创立，很快在全国畅销（深圳博物馆认为，天霸表是深圳市第一个在国内知名的产品品牌）。1988 年就诞生了天王表，依波表是 1991 年创立的。

讲到钟表行业协会，很重要的一点，就是我们的创会会长刘景范①，也是飞亚达的创始人。他以前是航空工业部的，负责航空事业的一些协调，他是中航最早的来这边设点的创始人。我们今天知道的上海宾馆、格兰云天酒店、飞亚达、天马电子、天虹商场都是他创办的。我们的创会会长刘景范给协会定了一个非常重要的调。这个调是什么呢？他当时很有先见之明，他认为必须向海外商会学习运作，我们不要让政府去干预。怎么体现呢？就是不请任何政府的官员担任任何的职务。这种任何职务，我们协会坚持到现在，就是说包括没有顾问，没有各种荣誉、名誉的顾问，各种职务都没有设，现任的和离任的都没有。在中国这个环境下，没有政府官员的介入，对很多工作的开展是不利的。但是从长远的发展来看，它是有利的，因为可以保持协会的独立性。

协会成立以后，就逐步开始完善这个架构。开始也是学海外商会，就是各个企业家自己兼任理事，后来要成立专职部门，就要聘请一个专职的工作人员。当时我们的创会会长就提了几个要求：因为跟香港联系比较多，要请一个既懂粤语的，又懂外语的；最好是男的，能够多跑动；还必须是大学生。

我当时大学毕业后到深圳石化集团工作，因为石化集团所有的大学生都要到企业实习，我就到了一个钟表企业实习。那时候深圳的很多大集团下面都有钟表企业，石化、中航、电子集团，甚至万科都有钟表企业。这

---

① 刘景范，深圳市钟表行业协会第一至第五届会长（1987—1998 年），曾任飞亚达集团首任董事长。

些是当时的一个态势，各行各业都有，只要跟香港有合作，反正来料加工，如果有能力建一个厂房，就在这边合作做一个企业，并没有行业的界限。所以我当时就到了石化集团下面的一个企业——深圳市精华电子有限公司，公司生产石英钟。刚好那个企业的总经理，也是协会的一个创会副会长，他说我们那儿刚好有一个男的，大学生，又是广州读书回来的，这些条件都符合。经过时任秘书长的面试，我就这么来到协会工作了。所以1988年2月，我就到钟表行业协会工作了。

二 协会的民主治理

我们协会有一个很大的特点，就是理事不能派代表参加会议，必须本人参加。什么人来参会其实体现公司的重视程度。就像英国的议会，很多的活动是不能够派代表参会的。所以从这个角度来讲，不能派代表参加的制度保证了协会的运作。这种机制对钟表行业协会的发展是非常有帮助的。

我们的创会会长，很早就推出内部治理的民主选举机制，这个组织建设，我们坚持那么多年做到现在。我们的差额选举，是从理事开始的。我们并不像其他商协会那样有非常庞大的理事人数，我们是控制副会长、理事的人数，而且参选是自愿的且没有什么限制，只要你是会员，达到连续两年的资格，就可以自愿去参选。我们的会长、副会长、理事都是差额选举。这样的话，其实保持了一个竞争的状态，也让比较优秀的企业家进入协会的理事会。差额选举，很早就提出来了，但全面实行，准确地说是1998年，也是我们的老会长说不能再这样做了，说他一定退，未来必须推行差额选举——当然这也是大家形成共识的。所以我们就是从那个时候开始，差额选理事，理事再差额选副会长，副会长再差额选会长。

我现在做会长，也是差额选举出来的。我这个情况比较特别。我的前任会长，徐东升[①]会长太出色了。其他企业家如果觉得自己没有成为行业领袖的话，就不太敢去坐这个位置。当然也有一个原因，就是他们觉得，我

---

① 徐东升，1966年生，同济大学管理工程硕士，北京航空航天大学博士。曾任飞亚达集团党委书记、董事长，深圳市第六届人大代表。

们协会发展到今天，有很多的工作需要做，需要一个专职的会长沟通和协调。

从我个人来讲，也有一个考虑，我觉得我也不可能一直当这个秘书长，我也要改变。第一，要打开这个上升的通道，让其他同事上。第二，我觉得我也想做一些改变，通过商业化的运作，运营"时间谷"①，做一些更有价值的事情。

我们协会最早成立了研究院，大家都知道叫钟表研究院。2014 年，我们直接改名叫作钟表与智能穿戴研究院，就是跟智能穿戴发展有关。后来也发现，科技公司是不愿意加入钟表行业协会的，所以我们研究院又发起成立了智能穿戴产业联合会。我先做了智能穿戴产业联合会会长，因为大家希望我用行业协会经营的目标去发展联合会。

后来，我担任深圳市钟表行业协会的会长，与总部经济大厦有关，很多中小企业联合起来，在时间谷拿了块地。我们建的那个大厦，叫作时间谷创意大厦。未来，协会和我们的研究院、检验中心以及所有的平台都要搬到那里。在这种情况下，谁都不愿意去当这个头，或者说谁也不愿意其他人去当这个头，于是就推我当董事长，成立了深圳市中瑞钟表科技开发有限公司，就变成了我自己要转角色，要成为一个企业家。所以我就以那个企业的身份，竞选钟表行业协会的会长，我觉得这也是一种很重要的改变。所以第一个，我觉得要延续我们差额选举的传统；第二个，我也要探讨一个转型的机会，对我个人来讲也是一个新的挑战。

2012 年和 2014 年，广东省委书记来协会调研。记得 2012 年省里开党代会之前，省委书记来协会调研。我们从时间的节点来看，是 4 月来协会调研，到了 5 月，广东省开党代会，当时已经在推动党内的差额选举。我不知道这里面有没有历史的关联。再就是 2014 年，省委书记来协会调研，原定在我们协会不超过 30 分钟，到最后待了 1 小时 15 分钟，远远超过了预期。因为他把我们的整个架构、整个运作的过程、内部的治理、员工的薪酬、服务的项目等，都问了，问得很细，而且不单是问会长徐东升，问作为秘

---

① 时间谷，是深圳市钟表产业集聚基地，规划面积 114 万平方米，是深圳市九大先进制造业基地之一，也是光明新区重点建设的专业园区。

书长的我，还问了我们秘书处的工作人员，甚至立刻调资料，看你所说的是不是真的。当时他还调研了另外四个协会，总共五个商协会。后来听说，他跟深圳的市委书记和市长在总结交流的时候就说，只有一个经得起他"拷问"后没有发现问题的，就是我们钟表行业协会。我觉得这也是我们这么多年的坚持，一直对该做什么、想做什么很清晰，我们也比较坦然地接受领导的检查，也没有什么要隐瞒的，是怎么样就怎么样，做得到就做得到，展现的就是实际的情形。

这次调研对我们来讲，是一个很重要的历史节点，对整个深圳行业协会的建设也是很重要的。所以你看社会组织管理局从 2014 年以后就要求行业协会实行差额选举制度，这是明文规定的。不管你怎么做差额选举，但你必须有差额选举制度。然后整个的组织建设方面，都提了一些很高的要求。在这方面，深圳行业协会的建设其实已经走在全国的前面。

三 协会引领行业发展

从 1987 年协会成立，到 2001 年、2002 年这个时候，我们做了很多服务的工作。借用当时的口号就是我们"为企业创造价值"，就是说协会做的事就是服务，企业觉得有价值。我们的会费一直都不高，从 1987 年成立到 2002 年，都是每年 600 元；2002 年到现在也不高，会员的会费也就 1000 元。当然我们协会的会长、副会长、理事单位的会费其实也不高，也不是靠这个会费来发展的，这也是钟表行业协会比较大的特点。就是我们觉得通过服务来衡量你有没有效果，最重要的是企业愿意买单。所以我们所有项目的服务，都坚持一个原则——市场化运作。当然企业缴纳会费后，我们就给它们提供一些基本的服务，例如常规的信息服务，都是免费的。但是具体到一些项目，包括展览、课题的研究、检验的研究、培训人才的研究，以及一些宣传、推广方面的研究等，我们都尽可能让它们市场化。所以在这个过程中就可能创造一些收入，同时也是对我们这个机构和人员产生一些激励。因为我觉得在这个过程中，你只有市场化，才能够吸引人才过来，才能够创造更多的机会。

钟表行业协会比较好的是做到一点：我们如何让企业的领导成长为行业的领袖，而且让企业认识到，只有关注行业的整体的发展，企业才能够更好地去发展它自己。套用我们当时陶立①会长的一句话：你当会长，就必须是我为人人，但是到最后，你会发现人人为我，但绝对不能够是"人人为我"在前面。

协会真正转型是从 2002 年开始的，变成引领行业发展，推动企业成功。成功的标准可能很多，但是也很简单，对企业来讲，就是它的规模不断扩大，生意更好，品牌越来越有影响力，越来越有美誉度。所以在这里，怎么引领企业发展，发展的模式是什么样，都是我们要研究的。从 2002 年开始，我们就拓展我们的整个品牌。你可以看到，我们的很多项目就是从 2002 年开始的，包括我们成立研究院，成立检验中心，成立培训中心，建立我们的信息平台。

我们最早都是希望在协会这个大平台下开展工作。但是你会发现，不成立实体是不行的。因为有很多资质，像培训，需要经过劳动局的资质审核；检验中心，必须获得国家技术监督部门的资质审批。包括我们展会，特别是 2003 年 SARS 那一年以后，很多展会办不下去，出了很多纠纷。国家当时就出了规定，必须是企业实体举办展会，来承担相应的经济责任。以前很多商协会办展览，办不下去就引起很多的纠纷，又不好去处理，直接影响协会的存亡。那时候社会组织法人主体没定下来。所以国家为了避免这种风险，就出了这个规定，所以我们就按要求成立了展会公司。事实证明这是对的，展会公司的成立，除了承担法律和经济风险外，首先解决了发展资金的问题，随后是专业团队的建设，使展会摆脱"给面子"的感觉，向"找市场"的战略方向转移。今年（2019 年）是深圳钟表展 30 周年，我们在 30 年中不断创新、不断突破、不断提升，使展览从"基础服务"向"引领服务"转变。

成立实体的这个过程，其实对我们的帮助也很大。成立实体，就要更好地核算每一个项目的发展，同时也符合我们整个深圳发展的需要。当时

---

① 陶立，深圳市钟表行业协会第八届、第九届会长，依波表的创始人。

成立研究院和检验中心，我觉得有一个很重要的理念，就是深圳市已经在思考如何进行事业单位的改制。因为当时事业单位面临一个问题，就是如何持续地发展，如何让它不成为一个财政负担，更重要的是如何让它有生命力。我们当时就顺着这个思路：能不能让我们行业协会去办研究院，办检验中心。以前在内地，这些可能就是一个事业单位的性质。当时分管的副市长说，要尝试办民办事业单位，我们协会是试点单位。我们协会和服装行业协会、家具行业协会作为试点单位，办研究院，建设公共服务平台。

那时候已经在组织企业研究如何去转型升级，如何去发展品牌，如何从以前的加工、代工的模式变成我们的自有品牌。可以说今天看到的结果，包括我们看到品牌成长，还有产业园区的获得，就是从 2002 年开始布局的。那时候就已经有这个想法，一直发展到现在。当然这里面有很多的坎，我们一步步克服。2003 年的 SARS，2008 年的全球金融风暴，对我们的冲击都很大。其实经历了这些之后，行业协会在这里面发挥的作用越发明显，因为我们的一个定位是引领行业发展。

我们协会从 2008 年开始主动组织企业去瑞士参展。虽然深圳本地的钟表企业以前也有去瑞士参展，但更多的是随中国钟表协会去参展。但是 2008 年，我们协会直接接手了整个中国的钟表市场去瑞士参展。其中有很多的原因，一个是原来的中国钟表协会在按照国际惯例办事和国际沟通方面有一点不适应，出了问题，瑞士的主办方希望我们协会能够承接起来；另一个原因是主要的参展企业都在深圳。我们"走出去"也定了战略目标，就是不能像以前一样只做一些加工的订单，我们要慢慢转变，用自有品牌来拓展国际市场。所以这几年，从飞亚达开始，慢慢到其他的品牌，都力争进入品牌展馆。中国展团就是以中国品牌为主的。其他做代工的企业，我宁愿它们不要在中国展团，而是去中国香港展团。因为要提高自己的形象和档次，只有品牌企业才愿意去投入。这其实是一种很重要的理念，也是协会在这方面的作用。

同时，我们也请一些专家学者来研究引领。我们创办了中国钟表高峰论坛，我们把它定义为行业理论资源，就是要为未来提供一些理论指导。这其实也体现了我们如何去引领的一个理念。我们请了很多学者来参加这个论坛。一般来说，类似的论坛更多的是让我们业内的企业家进行交流，包括一些商协会进行发言，我们最早的第五、六届也是这样。但后面我们基本上尽可能不让我们的企业家和行业协会做太多的发言，而是请外面的专家和其他产业的人交流。包括最早我请洛可可设计，在洛可可不是很出名的时候，我们已经请他们过来，跟我们讲设计的一些理念。也因此吸引一些设计师进入钟表行业。像深圳市工业设计行业协会有一个副会长叫张建民①，原来以做广告设计、产品设计为主。经过与钟表行业的对接，他创办了自己的品牌 CIGA，他自己以前做的设计得不到红点奖，但通过做手表设计他得了几个红点奖。再比如，转型到其他产业的企业家，我们会请过来，其中最有代表性的，就是周群飞②。周群飞可能大家不一定知道，但是你可以查一下蓝思科技，上市的时候，周群飞成为中国女首富。她有怎样的发展历程呢？她最早来深圳是打工的，就在钟表企业打工，然后她创办了自己的手表玻璃厂。20 世纪 90 年代末，就是诺基亚和摩托罗拉流行的时候，她开始做手机玻璃。后来通过手表这个精密制造业发展到蓝思科技，该公司现在成为三星、华为、苹果的全球手机玻璃的供应商。

四　重大政策变化对协会的影响

（一）行业协会脱钩

2004 年，行业协会脱钩对钟表行业协会完全没有震动。因为其他行业协会有一些政府的官员兼任秘书长或者会长，这个肯定会有影响，而且原来政府那一部分的资源和支持对协会有很大帮助。我们协会一直都没有依靠这些，包括以前的业务主管单位贸工局，对我们也没有资金等特别的支持。所以，我们从一开始就是脱钩的。

其实我一直认为，脱钩这件事，对深圳的商协会、行业协会的发展是

---

①　张建民，深圳市中世纵横设计有限公司董事长，深圳市工业设计行业协会副会长，他设计的 CIGA 009 系列腕表获得 2013 年德国红点奖"红点至尊奖"。
②　周群飞，女，蓝思科技创始人，从事手机玻璃制造 20 余年，被称为"手机玻璃大王"。

非常重要的，可以说深圳比国内其他城市领先十年。有很多商协会，以前是依托于政府的，不能代表协会解决行业的共性问题，无法发挥协会的先天优势。以前很多政府官员兼任一些商协会秘书长或会长的位置，脱钩之后，就自然降低了腐败的可能，同时也降低了这种"二政府"的行政干预，就可以真正市场化，面对企业的发展，做更多贡献。这也是我觉得深圳的整个创业环境有活力的一个很重要的原因。可能很多人不太愿意去讲，但我觉得这是制度设计中很重要的一环，即少了很多的政府干预。内地市场经济不活跃，也有很重要的原因，不一定是因为政府，包括这种商协会，如果它们也"吃官饭"的话，它很自然传递了这种信息，包括它们的管理模式自然不是市场化的，而这种思维模式、运作模式日积月累的话，是很难改变的。

（二）一业多会

我认为，《深圳经济特区行业协会条例》放开注册登记、允许一业多会，这些都是很重要的。前两天我作为市政协委员去社管局调研如何去促进民营经济发展，社会组织如何发挥作用的时候，我们其实也在探讨一业多会的一些情况。我觉得一业多会可以打破以前的商协会"二政府"的形象，一业多会是完全市场化并细分行业服务的一个很重要的过程。

具体讲到钟表行业协会，因为我们一直都是差额选举的，所以我们一点都不担心。我经常跟人家举例子，如果一个行业协会做得好，就不怕一业多会。因为再成立一个新协会的话，严格来讲，我可以让我们协会的所有会员加入那个协会，通过选举的方式，把两个协会合并在一起。只有当你做不好的时候，才会出现另外的情况，你也不敢用这种方式去做。我觉得，这就是钟表行业没有出现一业多会的原因。但是你看一看现在信息的、电子和其他行业的协会，包括一些质量协会或者就是这种跨行业、跨领域的，会有很多的一业多会的情况出现。包括智能穿戴领域，也有智能穿戴行业协会，也有我们现在参与创办的智能穿戴产业联合会，这都很正常。

（三）社会组织党建

对社会组织党建，我们协会也没有不适应的情况。我们很早就建立了党支部，最早是参与到几个行业协会建的联合党支部，后来我们就单独建党支部，因为有足够的党员人数，党务工作都是很正常地在运作。而且我们用协会党支部的名义发起成立了时间谷园区的党支部，把一些外资企业、私营企业中的党员都集中起来。这也是我们党建工作的延伸。你看我们的服务平台里面，有我们协会的党支部，也有园区的党支部。

五 在更大视野上看钟表行业

我们在参政议政方面做了很多工作，我们协会从第二届开始，有会长、副会长参与人大、政协的工作。我现在是市政协委员。王海①担任我们协会会长时出任市政协委员，卸任后创办了深圳市归侨侨眷企业家联合会。我们现在有一个副会长，瑞辉钟表有限公司的董事长沙胜昔②，现在是深圳市温州商会的会长。我的上一任徐东升会长，是市人大代表。

在参政议政的过程中，我觉得我们可以在整个格局上放得更大，不会局限于钟表行业怎么发展。例如我在市政协的第一个提案，就是关于时尚产业的发展。因为人们总是觉得钟表是传统产业，而"传统"这两个字往往就是落后。深圳各行各业都在创新，他们觉得钟表行业不应该发展。但是反过来，我们可以看到，传统产业也有很多高科技的应用。我们回到钟表来讲，飞亚达的航天表是一个很重要的里程碑。我们很多企业的精密制造，像我们的钟表企业古尊与国家海洋局合作，在进行南北极考察和深潜考察时，发挥了作用。深海实验最怕的就是漏水，对于怎么做防水结构，包括一些新的材质和材料，我们的钟表企业其实都参与到研发的过程。"深圳钟表"真的是"上天入海"。所以钟表行业可以跟高科技有更多的结合。大家都知道电子芯片无处不在，世界上第一个芯片产品是给什么做的？是手表，20世纪五六十年代的电子表。那个时候，电子芯片最早是做给手表用的，今天所有芯片的发展技术都是从电子表开始的。回到50年代的时候，

---

① 王海，深圳市钟表行业协会第六届、第七届会长。
② 沙胜昔，宝时捷（poscer）品牌名表创始人，深圳市迈尔格表业公司董事长、深圳市瑞辉钟表有限公司董事长，深圳市温州商会会长。

就是解决"时分秒日期"的问题，这是今天高新科技的源头。另外，今天钟表很重要的一个技术，其实我们都在用，那就是原子钟。原子钟是什么概念？就是把 1 秒钟分成 10 的 −12 次方，把一秒钟细分为几百亿份。那么小的时间用在哪里？我们的导航、我们的 GPS 等，所有的导航全靠原子钟来运行。因为信号反馈过去再回来，只有那么精密的计时，才能让它准确。还有一个就是我们讲的钻石，其实手表用的钻石比珠宝用的钻石要求更高。因为手表更多的是用方形钻石，方钻加工的损耗会更大。我们讲黄金珠宝加工是用熔炼的方式，但是手表用的黄金对密度的要求是很高的。如果你加工出来有沙孔的话，就有质量问题，它的密度比珠宝里面的黄金要求高很多。这些其实就是全球的知名手表品牌那么贵的原因。它们在这个制造的过程中，用全世界最好的设计软件、最好的加工设备。加工完零件，它还必须是手工装配。这是我经常讲的，手表是靠轴输出的动力，飞机发动机也是这样，它们的特点都是用最先进的设备精密加工后，必须手工装配。飞机发动机不可能自动化装配，手表几百个零件用自动化装配也是不可能的。这就决定了它的这种技术和价值含量就摆在那里。所以按照华为参与智能表制作团队的说法，做手表比做手机难多了。在更小的空间里把东西做好，这个要求更高，钟表确实比较能够代表工匠精神。

所以我当时提案，就是时尚产业跟这个城市发展相结合。我们现在谈到全世界的知名城市，首先都是潮流时尚的发布区，而不是它做了什么高新技术企业。今天很热的湾区经济也是同样的情况。比如说纽约、东京、伦敦、巴黎、日内瓦、米兰等国际化城市，全部首先是时尚的生活区，人愿意在那里生活，大家要最高的生活品质。所以，时尚才是人类生活最重要的氛围。所谓的时尚，其实是人的感觉。所以怎么去发展时尚产业，就是我们现在要考虑的。在时尚产业中，你会发现所有的时尚品牌都会有手表产品。为什么呢？你今天谈 LV 的包，就是几千到几万元的概念，但是 LV 的手表是几万到几十万元；香奈儿也是。手表可以把品牌价值提到几百万元的高度。人家会认知，这个品牌有几百万元的东西，这是品牌价值提升很重要的一个信息。钟表、珠宝在时尚中是提升品牌价值的要素，它可以赋予产品很多的东西。

怎么让中国的品牌慢慢国际化，是很重要的问题。我们今天能够看到的中国的国际品牌有什么？华为、中兴是，联想其实也是。然后还有青岛啤酒，还有什么呢？我现在到国外交流，很多人不知道深圳。你介绍的最好是什么？你讲华为、讲大疆他们都清楚，这就是品牌的作用。就等于人家讲到索尼会知道是日本的，讲到三星是韩国的，讲到奔驰、宝马是德国的，讲到福特汽车、苹果就是美国的。所以品牌国际化是深圳未来必然要走的路。品牌国际化方面，深圳的时尚品牌是有基础、有能力的。深圳现在的时尚品牌，除了钟表以外，还有珠宝、服装。可以说，如果深圳都走不出国际品牌的话，中国其他地方也走不出，因为这些时尚品牌的基础在深圳，我们国内品牌也是以深圳为主。从另外一个角度来说，你不能光看GDP，而要从影响力来看。瑞士为什么把手表抬到那么高的地位？瑞士各方面的一些产业其实也不少，比如他们的精密仪器制造、医疗设备、雀巢食品，等等。但是它为什么提手表呢？因为钟表跟我们人类的历史文化紧密相关。它代表着美，代表着人类对美的追求，对精益求精的追求，对艺术的追求，它是人类文明的综合体现，而且它又跟未来的科技紧密结合。所以瑞士把手表变成国家形象的一个代言，它有一个很宏观的、在历史长河中的考量，这才是真的战略。人家所谓的战略，考虑的不是五年、十年，考虑的是一百年。我跟瑞士企业接触最大的收获就是，它们愿意投资投到未来。而且他们不会因为生意好，就增加产能，而去降低它品牌的价值，它不断在做的就是品牌延伸的价值，这其实是最值得我们去学习的。所以我们看到，现在讲国际品牌，瑞士有一大堆，我们中国其实没有多少。讲到国际品牌，现在能够知道的品牌，都是以欧美为主的。深圳怎么发展？这其实就是跟品牌发展有关。我认为这就是行业协会很重要的一个作用，协会要考虑的是宏观和格局的问题，而大部分企业不会考虑太长远的事情。

六　为什么是深圳？

这个城市的活力、创新、包容是很重要的一个基因。大家没有这种隔阂，从一开始深圳就是这样，无论是海外的还是国内的企业都会进来，都会在这里面汇聚，寻找一个突破口。它的整个发展模式，跟内地不同，其实这就是很重要的一个元素。在这里，慢慢沉淀和积累，慢慢创作，跟其他产业又有互动发展。

钟表行业有一个比较好的先天优势，产品比较小，占的空间比较少，又是一个高附加值的东西，又是一个消费品。它不是一个大起大落的行业，它是比较平稳发展的行业，这个产业品牌的发展是慢慢增长的。这样的话，它相对来讲就比较健康。很多时候一些领导会问我们钟表企业怎么样，我说我们的企业如果按 GDP 算都不高。举个例子，像飞亚达，它可能有十几亿元的销售额，产值是很少的。但是它缴的税可能就两三亿元，它的利润可能接近两亿元。因此它产生的价值和它的贡献度是很高的。讲真的，你要按利润两亿元来算，我们很多的上市公司做不到。就是说，这么小的产业，这么小的一个品牌，但是它能够做得到，这是它独有的魅力。它需要长期在市场上深耕。所以钟表行业，就要做得时间比较长久。就是进入的人，比较难以离开，所以我也陷在这里面了，一做就 30 年。

深圳完全的市场化，这也是很重要的。市场化有生命力，就是无论是企业还是商协会，都是靠市场化来获得生命力和生存的空间。我们经常讲深圳的创新，其实不仅仅是在产品创新方面。我觉得钟表行业协会的发展历程，其实就是一个不断创新的过程。我们的指导理念、战略布局，包括我们做的这些项目，其实都是不断创新的过程。我们早期办研究院也好，检验中心也好，包括网站也好，我们之前做网站还提供过企业的邮箱服务，因为那时候硬件比较贵，我们在行业内部较早地提供这样的服务，然后我们对一些产业的研究等，都是创新。所以我觉得在深圳，大家都在创新。

我们协会 30 周年的时候，有一个口号，叫作"为创业者喝彩"。我们往往会看到钟表行业来的都是创业的人，可能很多是从一无所有开始创业的。像星皇表的老板就很有代表性，他是潮汕人，最早拿着几十元钱来深圳，在人民桥卖手表。那时候，他说从蛇口到人民桥，来来回回，每天跑几趟。反正是买了表去卖，卖完拿了钱又去进货，跑回来再卖，就是这么一个过程。到今天，他发展成为拥有自己的品牌的一个企业家。这个过程，其实就是不断努力、不断创新的过程。反过头来，我觉得能够离开内地的体制，来深圳这边，其实也是一种创业，创造他自己的事业，这也是一种很重要的创业精神。所以我们每一个人来深圳，其实都具有一种创业精神，就是打破以前的格局，不太愿意按照以前的发展方式和模式，都想尽可能地通过自己的努力，去找到适合自己的人生轨迹。

这么多年看着深圳的发展，我们也相对比较平和。我们钟表行业这几年可以用一句口号——"时间，证明一切！"来概括。就是说，经过那么多年，你只要做到了，把一些事情做好，就会有机会。现在默默无闻，别人不知道无所谓。

访谈印象

认识朱舜华会长，应该是十几年前的事情了，当时我尚未毕业，在读博期间跟随王名老师来深圳调研行业协会。一晃我来深圳已超过10年，朱会长在钟表行业协会的从业时间也超过了30年。大家都说社会组织的人员流动性大，朱会长也许是个例外，也许是反映了钟表这个行业的特点：时间，证明一切！

从朱会长的访谈中，我体会到，与社会组织相关的很多重大公共政策，如行业协会脱钩、一业多会、社会组织党建等，对钟表行业协会几乎毫无影响。这并非因为钟表行业协会置身于制度环境之外，而是因为它是制度的先行示范者，早在全市全面推行这些制度之前，钟表行业协会已未雨绸缪，率先垂范，因此处处走在政策的前面。这就是钟表行业协会对深圳整个社会组织引领的体现。

我感受到，30多年来，朱会长及钟表行业协会既脚踏实地，又仰望星空，集务实性与前瞻性于一身，从会员的需求出发，瞄准行业国际趋势，服务企业，引领行业，让钟表产业成为深圳的时尚代言。

朱会长的一言一行，都体现出钟表人的工匠精神。当我把访谈初稿发给朱会长后，他是在所有访谈对象中最快给予反馈的，且逐字逐句进行核对，并补充了人物信息。我为朱会长这样的敬业、严谨而感动。

李敢：关爱失独家庭的 4.0 版本

【人物及机构简介】

　　李敢，籍贯安徽，出生在陕西省西安市，应用心理学博士。1990年来到深圳，先后在深圳机场公安分局、深圳海关缉私局工作。他自1997年起先后在深圳市红十字会、妇联、残联、义工联及国际慈善组织狮子会等单位参加志愿服务。曾任深圳市义工联社会调研组、12355心理热线负责人，创办深圳海关第一个志愿服务组织——星聆热线，推动义工工作蓬勃发展。现任深圳市巾帼志愿者协会监事长，深圳市星聆相约公益事业发展促进中心监事长。曾获奖项：全国无偿献血奉献金奖、中国海关好人、广东好人、广东五星级志愿者、广东省优秀共产党员、深圳市（文明市民）道德模范、深圳市义工服务市长奖、感动深圳十佳爱心人物、深圳关爱行动爱心大使、深圳百优义工。

　　2008年汶川地震期间，李敢作为深圳义工青年突击队成员率先奔赴四川，成为全国首批援助灾区的心理志愿者。2008年底，李敢痛失爱子。他结合专业知识，总结亲身感受，于2009年3月发起成立了全国第一条专门服务失独家庭的关爱热线。2014年该热线经深圳市民政局注册为深圳市星聆相约公益事业发展促进中心，向全国失独家庭提供热线服务，并组织志愿者向深圳本地失独家庭提供关爱服务。该中心承接了市区计生系统负责失独家庭工作的苔花驿站，总结出了"10℃俱乐部""喜乐团""1＋6积极心理辅导" 等多种工作模式， 先后被深圳市和全国计生组织树为计划生育工作先进典型， 赴全国各地计生系统介绍经验和培训计生干部， 受到组织上和广大失独家庭的一致好评。

一　历经艰难定居深圳

　　我是1990年9月28日来深圳的。9月28日这一天对我很重要，我人生好几个节点都在这一天。这天是挺有能量的日子，是孔子诞辰日，我后来徒步雅鲁藏布江大峡谷出发也是那一天。

我上学很早，19 岁大学毕业，到陕西省公安厅工作了 3 年多。我是新中国成立 40 年来陕西省最年轻的大学生，最年轻的省政府工作人员，最年轻的国家干部，之后也是获得陕西省先进工作者称号中最年轻的。因为我自己主动要求下乡锻炼，去陕西的安康，当时绿皮火车要坐 24 个小时。20 岁那一年我获得了陕西省先进工作者荣誉称号，是最年轻的。当时仕途很好，马上被提上去，做相对固定的秘书。90 年代初海南大开发，我的领导要调去海南省公安厅任职，准备带我一起去海南。那时候我们坐飞机是要有级别的，处级干部才能坐飞机，我们只能坐绿皮火车，而且是卧铺都不能坐，只能坐硬座。那时候从西安坐到广州要 3 天，到广州之后，我跟领导说想顺道到深圳、珠海去看一看。

一看之下，我觉得深圳特别好，因为我在西安没见过高楼的，西安地下都是文物，城里面是不允许建七层以上高楼的，整个西安市最高的就是七层楼，而且不多，一般都是五层以下。一到深圳，见到国贸大厦，都傻了，我说这不是美国的摩天大楼吗？顶层还能转，我觉得这特别奇妙。然后再一问，长安大厦陕西省办事处楼下的保安一个月他都拿 700 多元，我一想我当时一个月才拿 150 元，我觉得我在我同学之中属于高工资，结果跑到这儿一个保安挣 700 多元。看完深圳以后看珠海，就发现珠海比深圳差很远了，冷冷清清没什么人，找人问路，半天看不到几个人。后来跟别人一聊，说深圳领先珠海 10 年，珠海领先海南 15 年，我一想这 25 年就不见了。那我跑到海南去干啥呢？干脆我就在深圳试试吧，找找工作。我那时候属于自我优越感很强的——简直太顺了，那么年轻进省公安厅，当省先进，第三年被选为领导秘书，第四年要跟着大领导去海南发展，就觉得我这样的在深圳找个工作还不是简单的事情。

有一天我去一个法律服务公司求职。其中一个戴眼镜的人很热情："来，坐这儿聊一下。"我觉得好不容易难得人家对我这么热情。面试之后人家说小伙子不错，形象也挺好，学历也够。"这样子，你住在哪儿呢？"我说我住在招待所。他说："你就留个前台电话，周一你就来上班。"我就很开心，毕恭毕敬地跟人家点点头，我就出去，出去以后我想把门关上，冷气别跑了。关门的时候，就听见里面哈哈大笑，往门缝里看一眼，人家把我的简历撕得粉碎。我当时抓着那个门把手，如果前面没有被拒绝那么多次，我肯定冲进去不顾一切要跟他们理论理论，甚至暴打他们一顿都有可能，那时候血气方刚。但就是因为前面被拒的经历，那一天我忍住了，咬着嘴唇。后来我衣服上就有血，那件"血衣"一直保留了六年。我忍住之后，觉得脑子一片空白，从国贸一直走路走到大剧院。大剧院那时候是下沉的广场，底下有一个喷泉，我坐在喷泉边上发呆。发呆了很久，我想我到底怎么回事，在内地我觉得自己也算是挺顶尖的一个人，怎么到了这儿，谁都能踩你。小保安欺负你，这么一个法律服务公司也把我戏弄一番。不行，我不去海南，我非要来深圳，我要来这儿活出个样子，做给你看。

所以下定决心之后我就从那起来，走路走到人民桥，人民桥旁有一个邮电局，那时候打长途都是叫接线员去挂电话号，之后在那儿等。我打给我们海南的领导，海南领导说："你怎么样，深圳珠海看完了吗？哪天到海南？"我说我不去了。他说："你怎么不来了？位置都给你留好了。现在缺人，都是空的，你来做海南省公安厅内保处二科副科长。"那时候去的话我才22岁，非常年轻。但我执意不去了，人家也不能强求。电话挂完，我等于把自己后路绝了。后来就这样继续找工作，找了很多天都不成功。最后我彻底就没有钱了，就去了一家公司打工。其实那家公司也不需要人。当时我跟老总说："要工资的员工你不需要，不要工资的员工你还不需要吗？我能跟着你学习我已经很欣慰了，我不要工资，管我吃住就可以了，就当我实习了。"于是老总把我安排到一个楼梯间后面的一张钢丝床，就在那儿住，做了一个月的免费工。

后来他正好有一个事情要在陕西办，我就替他回去出这个差。之后想想，还是不能这样。我就在陕西找了一家单位，是给福特汽车加工胎铃盖的。这个工厂除了加工赚点外汇，还靠多余的材料多生产一点，然后在国内把产品卖掉赚钱。我跟这个工厂说要到发达地区卖，我说我到深圳卖去。于是这家单位给我发个聘书，我拿了个样品，用大旅行袋把它装起来。走之前我在西安花了7元买了条领带——过去我们戴领带都2元一条，7元属于很贵的了。到深圳之后这次就不一样了，因为我毕竟有了经历，我出来问厂里借了一点钱，敢住招待所了。我住在长安大厦招待所，每天从那里出发，从那儿走到东门，从东门走到深南路，再从深南路走到火车站，就是这样来来回回走。看到这家是属于能推销轮胎的，我就把这个轮胎拿去给人安装，给人讲解。到一个地方一看写字楼有什么法律服务公司，我就把轮胎寄存到楼下保安那儿，把领带拿出来赶紧套上，进去应聘求职，弄完再把领带取下来，收拾好。别人求职可能两三家就完事儿了，我总共跑了 72 家单位。这个过程可能算是对深圳精神最早的一种体验吧。

72 家单位中，只有 2 家给过我笑脸。第一家是海关，一个瘦瘦的戴着眼镜的干部科副科长，很热情地给我倒了杯水。当时印象特别深，这是第一次有一个深圳人给我倒了一杯水。第二家给我笑脸的单位，就是我最后成功的这家，第 72 家。我到了市府二办，当时叫深圳机场公安分局筹建处，当时办公室的一个小伙子说他们筹建组的组长刚出去，又说："你赶紧追上他，如果能追上他，你跟他见个面。"我赶紧追出去，追出去一看停车场正有人开车门，我就过去说我是谁谁谁，我来求职。这个处长刚来深圳一两个月，很热情，看看表说："我还有点时间，我给你 15 分钟，你推销一下自己。"我就跟着他从停车场走回办公室，我记得很清楚，在那个最角落的109 办公室。往那儿走的时候，我一边走一边构思说什么。跟他聊了十几分钟，他说："可以了，你的情况我知道了，可以给你发商调函。但是你要知道深圳不一样，给你调了档不一定收你，你来这里要参加调干考试。"深圳是全国首开调干考试的，考上了才能来，考不上还得回去，到时就回不去了。他说："我也是内地来的，你接受不接受挑战？"我说接受，可以。后来回去等商调函，商调函来之后我就来考试。很顺利，我在全市公安系统考了第四名，就进来了。当时全市 1300 多名考生，录用了 80 多名。

整整一年以后，我才拿到身份证。拿到身份证的时候，我住在机场的简易棚板房里，7 个人一间，我在被窝里哭了一场。因为太艰辛了，找了 72家单位终于来这里了。其实我对这两个人一直是很感恩的。

2000 年的时候，深圳海关成立缉私局，当时就向市公安局申请招调一些干部。我就去报名，结果选中了，就调到海关了。2007 年我调到皇岗海关，开会的时候我突然发现台上坐的那个人很面熟，会后跟他一对，就对上号了。这就是当年给过我一杯水的那个人。我发现，这个城市最早给过我笑脸的两个人，后来30年中我就只服务过这两个人所在的单位，一个是公安局，一个是海关。这是我跟这个城市的一个故事，也是一种深圳精神的体现。深圳本身就是一个移民城市，当你愿意去包容一个人、接纳一个人的时候，这个人会发自内心对这个城市感恩。

二 走上志愿服务之路

我有一种感恩的心，但它不是一种报恩的心。如果是报恩的心，可能仅仅是你帮过我，你啥时候有难我来帮你。但是对我而言，感恩的心就是这个人当年倒给我一杯水，那后来我遇到跟我一样的人我会把这份爱传递过去，这是我后来在深圳参与志愿服务的很重要的一点。我们讲，来了就是深圳人，来了就做志愿者，这个精神其实在这儿是个很好的体现。说起来我去做志愿者，大概是从1997年开始的。

1997年的时候我开始捐血，捐血车到我们公安局，领导号召共产党员下去捐血。那时候我是入党积极分子，认识那些志愿者，觉得捐血挺有意义。那时候也没有经常性捐，几个月捐一次。1999年的时候我外婆去世，当时说她病危，我阿姨给我打电话，我赶紧往回赶。当我赶回去的时候我外婆已经不认识我了，后来我就四处找关系。医生说她得输血，当时说是西安的血库存量为零，血库没有存血。我就去找各种关系，找了200毫升的血。200毫升的血给她输进去之后有血色了，但说不出话来，咿咿呀呀地伸手过来。她认出我了，伸手想摸我的脸。手到跟前的时候无力就垂下去了，后面一直处于半昏迷状态。我记得很清楚，医生给我外婆拔管子时的那个表情。当时就说这个老太太其实脏器都是好的，就是缺血，要是能早输上血的话就有救了。当时这个场景我一直记着。在回来的火车上我坐着发呆，我想我回到深圳要经常性捐血。可能我家里人用不到我的血，如果我能影响到别人也都去捐血的话，那就再不会出现血库存量为零的情况了。

回来之后我就经常性捐血，频繁的时候一个月一去。我就跟那些无偿献血的志愿者交流，他们讲了很多让我觉得挺受感染的事。我帮他们写一些捐血的材料、文章、感悟，然后去给他们做分享，这时候我算是加入了无偿献血的志愿队。第二年我就去义工联了，正式领义工号好像是 2001 年，义工号是 6500。之后我参加了几个组，最开始是青少年信箱组。当时我觉得这个比较适合我，因为我在机场工作，每个星期出来一次，来这里拿一些青少年的信。那时候只有信，拿回去一封封写回信。回完信之后把它们寄出去，第二周拿邮票给义工联报销，然后再拿一批信回去。

到 2002 年，我竞选上了义工联社会调研组的大组长。我当时已经调到深圳海关了，在政策法律研究科。我觉得社会调研跟我对口。我刚去的时候那个组号称 200 人，实际上经常参加活动的只有几十个人。我开始改造这个组，下面纵向设分队、小队，横向又有参谋部门、项目设计组、宣传组，做有横有纵这样一个改造。我当了三年组长，等我离任的时候，我那个组已经差不多有 2000 人，我们已经是义工联的一个明星组。像"非典"的时候其他组都停止活动了，就我们这个组还在活动。社会调研，我们就讲究一个见报率，在报纸上见报的次数。做了一篇调研，东西肯定要上报，我们见报率是非常高的。因为我们掌握了几个点：一是跟媒体合作。二是我跟政协、人大这些提案处联系。有些提案需要做一些社会调研的话，我们帮他们做社会调研，收集数据。再一个我跟一些高校和科研院所合作，像深圳市社科院想做社会调研，需要人帮他们做，我们这个组的义工就帮他们干。比如人体器官捐赠法，深圳市道路交通管理条例，"非典"的十大调查，那时候的这些社会调研都是我们做的。所以《人体器官捐赠法》颁布之后，我是第一批去签署永久捐赠器官协议的。

后来我卸任这个组的组长之后就去了热线组，那时候我对心理咨询感兴趣，并且已经开始学心理咨询了，所以我就转到热线组。2005 年我考上了心理咨询师，在热线组做了大组长，并且在海关以星泽心理工作室的名义，建了一个虚拟的心理工作室。其实最开始的想法就是学了之后总得练一练，我免费给大家服务，先在海关内部为大家服务。那时候海关内部邮箱系统也不严密，我以为只发给了缉私局的人，但谁知道其实点了群发，一下子群发给了海关所有的人，七八千人收到了我的邮件，这下大家都知道了。好像有很多人发邮件给我点赞、支持，但支持归支持，没有一个人打电话咨询。

三个半月之后，终于有一天中午，一个女孩打电话进来了。当时把我感动的，具体咨询的事我都忘了，好像是家庭问题，我也不知道她是谁。但是我觉得那个时候等于她把我治愈了——三个半月我已经很郁闷了，终于有人打给我的时候，把我的价值感体现了，我这一边流泪，一边听人电话，把我治愈了。

从那之后，陆陆续续有人打电话，慢慢地有了一点知名度，但是也不多。到2008年汶川地震，这是一个大爆发。汶川地震的时候义工联要组织义工突击队，当时说了三个条件：共产党员、心理咨询师证、资深的义工骨干。另外一个附加条件，有野外工作经历的优先。前三个我肯定是有的，并且我是2005年全国野外生存大挑战的亚军，所以我的条件是最吻合的。但结果就没选我，我挺纳闷的。我就跟团市委的领导请示，但领导不置可否。后来第二天，最后定名单之前，好多人在那里说怎么不选李敢。后来领导才跟我说："没有选你就是因为考虑到你太太的身份。"我太太是香港人，但也是组织上政审过的，考核过的，都是根正苗红的——审核七个月才批准我结婚的。义工联觉得没有更合适的人，确实我条件太好了，完全符合，在单位也是优秀共产党员，是资深义工，又是热线组的负责人、大组长，最后还是把我选进来了。

我们深圳义工联的这个突击队是全国第一批到灾区的，我们等于是第一批到灾区的心理援助志愿者。其实志愿服务虽然很多年，很多地方也在做，但是没有真正被国人纳入视野，汶川这次让大家真正地看到了义工的身影。而且我们深圳义工刚开始只有很小一块营地。后来其他地方志愿者很多人走了，有些人完全只有一腔热情，没有做过两手准备，待三天之后待不下去了，自己都要成为被救援者了，就撤了。我们的营地一点点扩大，最后把留下的志愿者全部接收了。我们非常正规，因为我们有培训、有组织，选去的都是有专业技能的，且组织纪律性特别好。当时深圳义工是灾区志愿服务的一张名片。别人觉得志愿者就应该像深圳义工这样的。

那个时候也有很多记者来采访，央视等媒体都报道过我。报道之后等于我在外面已经有名了。回来后，领导很支持我，支持我正式在海关成立星泽心理工作室。开通的这个热线就叫星聆热线，以前就叫星聆热线，只不过没有被组织承认，现在等于被组织承认了。星泽心理工作室和星聆热线在皇岗海关正式成立了。

2008年底，我儿子去世，有一两个月的时间我挺绝望的。那段时间收到电话、短信——那时候还没有微信——还有内部的邮件，还有给我寄礼品的，很多给我慰问的，好多人我不认识。有些人给我发的信息说："敢哥，以前都是你帮别人，现在该我们帮你了。"还有的就说："我不认识你，但是我听过你的事迹，感谢你为我们做过的事情，现在也该我们伸出援手帮助你了。"那时候好感动。当时其实人生信念有一个被打击的地方，我觉得我最重要的不是失去孩子，是人生的这种支柱垮了。从小我外婆就告诉我说："你要做好人，好人有好报。"我来深圳，我外婆就跟我讲了这一句话："你来深圳不管怎么样，你一定要做个好人。"就这么一个要求。我信仰好人有好报，但我的孩子怎么没了？这个信仰就坍塌了。我在汶川救了那么多小孩，结果自己的孩子没了。但是，当这些人给我这些支持的时候，我突然重新把信念找回来了。我领悟到了一点："善有善报，恶有恶报，不是不报，时候未到。"我们总是拿这句话用来说坏人，表达愤怒。其实这句话同样适用于好人——善有善报，不是不报，时候未到。如果你认为好像这个善报就一定代表着一种金钱、地位，或者什么好运这样的，也不一定。也可能它回报你的时候是在你最脆弱的时候，在你最无助的时候。因为可能那时候钱对你并不是最重要的，但是对于你的生命的主宰者而言，他才知道你在最虚弱的那一刻最需要什么东西，在那时候帮你。所以我觉得那些人是我的善报，当时他们虽然在现实中给我的帮助可能不是最大的，但最重要的是他们帮我重新构建了我的信念根基。

2009年3月5日那天，我正式通过星聆热线为全国的失独家庭服务。我那时候从网上查自己的经历，我才知道原来跟我一样的，中国有这么一个群体，失去了独生子女的家庭，民政局保守的数字，有上百万个家庭。中国有3.2亿独生子女家庭，坦率地说，每个独生子女家庭理论上都有这种风险。所以我觉得失独家庭有一个很大的问题，我的使命应该是服务于这个人群。因为我能最好地理解他们，我自己有这样的体验。我以前在灾区帮助人，也接触了那么多失独的群体，但是我发现我过去给他们做的工作很苍白，都是拿道理给人讲，没有真正地去理解他们。自己经历这事之后才知道是怎么回事了，所以我觉得我可以更好地做这件事情。从那个时候我聚焦了自己的公益方向。

于是，从 2001 年 3 月 5 日之后，星聆热线就变成双向服务，对内服务于我们的员工，对外服务于失独家庭。之前就我一个人做，3 月 5 日挂牌那天，是海关 43 个志愿者一起做的——他们全是海关的公务员，开始成为一支队伍，海关志愿服务队。挂牌之后，内部员工来咨询的还挺多的，因为信任我的人开始多了，知道我出名了，知道这是真的在做志愿服务。后来我们海关总署支持我，海关总署把我们这里作为全中国海关的一个示范点，是海关系统内部的志愿服务示范点，也是心理服务的示范点。海关总署还专门把我们这儿拍成小品，海关系统每年都会演。海关总署的领导亲自来给我们挂了"心理热线"的牌子。

海关志愿服务队 2009 年之前是"从 0 到 1"，2009 年 3 月 5 日之后是"从 1 到 5500"，就是从那时到我退休的时候，海关志愿服务队有 5500 多人。后来我在义工联申请到团体义工。我们是深圳团体义工第 500 号，我们这第 500 号团体义工共有 5500 多名志愿者。

到了 2013 年，我们想把星聆热线正式注册为民间组织，但一直注册不下来。我们做的这个事情比较敏感，做失独家庭方面我不算是第一个，但我一定是最早做这个事情的人之一。我也是绝无仅有的这样一个角色，我自己有这样的经历，是资深的志愿者，又是心理咨询师，我还是体制内的人。这样的四重角色让我做这件事情会有特别的感受，我也许不是最早做的，但我是最全面地做这件事情的，而且是我把这件事情做到了让全中国关注，我是第一个把这个做到央视的。一直到 2014 年，机构才注册下来，叫深圳市星聆相约公益事业发展促进中心，市关爱办做我们的业务指导单位。

三　关爱失独家庭：从 1.0 到 4.0

以前很怕这些失独家庭聚在一起，聚在一起就会有这样或那样的问题。

我是体制内的人，是共产党员，我知道怎样来做这些事情以降低社会风险。我理解这个人群，也知道怎样做是更有效的。对这些人而言，钱其实都不是最主要的，经济上的帮助在很大程度上只是一种代偿，他们真的伤不在这里，真正的伤在于对未来的一种担忧。如何给他们一种心安和在当下没有被遗忘的感觉，这个是最重要的。

1.0 版本，我们把它叫作经济帮扶的时代，政府的资助基本上是这个形式。对失独家庭，每个月给 100 元、200 元，一视同仁。这个跟帮助贫困家庭没什么区别，其实失独家庭不代表贫困。有些人可能很有钱，孩子也没有了，钱对他们而言那已经是废纸了，没有意义。2.0 版本，我们叫心理帮扶。我们一开始做的就是心理帮扶，我们成立热线。我体验到失独家庭最痛苦的时候是晚上，特别难受，这时候需要有人跟他说话，最好是心理咨询师来跟他讲话。但问题是，我们最早正式注册的时候有 60 个心理咨询师，到今天为止还剩下两个半人在继续参与这个事情。为什么？因为非常难，你不仅要有这份情怀，要有这份能力，还要有这个意志。你天天在接收这种负能量的时候，你是否还能坚持？最后我们很多志愿者跟失独家庭聊完之后，觉得自己身上就不舒服。如果是心理咨询师，他会比较敏感，感觉到身体很僵硬。

后来我发现心理帮扶也有它的短板。举个例子，一个成年人摔倒了，当他很想站起来的时候，他的女儿随便拉他一把，扶他一把，他就可以站起来。因为他自己会主动站起来，所以孩子只要搭一把手，他就能站起来。但是反过来，一个 3 岁的小孩如果躺在地上耍赖不想起来的时候，两个人死拽活拽也拽不起来。从这点我想表达的就是，想让失独家庭这样一个受助群体真正站起来，除了我们帮他们之外，还需要他们干什么？他们要有这个意愿，他们自己要愿意站起来。如果他们始终在给自己贴"被迫害者、被社会遗弃者、一个最不幸的人"这样的标签，他们自己没有站起来的力量。过去找病根，这个病根是显而易见的，而且是你解决不了的，这是个硬伤。失去的钱我可以再赚回来，但失去孩子我再也找不回来了。所以不要在这上面做工作，这样做工作是没有效果的。有效的是让他们怎么样撕掉那个标签。我们用积极心理学来做，后来我们又有了升级版，就是 3.0 版本，心理加文化的帮扶。文化帮扶干什么？我们弄了个"喜乐团"，喜欢音乐这样的团体，也可以叫"喜悦团"。喜"悦"，就是竖心旁那个悦，跟音乐的"乐"在古文中是相通的。这个喜悦是中国人对幸福的一种理解。中国人理解的幸福，是持久的、平和的，这样的愉悦的感觉就是幸福。同时，"喜乐"，用喜欢音乐这样一个团体，让他们用音乐来改变心情。音乐是一种振动，人为什么有时候听到音乐情绪会被带进去，听到这个音乐他也会去唱，因为你跟他同频，同频共振。后来我专门写了篇论文，还到清华大学去演讲过，用"喜乐团"来疗愈受伤的心灵非常有效。让他们打非洲鼓，打鼓的时候鼓声的振动让他们的情绪释放出来，通过击打，通过这种共振，不和谐的振动形成了愤怒共振之后，他们找回了一种同一感，群体中的每一个人从不均衡到最后打得均衡。你看过那个钟摆同时拨动，最后同频了。一群人围在一起打鼓，用的就是这个原理。

一开始只有我一个人，后来有三个人，我们就叫俱乐部。我把几个积极的人聚在一起，五个积极的人就影响了那个负能量的人。因为他一个人的负能量盖不住五个正能量，他以前觉得自己是世界上最悲惨的人，来这里后发现有五个人跟他一样，而且人家怎么还能活成现在的状态，还这么好。我们把这个俱乐部叫"10℃俱乐部"，我们不把他们当作一个困难的群体来帮助。深圳最冷的冬天是10℃，我们说10℃的冬天不太冷，迎着阳光，生命依然精彩绽放。而且我用的是聚集在一起的"俱乐"，叫聚集乐观的力量，重拾生活的希望。一个人无论再消极，身上都有乐观的那一部分。我们把你身上积极的地方找出来，把它们聚集在一起，这个人就会改变，所以这是一种"聚乐"的概念。和我们单纯地聚在一起找乐子是不同的定义。后来我们也申请了深圳市义工联的团体义工，成立10℃暖阳志愿服务总队。

到4.0版本，我们发现除了让他快乐，在现实生活中还是需要去帮助他。过去靠政府，政府没有力量做到那么细致。虽然可以让计生干部定点帮扶，可是一个人长期地去帮一个人的时候，一定会枯竭。如果100个人帮扶一个人，每个人一年去帮两次、三次不在乎什么。我想，有滴滴打车，我可不可以"滴滴志愿"？就近去帮助别人一下。2016年底我开始做这个事情，自己也投一些资金，但不懂技术，上当受骗了。后来我就不甘心，一路在投，从"滴滴志愿"变成"一起吃饭""一起公益"……目的都是一样的，初心都是想要去帮助这个群体。我们在央视做"10℃暖阳爱心呼啦圈"，就这意思。我发出求助的声音，有困难上"呼啦"，想帮人"呼啦上"。想帮人的时候大家呼啦一下都上去帮他，这么一个口号。想象得很好，我们小闭环去试也是好的。比如，我们有一户失独老太太，家里吊灯全坏了，整个三房两厅的屋子里面就剩桌上的一个几瓦的小台灯。她上厕所拎着这个灯，到那就插上，到厨房也把这个插上。屋里这么多吊灯，她一个个看着它们全灭了。灭了不换，为什么不换？楼下有管理处，门口也有小店，外人都不会理解她。但是我理解，她没有动力，得过且过，反正就是这么倒霉的命，没有动力去做这个事情。另外，她也担心，"管理处来人帮我一换，知道我一个老太太在那独居，万一我被抢了怎么办？"她这种担心，正常人不会有，但她就会有。后来我就在楼下跟周围的小店，包括卖水果的、卖菜的和几家快餐厅联系好了，我把他们的名片给到老太太，她有需要就打电话。我和那些店也做好了沟通工作，我说我们是志愿组织，这边有几个人是我们要帮扶的。如果需要的时候她会打给我们，是我们介绍去的人，她就敢开门。打给你，你就先去帮我们换，换了之后我微信上转钱给你，没问题。这样我们等于帮她建立了一个生活帮扶圈，这个帮扶圈更大的价值不在于给她换个灯泡，而在于告诉她："你没有被社会抛弃，你没有与社会脱节。你有需要的时候，我们随时会支持到你，我们就代表政府。"

我希望建立义卖平台，商家的库存产品可以通过义卖平台变现，捐赠给关爱基金会，扣除管理费等，把义卖的资金发给失独家庭。但不是直接给钱，而是下载电子钱包，让老人自己选择到线下的爱心商家消费。比如，愿意去老人餐厅吃个10元的套餐没问题，想一个月集中起来几个人一起来这里吃顿大餐也可以。这样的话他就愿意走出家门，这是很重要的一点。中间很多的设计我们是用了心思的，让他们走出家门，融入社会，与人沟通，然后跟最新的科技接轨，不落伍，同时让他们回馈社会。通过这种消费的形式来回馈社会，回馈爱心商家，让他有了自我的意义感、价值感。

这是用一种社会手段来做他的心理修复。现在我们万事俱备，这几个软件都是做好的，瞬间就打通了，我现在想让政府牵头做这件事情，靠我自己投资再投不动了。

我想到一个模式，我就试验，成了就推广。就是总结模式，输出理念。现在各地的计生部门都愿意在这方面多投入。我到全国各地的计生组织去讲课，我的角色就是做一个研发部门，是个神农尝百草的角色，这个角色没有人可以代替。

我对失独群体是一种说法，对政府是另外一种讲法。我对政府讲，不能把失独家庭当作困难家庭，当作贫困人口去看待。对他们，政府是负有国家义务的，他们相当于军烈属。选择把孩子送进去参军，就意味着孩子有可能牺牲，那就意味着他为国家在承担着责任。那么同样他选择了独生子女，意味着他有这个风险，他的孩子可能会走，他是为了执行国家的政策做的这个选择。军人死了，老人成为遗属，国家要负担责任。独生子女走了，老人没有孩子养老了，国家给他们承担责任，这就相当于军烈属一样的政策。所以政府是有国家义务的，是国家的法定义务，不是国家的人道主义义务。你穷了国家帮你，这是国家的人道主义义务。它们是两个不同的概念。所以政府要去帮他，必须要帮他，要用更有效的方式帮他。对于怎么样更有效地帮助他，我总结了这样的一套东西。

反过来，对这些失独家庭我也会讲，我说我们对自己的选择要负责任。国家该不该负担？应该！我们要全力争取国家该给予我们的。但是在争取之后和没有得到之前，我们是不是至少让我们自己活得好一点。我们不能把自己变成祥林嫂，孩子在现实中只死过一次，如果你把这个当作一种悲苦的事情讲给别人听，你就让他死了 N 多次。我也同样会讲，我说你看看我说出我儿子去世这个事情，就像说别人的事一样。我说的时候不同，在这样说一次的时候，相当于一次自我的激励。我孩子走了，我能做到这一步，我相信说一次我会比上一次更强大。因为他已经不是我的伤口了，他已经成为我最坚韧的地方了。所以我们是不是一边要去向政府争取，一边还要让孩子看到我们还很好。这样他们就能接受了。

四 一个党员志愿者的思考

（一）对义工联的厚望

义工联是一头中国"拓荒牛"，它是社会组织的拓荒牛，也是社会组织的一个典范。但是在新的时代，在我们现在这个时候它需要变革，需要去创新、提升。义工联应当是一个很好的社会组织的孵化基地，而不简单是一个社会组织的"独联体"。它让各个大组织自己去注册，注册完以后还统一戴义工联的帽子。但这样的做法其实就失去了它的意义，因为义工联本身应该是个"联邦"，而不应该是个"邦联"。独联体、邦联相对松散，而义工联是个团体。义工联孵化出来的这些组织没有形成有机的整体，组织之间的协作没有真正形成。其实坦率地说，变成了只是一个形象，做一些活动，需要义工，义工联出面。这个太原始了，这是最早的一种模式。现在也是这样的，比如哪里开展活动需要五个义工，赶紧招募，五个义工穿上红马甲做个样子。现在，义工联变成一个管理组织了，是一个官方组织和品牌的拥有者。

我觉得义工联应该走专业志愿团队的路子。国际上盛行专业志愿者，我觉得义工联应该是一个最好的专业志愿者的结合体。比如，我刚才说的这些软件、平台，我自己投不起这个钱，但是如果义工联有这样的专业志愿者需求，我可以招募到 500 个，甚至 5000 个专业志愿者。你们愿意来提供这样的服务，用它做一个项目，5000 个志愿者中间选出 50 个人愿意提供经常性服务，一个月内把这样的系统就开发完了。我觉得义工联团结的应该就是专业志愿者队伍，可以给社会组织提供这样的技术支持。每一个义工组织从我这儿能够得到踏踏实实的支持，而不是我只借给你一个牌子。现在变成一个品牌使用权许可，没有变成支持。你想做一件什么样的事情，能通过义工联的平台，吸引专业志愿者愿意支持你。比如，有 50 个人报名愿意支持你，你达到多高的投票率，又有多少技术团队支持你。行了，这个项目义工联帮你来开发。我有梦想，有专业能力，但是我没有技术能力，通过义工联，我就能把这件事情做成了。而现在我们出去之后，变成一个个没有羽毛的"翅膀"，然后我们还要跟企业去竞争，竞争不过，就很弱了。这是我自己花钱买到的教训。如果用我说的方式去做，那义工联会非常强大，甚至它可以变成一种社会企业的模式，现在正好区块链就能提供这样的机会。50 个专业志愿者愿意来参与辅助这个机构，把这个事做成，这个事情成了之后，50 个志愿者就是它的股东了，义工联也是股东，它这个股东赚到的钱可以进入志愿者基金会，完全可行。

（二）对社会组织的寄语

我觉得作为社会组织，应该意识到你是对社会问题非常敏感的观察者，这是你的第一个角色。因为你很敏感，你发现了政府没有顾及的或者是忽略的，或者是它做得不够好的地方，所以你是一个敏感的社会问题观察者。你是有能力解决社会问题的，可以提出解决方案，解决者的角色是你的第二个角色。第三个角色就是对社会问题有担当，因为你觉得这个事情舍我其谁，只有我能做好，我应当为这个事情负责。这三个之后，就是我们说的第四个角色，你是解决这个社会问题的挑战者，你自己首先不能抱怨。挑战者意味着你可能会失败，但是失败的时候你要意识到你出现在这里的价值就是去挑战，去体验失败。你可以很好地安慰自己，政府干不了，你还干成了，哪怕往前前进了一小步，你就很棒，你很成功。所以你怎么也找不到让你伤心的理由，无非就像我这样赔很多钱，但是我觉得我乐在其中就好了。

（三）对党员的理解

我 18 岁写入党申请书，不到 20 岁就是积极分子，20 岁当预备党员。没来得及转正我就转到深圳，就重新算，到了 20 世纪 90 年代才正式入党。但入党之后其实我还是属于那种"愤青"，看到问题我就爱说。我是 2007年结婚的，我太太是香港人，结婚之后组织上特批我，我可以拿探亲证件回香港住，大部分时间我在香港住。恰恰是我出去之后，再回过头来看的时候，我成为共产党坚定的拥护者。

每个人都需要做一些奉献，牺牲自己的一部分利益来成就一个公共利益，这才成其为一个社会，这才成其为人的精神。我们人类就是比其他动物多了这份担当和牺牲精神。如果没有这个的话，今天统治地球的应该是老鼠，或者是蚂蚁，而不是人类。就是因为人类愿意每个人牺牲自己一点，形成自律，才有了社会。那同样有奉献的一群人中就要有一批特别有担当的，愿意冲在前面的人。这批人在 90 年前他们就叫共产党。在大是大非面前，在国家的大难面前，我们都能看到这些共产党员的身影。和平时期，究竟共产党员要有什么区别？其实还是一样，回归到两个落脚点上。他们应当是对平等的观念理解最深的人，他们是对奉献的观念理解最深的人。两个落脚点，第一个叫平等，真正的平等观，这样才能落实人民公仆的角色，落实为人民服务的宗旨。第二个就是奉献，所有的宗教教徒都在做奉献，只不过他们是奉献给神。共产党员也要有奉献。这种奉献不是让你把自己的钱全部掏出来，不是让你为了社会公益肝脑涂地，没有人让你做这个事情；只是让你真正愿意牺牲一点自己的利益去服从一个规则，牺牲自己的一部分就意味着一种奉献。

平等、奉献是我们坚持信仰的两个最好的落脚点。我说这样很简单，理解很简单，操作也很简单。我做的志愿服务就是这两个点。因为我觉得别人跟我是平等的。所以一个孤苦伶仃的老太太，在我而言我不觉得她悲惨，我只觉得此时此刻她需要帮助，我正好又有能力，我可以帮她。那我奉献也是一样，我现在回归自己本心，奉献我的一点点。我觉得我是不是要考虑奉献我的智慧，去引导别人也去奉献这样一点，大家一起奉献才能成就这样的事情。

五　为什么是深圳

如果我在内地，遭受类似的经历，不一定能够做现在的这些事情。这确实与深圳这个城市有关。

其一，深圳是个移民城市，相对于内地而言，我刚才说人的平等观会更潜移默化地存在，不管你在内地怎么样，你来到这里，就是新深圳人，不要太多去关注你在内地的老资本，有可能那一点意义都没有。深圳是移民城市，大家的包容度、接纳度很高。

其二，我觉得深圳是个很年轻的城市，年轻人相对来说对生活更有激情、有活力，也更愿意参与一些志愿服务的事情，所以你能够得到很多人对你的响应。

其三，深圳志愿服务的氛围。这种氛围有一定的历史沿革，基于前两个原因形成这种氛围。

其四，是法治和社会制度的保障。深圳是第一个出台义工服务条例的，最早的一些规定，对志愿者的优待，这都是其他地方所没有的。之前我们的义工在不同的地方享受不同福利待遇什么的，其实人不在于那个东西多少，而在于我的奉献被你看得见，这点很重要，所以这个有制度的保障。

其五，深圳是一个有着创新血脉的城市。深圳城市本身就是一个创新，是中国改革开放的一个创新，年轻人又比较多，所以创新意识特别强，我们很多事情是全国第一。深圳这个城市的创新意识是特别强的，人们会拿一些新鲜的想法和创意跟社会服务做更好的连接。

其六，这个城市的科技发展水平很高。深圳的科技发展水平让我们一些好的想法能有一些技术手段做支持和保障，比如我要做这个事情，我基本上问三五个人之后就能找到一个技术解决的方案。这让我觉得实现梦想的机会就很大。

其七，粤港澳大湾区这个优势。深圳跟香港，过去是我们学习香港，现在是深港双城并进。香港跟深圳一个很大的差异，香港是外向型的，它是一个国际化的窗口，深圳是对内的窗口。我觉得深圳这个城市的国际化视野比内地的城市更好，尤其是香港是个社会服务做得非常好、在全球都属于比较领先的这么一个城市，所以是一个很好的可以学习的窗口。

这几点决定了我们深圳做的志愿服务，在这里做的社会组织，在这里做的一些社会创新，会与众不同。

访谈印象

早就认识李敢大哥，他在我心中的"标签"有资深志愿者、献血达人、人体器官协议捐赠者、中华骨髓库的入库捐赠者、失独家庭关爱组织发起人、公务员、党员……

　　然而，当在市关爱办组织的最佳学习者评选现场上，听到他的更多介绍时，发现他的"标签"远不止上面这些。他爱好"考证"，满满一袋子各种资格证，从心理咨询师到营养师，他把考证充电当乐趣；他长到一米八几的个子，大幅突破遗传身高，竟然全靠一套自己发明并实践的长个儿秘籍。他真是个有故事的人！

　　而此次的访谈，让我再次刷新了对他的认识。没有想到，在内地仕途一片光明的他，会在深圳找工作时屡屡碰壁，但仍不改初衷。也了解到他从献血到参与志愿服务，从作为汶川志愿者到成为失独家庭组织发起人，一路参与公益的酸甜苦辣。

　　对待社会问题，他是思考者，一直在考虑如何才能更好地解决问题，如何调动各种资源；他是行动者，有想法就去尝试，全身心地投入时间、精力、金钱；他是乐观者，哪怕失败了，也会在失败中看到行动的价值和意义。

罗海岳：三个赛道的公益体验

【人物及机构简介】

罗海岳，1987年出生于广州，深圳本地人，曾就读于深圳高级中学，高二赴英国留学，毕业于英国伦敦政治经济学院地理系，后前往美国康奈尔大学深造，就读非营利组织管理专业，获公共管理硕士学位。2007年创办中国留学生爱心助学基金（Ofund）。曾任职于纽约联合国总部、深圳市红树林湿地保护基金会。现任职于深圳壹基金公益基金会，担任助理秘书长兼理事会秘书，负责筹款、品牌传播、数据管理和理事会工作。中国大陆第一位CFRE（国际高级注册筹款人）认证获得者。

中国留学生爱心助学基金是以通过留学生及海归群体力量改变中国欠发达地区教育为使命的公益机构，2007年成立，2011年成为深圳市关爱行动公益基金会下的冠名基金，2018年注册成为非公募基金会"深圳市海学堂公益基金会"，目前在英国、美国以及国内均设有地区负责小组，即各个大学Ofund社团。Ofund每年在全球范围内的中国留学生中，以网络报名结合各校设点面试考核的方式招募暑期回国支教志愿者，其中不乏来自牛津大学、剑桥大学、伦敦政治经济学院、康奈尔大学等世界名校的学生。

一　土生土长的深圳人

我是深圳本地人，最近家谱刚刚做了考证，我们来广东应该有37代了，到深圳有13代。有记载的是从明朝开始我们家族这一支就已经到了深圳这个地方。所以我们不仅仅是土生土长的本地人，而且是"历史悠久的土著"。像我们这种有迹有根可循的，在深圳不超过10万人，非常土著的土著。

我们家在大鹏所城，以前也是小门小户，后来因为大鹏所城是水军的军屯，所以家里从明朝到清朝都是水师。我爷爷从小就参军，参军以后就离开了深圳，在全国各地打仗，最后离休回到了广州。我爸爸基本上是跟着我爷爷、跟着军队在全国一直跑，都是大院里的孩子，所以我爸爸这一代是没有在深圳生活的。从我爷爷当兵离开深圳之后，我们家短暂有这么一代人没有在深圳。我爷爷的子女除了我爸都当兵了，都没有在深圳。我爸爸是分配工作来到深圳的，然后在深圳跟我妈妈认识。那个时候我妈妈在蛇口的电子公司给日本做代工，我爸爸在百货公司做采购，都是在国企里做事情，直到1987年、1988年开始接触股票。我爸应该是股票做得还不错，就从体制里出来了。我妈妈还一直在国企里面上班，直到生了我妹妹，因为二胎的关系，就不能留在公司里面，所以她就出来了，两个人都离开体制了。

我在广州出生，在深圳上的幼儿园，后来就一直在深圳上学，一直到高二出国，回来又是在深圳工作，这个是跟深圳的渊源。在深圳这么多年，家里肯定有一些基础，如果一点基础都没有，也混得太差了。但那些基础都跟我没有太大的关系，是家里的，是他们的努力所得，那是他们的东西。我爸爸开始在大鹏做民宿，是因为我们家被包围在中间，也没有办法自己好好地生活了，大家都开始做生意，旁边都是海鲜店，你怎么办呢？首先你的住房成本变得很高，本来不值钱，你住在那里挺好的，现在我住在这个房子里，每住一个月机会成本损失几万元，相当于每个月花几万元租自己的房子，大家想一想这个成本太高了，那还不如做民宿生意了。我家邻居他们不靠民宿生意吃饭，但也经营得比较成功。他们是本地人，同时也是房东。其他房东有的是华侨，把房子租给别人，他们自己不在，租户们对这个行业、产业，包括这片土地是没有责任感的，就想能赚钱，赚两年就走了，至于环境、房子是否被破坏，跟他们没有关系。我们是在自己的土地上，自己的房子里，干着自己的事情，我们对环境、对地区发展、对整个地方，不管是情感还是责任感，跟外来做生意和务工的感觉肯定是不一样的。我们在本地也确实做了很多贡献，捐个路啊，捐个桥，从小到大都在做，就是乐善好施。我们自然在当地也会有一些影响力，也是一直在参与社会治理，所以我爸被选为大鹏新区民宿协会的会长。我看他当会长很累，说不上有什么压力，因为没人逼你干，但是挺累的，因为大家对你有期待。我爸也是志愿服务，他愿意做这个事情，他刚好又在那儿，为大家和家乡服务，那就做了，觉得也没什么。

说到深圳，我觉得从小到大深圳都没有任何地方是让我不舒服的，因为很多来自外地的朋友，总是觉得家乡有这个地方不够好，那个地方不够好，所以他们离开了，感觉要找一个新的机会或者找一些新的可能性。作为一个深圳人来说，我的感觉是富足的，当然可能不是每一个个体都有一样的感觉。我小时候在荔园小学上学，当时荔园小学不是最好的学校，但也是最好的学校之一。一个比较大的特点就是我在低年级的时候，班上同学以讲广东话为主，老师基本上也不讲普通话，不管是老师还是同学都是广东的，虽然不一定是深圳的，但肯定是以广东人为主。等到我妹妹开始上学，我上初中的时候，班上同学基本上就不讲广东话了。小学的时候班上可能只有一两个同学讲不了广东话，但是听都没问题；但是我到初中、高中的时候，班上同学基本上不讲广东话，而且有很多人根本听不懂，那就证明这个移民的比例或者说广东以外移民的比例非常大。所以现在你看深圳的孩子，我这个岁数的，听说读写广东话都没问题，我妹妹那个岁数的，1993 年的，一句广东话不会。

另外，确实"老深圳"的那种感觉就是，我们只把福田跟罗湖当深圳，剩下的地方都觉得是太远和荒凉的地方，现在情况肯定很不一样。以前我是不出这两个区的，基本上只在这两个区活动。等到我 1999 年上初中的时候，就已经到香蜜湖了，但那时候香蜜湖旁边还都是荒凉的，树林、坟地、荔枝林……在我上学期间，那边有了第一个每平方米超过 1 万元的楼盘，就是东海花园，那是深圳第一个每平方米超过 1 万元的房子，那时候就觉得这个地方这么荒，那么破，谁要住在这个地方，为什么还要卖那么贵？

初中我在深圳高级中学就读，它是深圳第一所民办公立学校。那个时候教育体制改革，允许民办，但它同时又是公立的一个学校。高级中学在深圳是一个非常特殊的存在，一是面向全国招生，二是教我们的老师都是全国最好的老师，有黄冈的老师、有绵阳的老师，他们都是全国那些小地方的或者是稍微小一点地方的名校来的，数学奥林匹克金牌教练就很多，学校里面开展很多很不一样的活动，比如我们有橄榄球课、棒球课、太极拳课、舞蹈队、合唱团等，它们在全国是很有影响力的，所以学校对综合素质的培养特别看重。那个时候校长是唐海海①，他是当时中国教育创新和教育改革的一个里程碑式的人物，后来当教育局副局长，现在应该已经退休了。总之，当年那个学校很不一样，是非常创新的一所学校。因为特别创新，很适合我这种人，我这种人就属于课业不怎么样，但是别的东西都挺强的那种。如果我在一个特别传统的学校里面就属于那种不务正业的人，我愿意参与那些跟主课没有关系的课程。

不知道从什么时候开始，我有一个概念，就是深圳不是靠自己的实力发展起来的，深圳是靠全国人民的支援。在全国有非常多的精英、年轻人愿意选择在这片土地上贡献他们最美好的时间、最美好的年龄，才铸就了这个城市的发展。作为一个土生土长的深圳人，我当然愿意看到深圳发展。在这个发展中，不管是我还是我们家，肯定也是整个大潮流中的受益人，这一点我是很感恩这个城市的，如果不是全国人民都愿意到深圳来，那深圳不会是一个特殊的地方，不会是现在的深圳。一方面，我对深圳的文化认同感是很强的；另一方面，我从来没有那种把谁当外地人的感觉。我在深圳什么人都见过，从小到大身边有湖南人、湖北人、云南人，我没觉得我们深圳人怎么怎么的，你们外地人怎么怎么的，这个跟北京、上海还是很不一样。我觉得我生活的环境仿佛就应该是一个多元文化的环境，多元的文化其实是一个有趣的，能给你的生活带来很多生命力和色彩的事情。所以我觉得这个给予和被给予之间的联结，会产生一些潜移默化的影响。

二 开启公益之路

我觉得做公益这件事情对于我来说，受的更大的影响还是家里人的观念。我妈妈是潮汕人，也很传统，从小到大对我偏儒家教育。他们比较推崇这种文化，就是你要做一个好人，你要做一个善良的人，你要做一个负

---

① 唐海海，深圳高级中学创校校长，后来历任深圳信息职业技术学院副院长、深圳市教育局副局长，现已退休。

责任的人。从小到大我印象比较深刻的就是只要有捐款的机会，比如南方发水灾了，哪里地震了，他们都会告诉我说，你在学校里面别的东西应该低调，不应该争第一，唯独捐款这个事情你可以争第一。因为那个时候学校成绩会张榜，有什么捐赠也会张榜，那个时候我妈妈就觉得捐款这个事情你可以去出头，这是个光荣的好事情，需要捐多少钱就捐多少钱，学校只要组织捐赠，我都会捐。对于我这样一个学习不好的孩子来说，其实是没有什么机会上榜的，那个时候因为捐赠这个事情上榜还是挺高兴的，你总是有一些事情要"秀"一下，别的事情"秀"不了，就在捐赠这个事情上"秀"，所以我觉得捐赠带来的荣誉感或者说虚荣心，是一直都在的。所以我对公益捐赠这个事情不陌生，而且很享受这个事情。没从我身上出钱，我又享受到了那个荣誉，我当然是很高兴的。所以我觉得我从小到大确实有这个观念，觉得捐钱是好事情，我们应该多捐钱，有人需要帮助就应该捐钱。我妈妈很注重这方面的教育，她一定会让我亲力亲为，不会让别人代捐，说："要捐钱你一定要去银行排队，自己填汇款单，你去跟银行柜员说你要给长江洪水捐钱之类的，你自己去办这个事情。"街上碰到乞丐，她会掏钱给我，让我去给。所以这些点点滴滴，她是有意识地培养我应该要有爱心，应该帮助有需要的人。但是这些部分你说在多大程度上造就了我后来的发展或者是选择方向，没有办法有一个量化结果，只能说从小到大这些因素是存在的。

第一次真正参与公益是去了英国以后。那个时候英国有一个爱丁堡公爵奖，相当于给全国优秀青少年颁的一个奖，这个奖要求你在课外有比较好的发展和成绩。它分为几大块，一个是体育，一个是艺术，还有一个就是社会服务，你必须在这三个方面尽可能优秀。其中有一个要求是比较长的志愿服务时长，我忘了是几百个小时的社区服务。因为我读高中是在英国一个特别农村的地方，不是说你想干什么服务都有，刚好我们那个学校里有当地唯一一个自闭症孩子的中心，可能因为学校是一个教会学校，本身使命价值里面有这个东西，有一些融合教育的观念，是极少数人融入一个大集体里，也会安排学生轮流去那里做志愿服务，不同年级的学生只要感兴趣都可以到那个地方服务。那个时候因为我要完成这个奖规定的公益小时，我每周基本上去三次，每次要待上两个小时，这个密度蛮高的，相当于一周内要做六七个小时。第一次接触到帮助别人原来是这种感觉，不仅仅是一个自闭症孩子，而且是一个语言跟你不一定通的自闭症孩子。因为那个时候刚到英国，英语不见得有后来那么好，然后那些孩子中有一些年龄已经很大了，可能有些比我还大，你要陪他游泳、打乒乓球、拼图、画画。在服务过程中自己是蛮愉悦的，觉得这个事情做得高兴，也很想做。到后来我就毕业了，也没管那么多，上本科去了。

本科的暑假，我爸爸刚从西藏回来，给我看一些当地的图片、当地的孩子情况，然后他就说："你现在大学暑假这么长时间，你有时间就自己去玩、自己去看看。"我看了图片还是觉得挺震撼，我不知道中国还有这么穷的地方，那个时候是猎奇心理多于别的，只是好奇，我就去了，那个时候我也觉得这个事挺酷的，没想那么多。中间有很多身体上的挑战，就不多说了，但我确实是离开了传统的旅游路线，特别关注当地的学校和学生，去看看当地孩子家里都是什么样的。我看了一圈发现真的好穷好惨，那个落差对我来说非常非常大。我可能上个星期还在伦敦的赌场里面跟同学们过生日，一个星期以后我回国了，我就到了这么一个地方，看着这些孩子，要文具没文具，要件干净衣服都没有。我一方面觉得很震撼，另一方面觉得自己负罪感很强。我会觉得凭什么，凭什么我和我那些同学们那样，他们却这样。我就想得做点什么，才开始做公益。一开始做公益也没有多想，就想着拍照收集资料，我回去以后再研究我能干什么。那个时候刚刚有Facebook，我就把那些相片全部扔到Facebook上，然后很多人来找我，说："这是哪里，有没有机会去，我们也想去。"我就想，既然大家这么关心这件事情，我应该组织大家去一下，去干什么不知道，但是可以到学校里面送送东西，可能给当地孩子上上课什么的。慢慢地，人越来越多，参与的学校也越来越多，然后考虑要专业化地发展，然后才有了注册、全职团队等。

我觉得出国不是我做公益的原因。出国以后干什么，我觉得跟我的家庭教育还是有很大的关系的。比如我家里人从来没有要求我去学那些将来有高收入的专业，没有说你非得学金融、学地产，没有，你爱学什么学什么，你觉得你什么学得好就学什么，我走上了这条路，这个是很偶然的。

这个路他们非常认可，他们觉得这个是好事情，我爸觉得：你不管在干什么，只要在行业里你优秀就行，你去街头卖艺是全深圳最出名的，OK，没问题。他不在意说我是从事什么行业，但他不希望我是一个萎靡不振的、坐吃山空的、游手好闲的、每天打麻将的人，不要变成那样的人。

三　成为全职公益人

大概在2008年的时候，《深圳特区报》深度报道的部门，不知道从哪里知道这个事情，就来采访，那是我们第一次上媒体。那个时候陈励①主任和别的市领导就关注到这个事情，觉得这个事情"很深圳"：深圳的一个"海归"，现在又在深圳做一些公益的事情，援助全国贫困的地方。后来才理解到，这个概念在政治上是很有话题性的，但是当时哪知道。当时我还觉得媒体特别麻烦，觉得这个事情都跟别人说了，会不会有别人来限制我。我在本科的时候学的是人文地理，人文地理其实有很多的章节是讲全球贫困、发展不平等，讲NGO在这里面扮演的角色。那个时候我心里有一个想法：我要做NGO，我不要跟政府有关系，而且我会把这个作为人生价值中最重要的事情，我一定不跟政府合作，甚至说我要监督你们，就是要去做那些你们不愿意给大家看的事情。那个时候很幼稚，但确实有这个想法，大学本科生嘛。后来陈励主任让我当关爱行动大使，同时那一年我被选为"十大爱心人物"，后来其他一系列荣誉就来了。

当时相当于是一个高峰期。我就想我现在是不是应该趁这个高峰期去注册，因为这个时候注册应该是阻力最小的。我拿我做的事情去注册，到民政局，民政局说：你要主管单位。我问他：我这个事情应该找谁办呢？他说："你去找教育局吧。"我就找到教育局，教育局觉得这个事跟教育口没关系，他说："你这个事找侨办吧。"侨办说这个事情他们不了解，要不然去找统战部吧；我们去找统战部，统战部说这个事情不知道怎么办。我那个时候特别失望，我觉得你们报纸也登了，又给我这个奖那个奖，我现

---

① 陈励，深圳市关爱行动组委会办公室专职副主任。

在连注册都不行。

直到 2011 年关爱行动基金会成立了，我们变成第一批专项基金。那个时候第一批专项基金就来自于跟关爱办合作比较紧密的个人和企业，白衣天使、燃料行动、募师支教等，深圳老牌的大项目变成了专项基金，我们也设立了"中国留学生爱心助学基金"（Overseas Chinese Students Children's Fund，简称 Ofund，原名 OCSCF）。我本科毕业以后，觉得这个事情对我挺有意义，我不想因为我离开学校就断掉了，因为大多数学校组织是创始人离校，基本上再过两年就消失了。我觉得这个平台有它的意义，那个时候我感受到国内的大学生想要去做志愿服务渠道很多，如团委、各种基金会、爱心社……但在国外的这些留学生，大家这份心是有的，但是没有渠道，没有资讯，国内设计的所有活动的时间点跟他们不匹配，因为寒暑假时间不一样，我们做的这个事情是一个空白区域，我们要把它做大做好。我毕业那一年基本上是在做这件事情，我想把这个事情往专业化方向转化，我们能不能请一些专职的人，等等。那个时候关爱办给我们一个房间，在那里办公了一年。后来听说政策放宽了，我们就又去注册了，这次挺顺利。2015 年我们在深圳市民政局正式登记注册了一个民办非企业单位——"深圳市海学堂青少年公益事业发展中心"。现在有三个专职工作人员，在福田总部基地办公。福田总部基地中第一批入驻的机构就有我们，直到现在我们还在，我们应该是工位利用率最高的机构。我们现在每年的筹款为 200 万元左右。那边我花的时间不是很多，有时候密集型的活动需要组织，我就去帮帮忙，那是我心头的事，是我非常重要的一部分。

那个阶段我就开始关注中国的公益了，我到全国各地参加行业会议，我也想听听专家是怎么说的。那个时候我感觉没有人能告诉我这个事情怎么办。我就想去读书，然后才去美国的，申请的就是康奈尔大学的非营利组织管理专业。在念硕士的过程中，我发现有中国基金会的秘书长团来美国了，我也接触了好几批，也跟很多"大佬"熟了，包括陈一梅[①]老师 —

---

① 陈一梅，有 20 余年中国公益专职工作经历。现任万科公益基金会秘书长。此前历任中国社会科学院项目官员和翻译、福特基金会北京办事处首席代表助理、友成企业家扶贫基金会副秘书长、国际美慈中国主任、中国发展简报总干事等。

她带着孩子在 DC① 生活。那个时候我在 DC 上班，我们就经常见面，有很多问题问她，她确实跟我讲了很多东西。

在美国读书期间，我在联合国实习。毕业之后，联合国有个正式工作的机会，但需要到中东、拉美等地。正在我犹豫的时候，王石先生的助理沈彬就找到了我，我不知道他是从哪里打听到我的，意思是说好像听说我这么一个人在国际机构里面，又是深圳人，问我愿不愿意回深圳工作。那个时候他说王石和阿拉善华南区的会员想在深圳做一个地方保育机构，也就是红树林基金会，问我愿不愿意回去。我想挺巧的，就回吧。

2012 年底 2013 年初的时候，我回来之后才知道红树林基金会一个人都没有，只有一张证，就只是完成了注册。那个时候我们是在世联地产办公，因为陈劲松②是阿拉善华南区比较重要的一个捐赠人，也是除了王石以外最主要的发起人之一。他从总办派了一个快退休的老员工，应该是他早年的助理，来协助我做这个事情，那个时候就我跟她两个人。那个阿姨虽然在业务上什么都不懂，但是世联的资源她都清楚，谁都认识，这也是一个很大的、很重要的优势。比如我们需要 IT，IT 就来一下，我们需要地区公司配合，地区公司就来一下。我在红树林基金会待了一段时间，大部分时间是搭建团队，做一些早期项目。红树林基金会第一届的秘书长是深圳本地的企业家，但后来机构发展也不是很顺利，所以就换人了。后来其中一位理事孙莉莉就接手了秘书长。

那个时候深圳办慈展会做得特别大，第一次有国际展区，之前好像办了两届但都是国内的机构参展。那时候侯局长③认识我，她就跟红树林基金会说这个人能不能给我们用两个月，因为她需要联系很多国际机构参展。于是红树林基金会就让我去帮忙，相当于借调，我又跑到中民时代广场那里办公了一段时间，所以民政口我认识的人都是那个时候认识的。那段时间里，我认识了壹基金的人。后来王石的助理沈彬对我说，我其实可以去

---

① 华盛顿哥伦比亚特区（Washington D. C.）
② 陈劲松，红树林基金会发起人、终身荣誉理事、副理事长，深圳世联行地产顾问股份有限公司董事长。
③ 侯伊莎，时任深圳市民政局副局长，现任深圳市残联党组书记、理事长。

壹基金，他们现在正是一个筹款爆发期，空间比较大。因为万科在红树林基金会和壹基金都是理事单位，他可以介绍我去。因为我的兴趣是做筹款，包括在联合国，在各个地方，我做的都是跟筹款有关的事情，但当时红树林项目进度碰到了一些问题，不大需要筹款。于是我就来壹基金了，做华南区的客户经理。从那时到现在，中间换了很多不同的岗位，现在相当于管所有的筹款工作。还记得我那时一年只需要筹 270 万元就完成目标了，我今年（2019 年）要完成差不多 2.7 亿元。

四　三个赛道思考公益

现在，相当于我有三条赛道。在壹基金这条赛道，我可以很专业地在一个大平台上做我想做的事情，但因为它是一个太大的平台，不管是在创新、反应速度和一些尝试上，它会相对保守，会很谨慎，但同时它让我有机会做一些影响面特别大的事情，这是我的第一个身份。我的第二个身份，是作为一个职业筹款人，我很希望中国的这个职业能够成型、发展、被认可、被尊重。我也是筹款人联盟的理事代表，我跟联盟一起做很多事情，我在联盟的论坛，有时间也会给大家讲筹款，培训、上课，我很乐于做这件事情，这件事情跟我壹基金的工作没有太大的关系。我跟负责筹款的伙伴们说，你们不仅仅是公益人这么简单，你们要明白你们是筹款人，筹款人就像会计师、律师一样，他是有自己的职业素养、职业守则和社会责任，你们应该怎样行使你们作为筹款人的职责，怎样让自己成为更加优秀的筹款人，这是我的第二个身份。第三个身份才是我在 Ofund 的身份，Ofund 是一片自由天空，我想干什么基本上就能去做，团队成员各有所长，在公益的专业性上跟我有差距，我有机会去引领这个机构去做很多创新、很有意思的事情，但是盘面做不大，我能付出的时间也很有限，我只能尽我的能力去做一些有意义的尝试和发展，所以就是小而美。我相当于同时在做这三件事情。我感觉自己很分裂，有很多事情我知道 Ofund 应该去做，但是因为它得不到壹基金这样的资源和没有这样的平台，做不成；有很多事情我本来想在壹基金做，但因为这个大船太难动，动不了，我去 Ofund 做就做成了。所以一方面有钱，另一方面没钱；一方面有钱做不了事情，另一方面没钱又想做事情。我其实在这中间有很多维度不一样的思考和有很多不一样的机会，所以会给我一种很复杂的体验，我会觉得我跟一般的同事在这个事情上有很大的差别，就是他们的学习和体验是一倍速的，我的学习是三倍速的，但烦恼是最多的，可能压力也是最大的，工作量也是最大的。

因为我一手做 Ofund，我很清楚类似的中国草根机构面临什么。不管你是做自闭症、做助学，还是做环保，一个两三人的团队，拿着这么一点钱，每年筹着当年的款还要看着下一年，还不知道下一年能不能开锅，政府虽然有很多政策，但不知道能不能享受得到。对于一个小机构运营的所有困难，内部和外部环境我都非常清楚，这个非常有益于我做壹基金的工作。在服务伙伴的时候，我很明白他为什么筹不到款，我知道不是那么简单。我告诉他，他就可以筹上来。他自己的内部有没有想清楚，他有没有好的人？有些创始人是做项目出身的，他们对筹款一无所知，甚至有点看不上筹款这个事情。我会比一般的同事在筹款这方面更了解他们。然后我又有国内跟国外的对比，我知道国内怎么做事情，有很多很让人兴奋的空间和新的可能性，我也知道他们可能永远达不到国外的高度，国外我也知道有很多东西一成不变，很传统、很守旧，但也有很多东西是很有价值的。我要想办法通过我第二个筹款人的身份，把这个价值给大家衔接起来。

说到筹款，我觉得还需要很长的时间，大家才会有筹款人这个概念。现在全国这些机构里对筹款人这个身份有认同感的，我估计不超过 100 个人。这 100 个人里面，可能没几个人是只干筹款，也就是说他们除了筹款以外，还要干很多杂事。但你不会听说机构的财务还干着人力的事情，那就是专业化程度比较高，或者大家对于这个专业化有足够的尊重、认可，认为这个事有一定的技术壁垒的。但对筹款这个事情，大家好像还没有意识到这个事情会和不会，做得好和做不好，差得很远。大家觉得做项目的同事也可以筹款，没有问题，全民筹款。在技术层面还好说，但最大的危机是伦理层面，怎么筹？这个事情是非常危险的，我觉得中国的公益行业本来就是高危行业或者说大家对它的信任感本来就不强，筹款是最容易出问题的。进来钱的地方是最容易出问题的地方，如果这群人得不到合适的培养、教育、规范的话，他们是损害中国公益和公众信任的最前线的人。他们做好了，公益机构和公众会连接得非常好；他们要是做得不好，毁就毁在这些人手里。这群人一定要得到重视，而且一定要得到合适的培养，至少是伦理层面的培养，如果不把这个角色专业化、职业化，他很难有这个身份认同。他没有这个身份认同，很难形成自己独立的社群、体系甚至是认证等一系列的东西。

中国很大的一个特色就是它是靠资源方反过来规范用户的。我举个例子，公益机构其实是用户，公益机构是筹款平台的用户，在国外是不可能见到平台回过头来告诉公益机构财报应该怎么做，透明度应该怎么做，能力建设费用不能超过多少。谁管你这个，你只要上来筹，公众能认可，没有人管你。比如捐赠人通过互联网的平台捐款，我觉得他们是壹基金的捐赠人，但平台觉得这是平台的捐赠人，所以平台会代表捐赠人规范基金会的行为，基金会觉得平台只是我跟捐赠人实现沟通的一个渠道而已，用户喜不喜欢我他们可以直接选，愿不愿意把个人信息给我可以自己定，你凭什么在中间卡一刀，给我提这些要求，你凭什么限制我跟我的用户进行沟通，你凭什么要求我的财报怎么做，我只要满足国家的要求就可以了。所以，这里面有认识的问题、伦理的问题，也有机构运营发展的问题，也有作为一个筹款人要面对的一些新的困难和环境的问题。因为国外的筹款人是不用面临这个问题的，在中国你要做筹款可能多了一个身份，你有两个工作对象，一方面你要搞得定平台，另一方面要服务好捐赠人。但从另一个角度来说，平台的种种要求其实是在保护公益机构和捐赠人，增强公信力，更严苛的信息披露要求对于公众做捐赠选择来说，总不是坏事。有些信息和沟通的自由给到了公益机构，是不是就可以提升价值，保护用户的体验和隐私，也不一定。这就是中国的筹款人要面临的特殊生态环境。

访谈印象

过去，早就知道鼎鼎大名的留学生爱心助学基金，我也特别佩服和敬仰深圳的年轻人。今日，听到罗海岳的介绍后，我深深感到，海岳发起留学生爱心助学基金，并不是一个偶然，而是在深圳长期城市文明浸淫下的结果，是家庭教育长期影响下的结果，是海外长期公益实践与学习的结果。三个赛道的同步前行，英美两国的留学经历，海内外一线公益的实践体验，让他有了更快的成长，更深入的思考，更全面的理解。

海岳的公益从业经历或许也可以代表深圳的一些年轻公益人。我认识不少优秀的海归硕士，在深圳的社会组织中担任重要职务，他们有专业知识，有公益情怀，有海外视野，他们让我们看到社会组织未来的前景和魅力。

除了公益，在与海岳的对话中，我还体会到深圳本地居民对来自全国各地人民的包容和感恩之心：深圳是全国人民的深圳，深圳是靠全国人民发展起来的。

石欣：专业民间户外救援服务

【人物及机构简介】

石欣，出生于1970年，1992年从华中理工大学毕业后来深圳工作，2008年发起创立深圳山地救援队。现任中国灾害防御协会地震应急救援专业委员会副主任委员、中国慈善联合会救灾委员会委员、国际野外医疗协会中国区助理讲师、中国登山协会山地救援教练、深圳市人民政府第二届应急管理专家组成员、国际绳索技术作业协会成员、美国心脏协会基础生命支持成员、深圳市福田区义工联理事、壹基金救援联盟执委会委员、深圳公益救援志愿者联合会副会长、深圳登协理事、深圳登协教练。2008年参与汶川大地震救灾工作，7次入川，后期一直担任由万科、友成基金会和深圳登协联合组织的遵道镇志愿者协调办公室总协调人。参与深圳周边及国内山地救援行动近百次，以及十多次的国内、国际大型救灾行动。曾获广东省首批"五星义工"、深圳市百优义工、福田区十佳义工等荣誉称号。

深圳市公益救援志愿者联合会，其前身为深圳山地救援队，由深圳市登山户外运动协会于2008年5月在汶川大地震中发起，全部成员均为民间专业救援志愿者。2008年5月至2009年4月，山地救援队派出100多人次，奔赴四川灾区开展救灾和灾区重建工作，被四川省绵竹市授予"绵竹'5·12'大地震抗震救灾先进集体"荣誉称号。2013年12月，由深圳市民政局批准，深圳山地救援队正式独立注册为"深圳市公益救援志愿者联合会"。联合会设信息指挥中心、特勤部、行政外联部、技术培训部、志愿者部五大部门，有山地救援队、高空救援队、医疗辅助队、城市搜救队、水上救援队、应急通信队六支专业队伍。自2008年建队以来，多次对广东省、深圳市乃至外省市发生的各类户外事故实施救援行动，响应了2010年云贵旱灾、2013年雅安地震、2013年汕尾潮南与英德水灾、2014年粤北水灾、海南风灾、云南地震等各种大型自然灾害的救援、救助工作。

一 见证深港经济合作

我是 1992 年大学毕业就来深圳了，过来找工作。当时深圳比较小，也就是火车站到上海宾馆这么大，上海宾馆再往西就全都是泥巴路。蛇口片区还是挺漂亮的，那时候深南大道中间这段还在修。从蛇口到市区找工作，单程大概要两个小时。

我学的是电子信息工程专业，很多同学去中兴、华为——这些单位里边有很多我的同学——但我不太想干这个专业，我想尝试一下别的行业。华联大厦那时候是个招工点，现在的爱华市场是另外一个招工点——劳动局的招工点，每天都可以看到华为在那招人。拿着毕业证去，本科的，一看是华中理工大学毕业的，全收。华为里，华工毕业的很多，基本上创始人那一波全是华工的。那么多人去，我又不喜欢凑热闹，就算了。

1992 年我在银湖工作，1993 年就出来了，因为银湖属于市政府接待办，接待各种各样市政府的会议，包括政协的会议，在这个过程中跟市政协联谊委有了一定的接触。政协联谊委说他们有些深港的项目要做，要招人，问我去不去，我说去，就到了联谊委。我在联谊委干了一年多，1994 年去了深圳经济特区促进深港经济发展基金会①，属于联谊委下设的一个基金会，在那个基金会干了两年。我现在所在的这家公司，等于是基金会孵化的一个项目。

促进深港经济发展基金会算是半官办的，有很多的政府领导担任职务，官方色彩非常浓厚。基金会的出资人是港商文伙泰，他是深圳市第一、二、三届政协常委，也是政协联谊委的组委。当时就是和综开院②做深度的合作，等于说他出钱给基金会，基金会再和综开院合作，做这种深港经济发展的研究课题。比如"裁弯取直"这个方案就是综开院和我们一起提出来

① 1994 年 10 月，文伙泰出资 1000 万元，成立深圳经济特区促进深港经济发展基金会，开展深圳河沿河经济合作专项研究。面对香港回归后的两地合作机缘，基金会分批开展一河两岸沿河经济带合作的可持续发展规划、一平方公里河套区的功能定位和建立合作基金开发建设等专项课题。

② 中国（深圳）综合开发研究院。

的。深圳湾的西部通道，就是我们提出来的，有这么一条通道直接通香港。我们当时提出的方案是非常先进的，比如提出深圳河第四期改造要在梧桐山下面穿个洞，连接两湾——大鹏湾、深圳湾。为什么呢？因为大鹏湾的水是清的，深圳湾的水是臭的。我们这样打通，两边有个1米多的高差，深圳湾的水随着潮汐的涨落，刷过来、刷过去，就可以净化。这样的话，也让它的水活起来，否则深圳是一个没有活水的城市。我们当时提得很大胆，不仅要挖山洞，还要建一条运河，把梧桐山从中间劈开。不是完全地劈开，而是沿着界，形成一条运河。有了运河以后，深圳市等于有一条真正的属于深圳自己的河，又是和香港毗邻的河，可以开发各种各样的旅游业。像沙头角两地的经济往来，码头经济、油轮经济都可以发展起来。后来说耗资太大了，没钱，搞不了这么大的项目。这些方案都是我们当时提出来的。

基金会促成了很多深港的合作项目，我现在做的这家公司，深圳新福港运输发展有限公司，运营从深圳皇岗到落马洲的穿梭巴士，也是基金会研究的一个项目。国务院港澳办批了，接下来就成立公司。政策非常特殊，到目前为止国内没有这样的项目。那时候我在基金会做研究员，跟的就是这个项目，一路跟下去。1996年公司所有的批文都拿到了，当时就想力争在1997年回归之前开通。1996年2月到1997年2月谈了一整年，1997年3月，赶在回归前正式开通。从那时到现在，我一直都是在新福港巴士工作。

二　从户外到救援

2001年我开始玩户外，因为对身体有好处，积极向上嘛。我先去云南那边到处旅游，旅游完了以后觉得不好玩，到哪个景点拍个照，没什么太大意思，就参加登山。中国最早的户外基地，北绿野南磨房——那时候磨房还不叫磨房，是乐趣园下面的一个分版。那个时候应该说他们是国内最先驱的一帮户外爱好者。当时玩户外的人少，现在玩的人多了。当时玩的人少，而且都是业余爱好，没有人把它当成职业，所以那个时候在圈子里露一下头还是可以的。现在很多人是职业的，就玩不过他们了。在当时，我们在国内算是顶尖的了。当时的想法是做一个职业的登山向导，那很

"牛"的——现在内地都没有一个，香港有一个，刚去世了。夏尔巴人做向导是在高山，那种高海拔，或者喜马拉雅山脉地区，他们更多的是高海拔的适应性。但是真正国外的向导并不是以高度为标准，是以难度为标准。当山的海拔越高的时候，任何一个简单的小坡都会很难，这是高海拔的问题，但这样的山，天气好一年也可以上去几百人。但是对真正的登山向导来说，讲的是技术，可能只有个 5000 米、6000 米高，但那个山绝对是世界顶级的，是未登峰，真正的高山向导是玩这些的。高山向导在国际上是有认证的，欧美都有认证，很难的，要学十年。我学了两年，拿到了国内第一批的证书，但不叫高山向导，只能说是个入门的。但已经是国内顶级的了，主要是玩登山的过程中间，确实是很危险的，随时会出事，身边的人一个个地死，真的，好朋友全死了，怎么办？出了事得救。在这种情况下，根本不是一般的人能去救的，只能靠自救。关注救援这件事情，不是说我想去救人，而是没办法，没人救，只能自己救。

参与了一些这样的救援工作后，到 2008 年汶川地震，户外爱好者自发组织，前前后后去了 100 多人，去了那里之后发现有很多事可以干。当时我们还不是正式的组织，没有正式登记注册。2008 年 5 月我们的队伍就已经出动了，开始在做事情了，9 月深圳市体育局就批了。拿了这个深圳市登山户外运动协会下面分支机构的批准许可，也可以说我们山地救援队是从 2008 年开始成立的，这是没错的。虽然我们队伍的正式成立大会是 2009 年 6 月才召开的，但是实际上汶川地震那个时候队伍已经在行动了。2009 年，我们队伍基本上结束了在汶川那边的工作，3 月开始筹办，6 月正式成立。我开始专心运营管理这个队伍，慢慢没时间玩户外了。救援和户外是两个领域，很多人是开始玩户外到后来做救援，根是在户外，但这是两个专业。救援队一开始不是独立的组织，是登山户外运动协会的分支机构。2013 年 12 月，救援队独立出来，成立了公益救援志愿者联合会。当时我们就是觉得队伍已经大了，而且不再是单纯的户外救援了，各方面的救援都在做，那可能独立注册比较好。登记注册也是折腾了很久。我们最开始想登记深圳山地救援队，这是我们最早叫的名字，但名称预核准的环节不同意，说不能叫"队"。所以后来就选择叫联合会，当时的注册会员有 60 人。

救援队成立之后，我们一开始就只做户外救援，当然也做户外大型活动的保障。当时组织的运转，自掏腰包肯定是有的，但我们也有一些运营经费。比如说我们最开始的时候，做戈壁挑战赛的保障，给我们5万元。5万元就可以买点装备什么的。还有万科公益基金会的项目，给了10万元。还有一些个人会员捐了几万元。总之，最初的三四年就是靠这些钱活着的，其他的费用都是自己掏的。没有什么创收项目，装备那边就靠这些钱去养。

2013年我们独立注册，成立联合会的时候，整个的收入情况都是非常简单的，基本上也没有什么政府购买服务，主要还是靠社会捐赠，要么就是队员自掏腰包。但是机构既然成立了，要想办法，有资金才能够运作下去。从2013年开始，反正不管三七二十一，把人先招过来，尝试去运作。这个时候不仅要做救援，还要做经营。还好，反正活下来了。而且到目前为止好像还算健康。联合会专职人员一开始一个半个人，到后来2个人，慢慢地到4个人、8个人，现在有10个专职人员。

我自己给联合会的捐赠，其实也没有几万几万地去捐。一年下来，其实一个机构的很多费用是看不见的。比如你去各个地方参加救援工作，或者去开会，开着车跑来跑去，买飞机票什么的，光停车费、油费、过路费一年下来，加起来，可能都几万元了。这些反正我能不报销基本上就不报销了，我不在联合会领报酬，也基本上不报销。

至于联合会现在的经费来源，政府有一些委托项目，比如说一些演习，或者一些宣导大篷车，大概属于政府购买服务的范畴内。还有一些收费性的培训，我们联合会有美国心脏协会的培训资质，是可以收费的，培训还是有盈余的，当然这也是刚刚开始。我们面向社会做培训，统一标准，价格也是公开透明的。我们比谁都低，人家1000元，我们才600元。别人报1200元的时候我们才报800元。但是我们收来的钱盈余下来，都是用来做公益的。联合会作为社团，有任何的盈余只能做公益和发展组织，不能分红，因为没有股东。我们没有主动奔着政府购买服务去做项目，要那样做，会很累的。它觉得你专业，自然而然就会用你了，口碑相传。我们做一场培训能够有个四五千元结余就很好了，又可以买些装备。

三　系统管理下的专业志愿者

我们的队员是面向社会招募，只要报名就可以了。你是"小白"都没问题，只要你感兴趣，愿意付出时间。你既有时间，也有这个心，先做社会志愿者，做完志愿者之后，再去进修，跟着做一年你就会成为队员。我们自己开培训课，基本上是全免费，除非有些要拿第三方的培训证会收费。比如他要拿这个红十字会的证、120的证，我们不是发证机关，发证机关要收的费用，你得付。但我们的志愿者人群还是以户外运动爱好者为主。义工联的志愿者有不少，但义工联大多数的志愿者是不适合我们这个队伍的，它的性质不一样。比如现在义工联最多的是上了年纪的大妈或者说是家庭妇女，加入我们这么严密的一个体系中，她们可能会觉得受不了，她们可能已经过了不停地接受培训、不停地接受学习、不停地接受考核的年龄段。所以我们转换老大妈为救援队员的成功概率并不大。大多数还是以户外爱好者为主，因为户外爱好者毕竟生活态度更积极向上一点，开放一点。

我们叫联合会，为什么起这个名字？我们是抱着开放的态度，觉得能合作就合作，愿意合作的我们都欢迎。我们的队员是没有限制的，每个队员都有一个贡献值积分。你在队里面做的每一项工作，每参加一次活动，每付出的一份心血和时间，我们都把它记录下来，形成你的队内贡献值。你只要达到了我们队的考核标准，贡献值够了，你就是我的志愿者。你达到一定标准，又通过了考试，你就是我的队员。而且只要你的时间够用，你也可以去参加别的组织。但有的其他组织就不行，你在我这儿，你就不能去其他队伍。我们就没有这样的规定，我们一直是开放的。

贡献值是这样的，全队有一个贡献值最低标准，你必须要达到队里面的最低线，才能够成为我们的队员。然后各个部门有自己的加码，你要进这个部门，你就得满足这个部门的要求。我们对队员没有什么激励，一直强调自愿服务，我们能够提供的就是服务之后的成就感和学到的专业知识。学专业知识，不是说让你去救人的，首先你能自救、互救，知道该怎么救家里人，对不对？这是你能够获得的。另外，我们当然也有自己的荣誉体系，我们有勋章，我们应该是国内第一个建立这个体系的组织。到目前为止我还没看到有哪个队伍做成了这个体系，他们现在都在模仿我们。包括最早的北京蓝天，也想模仿我们这个体系。我觉得他们最后也没模仿成，这个体系需要做大量细致的工作，从这个人成为你的志愿者的那一刻开始，你就要对他进行很清晰的，这样的一个不叫KPI的考核吧，至少来说叫作工作量的这种记录，干好干坏，我们现在没法说，对吧？但是，你先把这个工作干了，你把它记录下来。志愿服务很难说干得好还是不好，当然可以通过拿证去体现专业性，但有时候也不一定，拿到证的不一定比没拿证的人就专业。有的人实战出身，天天干，就懂。这样的人你也不能说他不专业，有的人是科班出身，也很好，他可以把一些经验理论化，提升提炼。这两种人都需要。但最基本的工作量，我们先记录好，再指标化的。通过这样指标化工作量的记录，我们评价你贡献的多和少，然后给予相应的荣誉。我们在给荣誉这件事情上，从来没有出现过任何的争执。这个都是看得见的，没有什么好说的，是多少就是多少。一年你参加多少次活动，干了什么事情，都清清楚楚地记录下来。我们自己做了一个考勤系统，我们IT部门做了一个程序，考勤都在上面记录着。这样年底的时候一算，你可以达到哪个贡献值，就获得相应的荣誉勋章。我们做的这些贡献值积分体系，根本没有可参考的。我们做的东西都是自己摸索和创造出来的，是行之有效的。当然，我们参考了军队的体系，参考了国外的一些志愿服务组织。但是如果你想拿一套东西，是可以马上用的，那没有。就算有可参考的，你得让它变成你可以使用的，实际上是要你自己去设计和勾画出来。

我们走的是专业化的路线，我们一直强调要做到专业才能够干好这份工作。这份工作也是个职业，尽管是志愿者，但还是一份职业。不是职业的话你凭什么去救别人，对吧？你自己都保不了。所以我们强调职业化，我们要做到比职业的还要职业，才能够有生存的空间。所以还好，我觉得我们再去做宣传也好，培训也好，技术输出也好，救援也好，我们都用能力（去说话），用技术去说话，用专业性去说话。那自然做专业了，你的行为、行动，都能够体现出你是一个训练有素的队伍。大家自然而然就不会有什么问题，对吧？不管是不是你的主管单位，它都会觉得你是可以关注的、可以使用的队伍。或者说因为有关政策没有清晰的指引，它不敢主动地使用你，但是当你来的时候，它还是很欢迎。毕竟这是一个社会的支撑，正能量的一个体现，大家觉得你是做好事的，就肯定不反对。现在我们队伍的水平，如果一定要我自己去评价，我觉得，如果稍微谦虚一点的话，在一些领域里我们是华南最专业的。不谦虚的话，我觉得算得上全国顶级专业的。这个评价其实不是由我们自己去说的，这是从部委到省到市的各级政府和同业来共同评价的，是业内的口碑。新的应急管理部在 2018 年成立之后，非常重视社会应急力量的使用和调度。我们参加了部里面的多次座谈会，部里面的想法非常超前。部委毕竟是宏观战略思维，站得高、看得远，有一些关于救援的指导性意见，我们参与起草了，部里反复征询，等它成熟再去发布，到 2019 年还没出来。前段时间部里发修改意见稿给我们看，我们还在提一些意见。毕竟是个全国性的东西，等它出来了，再到省里面，领会后再去执行，再到市里。我觉得没有一两年根本不可能真正得到执行，但整个方向是没有问题的。

我不是党员，但我们去年（2018 年）就按照国家的要求，成立了党支部。现在的大环境，社会组织都要参与，要建党支部。我们机构中党员也有很多，要把关系调过来的也有七八个——可能他们以前的党组织关系是在自己的村里，户口不在这儿，或者他们现在单位没有党支部，或者说他们是自由职业者。把党员关系放过来，成立党支部，我觉得很好，党员确实有先锋带头作用。他得对自己有要求，其实人最重要的得达到自己的要求，要把他的先进性展现出来。他戴不同的帽子，穿不同的衣裳，他能发挥的作用是不一样的。你给他一定的赋能，给他一定的赋责、赋权，他就会不一样。我们的社会组织也是一样，让它更加地凝聚共识，然后去发挥作用、聚力，这也是政府一直在强调的。

四 深圳公益环境的变化

1999 年到 2000 年，我就和深圳市义工联最早的一批人有所接触，我记

得东哥、胖仔，我觉得他们比丛飞①都要早，那时真的是年轻，全都是年轻
人。2000 年那时候我已经 30 岁了，他们才二十四五岁，或者有的在读研究
生。记得我们约着去腾讯参观，那时候腾讯公司还在赛格二楼，黑乎乎的，
只有 100 平方米不到的 4 间办公室。我们跑去跟他们聊社区建设，要发动
网友来见面去做义工，商量过这些事情。当时腾讯 QQ 有聊天室功能，有聊
天室还是很热闹。那时候做义工，其实对志愿服务这一块没有太多的认识，
无非就是献血、去敬老院。敬老院，我是不愿意去的，觉得比较形式化；
献血，我也不太愿意去。因为那个时候，我觉得这个事不是那么对我的胃
口。所以跟他们一起去，聚是聚了好几次。但没有想要去拿个义工编号，
要去组织一些事。我觉得他们做的都是有意义的事，只是我那时候还没觉
得要去做这个东西，觉得那不是我的方向，那时候我还是想去做户外活动。

　　所以从感觉上来说，那时候深圳的义工确实很年轻，有活力，也有那
种要去尝试活出一片新天地的感觉。而且它是普遍的一种交友联谊的网络，
希望能够通过这种共同的理念、爱好，去找到更多的朋友。当然那个时候
来说，他们确实都有一些想要找朋友的感觉，不管是同性的，还是异性的。
大家都是背井离乡来的，下了班也不知道自己干什么。

　　现在有变化，我觉得这也很正常，因为这个城市成熟了，它不再是一
个陌生人的城市了。它已经开始变成一个熟人社会了，对不对？大家都有
自己的家庭背景。这个是企业的，那个是机关的；这个是医院的，那个是
学校的，对吧？社交圈很容易就建立起来了。现在是个熟人社会，之前完
全是个陌生人社会，而且流动性非常高。现在深圳市的流动性没有那么高
了，那个时候，今年这个人在这儿，明年就不知道他去哪儿了。我那个时
候最早认识的一批人现在都不知道去哪了，有的出国了，有的回老家了。
深圳一到过年的时候，马路上没有一个人，跟"鬼城"一样的，连自行车
都看不到了。现在过节的时候人山人海，所以这个城市稳定下来了，自然

---

① 丛飞（1969—2006 年），原名张崇，出生于辽宁省，毕业于沈阳音乐学院，歌手、义工。
　　先后获得中国百名优秀青年志愿者、深圳市爱心市民、深圳市爱心大使、"中国青年志愿
　　服务金奖"奖章、广东省杰出青年志愿者、全国十大公益之星、首届中华慈善奖、100 位
　　新中国成立以来感动中国人物等荣誉。2006 年因胃癌在深圳逝世。

而然，义工的成分发生了变化，这也很正常。现在深圳的义工，各个阶层的都有，从年轻人到老年人都有，这才是正常现象，不能完全是年轻人，当然也不能完全是老年人。我觉得深圳市还是好的，各个阶层、各个年龄段的志愿者很多。只是说现在稍微带歪了一点，好像那些时间特别充裕的都是老大妈，正因为她们时间充裕，所以她们就占了很多的话语权。但不代表她们就是主流，只是因为她们干得多，她们时间长，她们天天在那个地方待着，所以自然而然就有话语权了，当然这个话语权也不是那么有号召力。

义工联中像救援队这样的专业志愿者还是比较少，而且像我们这样自己掏钱的更少。比如说心理辅导，心理义工队是专业化队伍，但是他们的专业性评价体系不好做，其实真正的心理干预师要非常专业，但是它又很难有好的评价体系，他们主要的问题就是流派多，不同的流派，很多时候反而得不到大家的好评。我们救援队有心理组，也有心理辅导的专家。我们心理组核心的任务就是对我们参加完救援回来的队员进行心理评估或干预。这点，他们做得还是很好的。包括队员的应急压力反应，到底能够承受的极限是多少，对每个队员都要做这样的评测，这个方面心理组他们都很专业。深圳市的义工联一直将国际化、专业化建设作为发展建设的目标，我觉得这方面的工作还有很多要做。

五　为什么是深圳？

深圳有它自己特殊的土壤。首先是经济发达，经济发达才有这么多志愿者。我们基数够大，深圳市的注册义工已经超过160万了。志愿精神与经济发展正相关，一定是经济发达地区，才有这么多志愿者。到了内地，因为经济不发达，人的视野就会受到局限，它培养不出这种志愿服务的精神。所以深圳在全国第一个成立义工联，就是源于它的经济能力，它的经济先进性，它的这种年轻人的视野开阔性，对自我价值实现的这种渴望。所以还是和经济息息相关的，一定是有经济基础才有精神上的追求。没有经济基础，精神上的追求是空中楼阁，站不住脚，所以一定是经济先行。有了这样一个好的经济，有这么好的土壤，志愿者才会有如此多的数量，我们才能够发展起来。

深圳市的政府，是非常好的一个政府。各种环境，相对内地来说，更加适合社会组织发展。这个东西只能客观地去评价，虽然它不像内地很多的小地方，可以很灵活地给你划一栋楼。真的，内地很多地方是这样的，办公室、场地、设施、装备，随便给你。买回来反正它也放那儿，它也不知道该怎么用。给你，你就用吧。但也正是因为这样子，它对你的这个队伍真正的健康成长实际上是不利的。就好像一个小孩子生下来活得很容易，没有经历过自我成长的这样一个阶段，他怎么能够知道自己的努力方向在哪里呢？所有的东西都是政府给你的，那自然而然它遇到什么事情都要找政府，那这样的社会组织其实就不是社会组织了。它实际上是政府下面的一个专职队了，社会性大大降低了。它没有思考自己长远发展的这种动力，它的人员人事也会受政府的极大的影响。关系好的，他一定是头儿，政府关系不好的，他就不行，对不对？再有能力也不行，他拿不到政府资源。这样的社会组织最开始可能发展得很快，但到后期，一定会遇到发展的瓶颈。

我们在深圳这个地方，首先政府不抗拒你，不抗拒你其实就是一个很好的环境了。它没有说要把你摁死，对不对？没有说你不归我管，我就要把你清除掉或者怎么样，没有这样的想法。从整体来说，各个方面在态度上都是支持的。但是它又不越雷池一步，它不会超出体制范围内的现有政策，给你一些什么优惠。核心来说，还是社会组织自己搞自己的，你能帮得上忙，我当然高兴。我不反对你发展，但是我也不会真正给你什么太多的好处，最多给你一些政府购买服务的机会，这就逼着你必须要思考自己的生存问题。一个社会组织首先要能够找到一个生存发展和壮大的路径，然后自己会设计，自己去思考这个问题，要去建设这个东西，要去做这样的人才储备，要去蓝海里面游泳，你才能够壮大。我觉得就是因为在深圳我们才能够做到这一点。

内地很多小城市，救援队一成立之后，政府给楼、给装备、给场地、给经费，但是这些组织慢慢也就废掉了。它的志愿服务精神是很弱的，它的自我生存能力也是非常差的，换一个领导可能它就不行了。我们不存在这样的问题，所以我觉得深圳是个很好的地方，它的这种规矩，有的时候甚至叫死板，并不是一个坏事。它可能让你在一段时间内，眼前你是觉得很难的，做什么东西很难；但长远来说是好的，锻炼你，促进你的发展。

比如说我们2009年刚成立时，当时是深圳市应急办，马上就给我们发了块牌子——深圳市山地救援志愿者，那是全国第一个应急办发的牌子，它发的就这一块牌子而已。拿这块牌子其实啥也没有，也没钱，也没地方。其实它也仅此而已，只能做到这一点。你让它给你发钱，给你发装备，它做不到，或者它觉得超出了它的行政体系。但应急办给你发牌了，它认可你，它不反对你，不打压你，它还是鼓励你去做这件事情，这就很好了。所以我觉得深圳这样的环境是很好的，它既不反对或者压制社会组织的发展，从各方面来说它是鼓励的，但是它也不乱来。它不是一开始就给你各种各样的政府资源让你做，它是让你社会化地去发展，当你成长起来了，它再公平地按照你的专业能力来评价和使用你，给予应有的支撑。

我觉得只有更多的社会组织参与到社会化服务中间去，社会主义核心价值观中间的"民主"这两个字才能真正实现。承担社会义务，有这种意识的年轻人太少了。我们办公室有几个员工，是深圳大学、深圳职业技术学院的，毕业的时候就直接过来了。我觉得这就特别好，他们在学校里面就是做学生会工作的，就是组织同学们去做这种志愿服务，在学校里面就是活跃分子。毕业了之后，他们看到我们机构在招聘，就直接来了。当然他们的家就在深圳，家里面也没有给他们什么要去创业发财这样的压力，他们就在这地方干得很乐呵了。这就是我说的经济发展到一定程度，大家就开始觉得参与社会工作是一个很正常的事情，是社会需要的事情。这个路还很长，刚开头。先参与进去，对吧？你先从哪怕只是一个很小的事情干起，环保也好，儿童教育也好，业委会也好，像我们是从安全应急这个角度切入也好，也可以从其他任何一件你身边的小事去参与切入，你先积极参与到社会治理的工作中。别光会抱怨，不会付出，那是不行的。这就是我们要讲的。

访谈印象

与石欣队长预约访谈的那一天下午，刚好深圳市体育馆进行拆除作业时发生了一起坍塌事故，石队长从救援一线结束行动后，匆匆赶到预约的访谈地点。石队长是所有的访谈对象中，我过去未曾谋面的三人之一。初次见面，很难把眼前极富书生气的他与户外救援联系在一起。

访谈中，我深深地感觉到，石队长是一直知道自己内心要什么的人。不盲从热门专业和热门企业，不盲从做志愿者，他一直跟随自己内心的爱好，并把个人的兴趣变成了伟大的社会事业。公益救援志愿者联合会，已经走出深圳，走向全国，走向世界。汶川地震、尼泊尔地震……都留下了志愿者们的专业身影。

访谈第一部分关于深圳经济特区促进深港经济发展基金会的介绍，也让我眼前一亮，绝对是意外收获。我认为这算得上基金会参与社会影响力投资的早期成功案例了吧。

特别欣赏石队长在访谈中提到的公民个人的参与。真正有担当的公民不是"等、靠、要"，不是指望政府来做什么，而是力所能及地为社会做些什么，身体力行地为社会的改变做出贡献。这也是本书中几乎所有访谈者身上所体现出的责任与担当。深圳，正是由无数像石队长这样普通市民的默默付出，这个城市才变得越来越美好。

范军：公众参与社会治理的方法路径

【人物及机构简介】

　　范军，社会治理跨界研究者。1992年来到深圳，2006年注册深圳市公众力商务咨询有限公司（以下简称"公众力"），以工商登记的方式从事社会组织的工作，致力于推动公众参与。深圳市公众力公益发展中心理事长、深圳改革30人论坛成员、马洪基金智库百人会副总召集人、深圳市经济特区社会工作学院理事、龙华区社会治理公益服务中心负责人、龙岗社会创新中心布吉创域创新督导、2014年度南方都市报深港生活大奖"年度公民"获得者。

　　公众力作为国内首家全过程公众参与专业服务机构，成长于深圳，服务于全国，以良好的专业素养和中立客观的态度，赢得了政府、公众、社会组织、专家学者和媒体的认可。公众力得到了快速发展，培养和集聚了一批具有公共政策、公共管理、社会学、法学、城市规划和环境工程等多学科背景的高素质团队。本着"民意有度、公心可量"的理念和"拿得出手、对得起人、说得上话和留得下名"的服务承诺，公众力十多年来主持完成深圳、上海、东莞、昆山、常州和无锡等城市总体规划公众咨询，先后在深圳市、区、街道等层级承担了数百个社区治理与社会服务的指导和咨询，具有非常丰富的实操经验和专业的社会组织资源，能够及时给出有针对性的可实施解决方案。

一　从城市规划开始推动公众参与

　　我是1992年下半年来的深圳。我1992年7月大学毕业，回到老家荆州的一个国有企业工作。做了几个月之后，就觉得国有企业没什么意思。那时候邓小平南方谈话之后，我发现深圳挺有意思的，我就说来深圳看一下，后来就没有离开了。我一来深圳，可能运气比较好，就到了原来规划与国土资源局下面的一个事业单位，是一家传媒，叫《中外房地产导报》。后来我就一直在那里从事相关工作，做房地产，做土地市场，做规划，做很多公共政策的研究。那时候深圳改革的热度很高，我参与了深圳的很多改革项目，包括深圳土地交易市场改革，规划改革，当时我都参与了相关文件的编写。通过这些事，我也跟社会的各个方面接触很多。我其实一直处于规划部门和公众打交道的这个板块，属于公共倡导或者叫公共关系。我应该算深圳为数不多的参加过三轮城市总体规划的人，我们每十年都要编一次总规划，1996 版、2006 版和 2016 版的，我都有参与，所以我对深圳非常了解。

2006 年，我注册了深圳市公众力商务咨询有限公司，因为那个时候注册 NGO 很难，我就办工商注册，但我们做的是 NGO 的事。我们的业务范围是很小的，就是信息咨询，但其实我们做的工作就是公众参与。

我们最初是从城市规划这个体系开始的。因为我对规划比较熟悉，原来规划局的领导也相信我。我是他原来的员工，他觉得要找一个自己信得过的人来做这个事情。

深圳做各种各样的城市规划、分区规划，我们都去做公众参与。我们做得非常细，那个时候我们的队伍很庞大，将近 100 人。从 2006 年到 2010 年，大概这四年，我们在深圳和全国各地做了很多城市规划公众参与的项目。以前的公众参与，是政府编好规划之后，在网上和展板上公示给大家看。其实那个时候，规划已经成型，很难改了，时间也很短，一个月内就要批了，所以说基本上不会根据公众意见修改。那我们就把它前置，前置就是在规划编制之前，我就同步做公众参与。就是说现在要开始编城市规划了，我就去做公众参与，在编制规划中，我们做互动。就是说你这边的规划师或者规划局有一些想法，那就把相关的人请过来，大家一块商量，有什么好的做法，最后再公示。公众参与分成了三个阶段，即规划前、规划中和规划后，我们就做这三个阶段的公众咨询。通过实践，我们就形成了一套流程。全国的规划局基本上认同了我们这个模式，全国各地基本按照这种全过程的公众参与来推动规划的编制，怎么做民意调查，怎么样互动，基本上全国各地都是用我们那一套模板。

2006 年到 2010 年，深圳民间的网络问政，各种各样的公众参与，各种决策咨询非常活跃。那个时候是一个黄金时期，很多人在进行各种决策参与。我们公众力作为一个有实体运作的机构就把这些民间的人整合到我们周边了。因为我们做公众咨询，就要接触各种利益相关者、各种社会代表人士，我们基本接触了很庞大的民间智者群体。当时我们每个月都会做沙龙，叫深圳 TALK 沙龙，这个 TALK 沙龙做了四五十期。那个时候像金心异①那些民间力量，我们都在一块。政府出台的很多政策，我们都讨论，比如地铁票价、城市更新，我们都会同步整合公众观点向政府提供一份报告，政府也会采纳这种意见。那个时期是黄金时代。

到了 2011 年，很多东西就不做了。主要是规划局成立了规划国土发展研究中心，是一个法定机构。它请了一两百号人来做政府规划师，政府后来的项目就直接委托给他们做了。所以我们民间的公众参与市场基本上就没有了。

二 推动政府"开门问改革、办改革、评改革"

我们从 2012 年开始转型。第一个转变，从大的城市空间上去做文章，已经很难做出东西了，我们就回归街道、社区这个层面。我们从空间撬动城市发展变成了从社区撬动，越来越落地的这种模式。第二个转变，我们把民间的松散的这些人组成了智库百人会，把原来很随机很零散的方法变成一个有更长远发展的做法。第三个转变，就是从原来自己做项目变成去教政府做项目。我们在做社区治理、社区规划的过程中，与其说政府委托我们去做，不如说我们教政府的人，我们从源头去影响公共政策。这是我们的三个转变。

我们这中间做了几件事。第一件事，就是跟马洪基金会合作，评选"金秤砣奖"。第二件事，我们从区域突破。从 2013 年开始，我们找福田区

---

① 金心异，第五届深圳市政协委员，民间学者，研究方向为区域经济、地方治理、社会建设。

政府，给它做开门规划、开门决策，就叫"开门问改革"。福田区很开明，以区委的名义，把区里的各个职能部门全部"撬动"起来，去推一些微改革、微项目。这里面也分成了三个阶段：第一个阶段就是"开门问改革"，就是问大家，我们需要怎么做改革。第二个阶段是"开门办改革"，就是说我们做的事情，在执行的过程中，很多社会力量要参与进来，大家一起办。那时候还没有提"共建共治共享"，但我们已经开始开门办改革了。第三个阶段就是"开门评改革"，就是这个改革好不好，效果要评价。开门问改革，成果很多的，我们做了很多场的活动，到街头，到地铁站，到公园，到社区，做了开放式的一系列问政活动——网络问政，高校问政，媒体问政。我们当时推了30多个这种微改革项目。"民生微实事"，就是在那个时间段推出来的。

我们那时候，对于社会治理这一块，有四个主要的成果。第一个就是民生微实事的初级版。福田区民政局和福田区的一些人大代表发现我们原来很多的民生项目太大、太烦琐，希望提供一些小额的资金，把那些老百姓的小事、难事快速及时地办好。当时最初的出发点就是这个想法，这就是民生微实事的由来。每个社区有一些钱，只要老百姓需要的，通过议事会公开，通过这个机制的设计，就可以很快速地把这个钱花掉。第二个就是设立了福田社会组织总部基地，当时也是通过"开门问改革"得出的一个结论。第三个就是福田区社会建设专项资金。第四个就是社区治理体系、党建标准化。我们当时做得其实是很早的，党建还没有完全铺开。在社区把党务、居务和政务，就是我们说的"三条辫子"，这"三条辫子"原来是一团乱麻，我们把"三条辫子"梳好。梳好之后，社区书记基本就可以用这个"辫子"来做工作。你看那时候其实蛮早的，都早于中央很多提法。在社会治理领域，大概就这四个成果。

福田的一些做法，后来在全市推广开来。从2015年开始，全市推广民生微实事，当然这是好事。但一旦完全铺开就会"走样"，因为一个政策如果要全面实行，一定要追求规范化和标准化；一旦规范化和标准化，就失去了灵动性。本来是一个很创新的事情就变成了一个保守的事情。福田社会组织总部基地出来之后，全市每个区域都开始建孵化基地。社会建设专项资金出来之后，也给我们很多社会组织的发展提供了第一桶金。

这一次我们跟福田区政府合作，推"开门问改革"，产生了一些成果。其实我们在这个过程中，只是起到了一个组织者或者是开门的一个门童的角色。我们一直定位自己就是"改革门童"，就是我们把门打开就好了，让有想法的人出来说话，让有开门心的领导来听大家的意见。我们其实起到了这样一个桥梁的作用。当然，关于"开门评改革"，我们做了一整套的评价体系，做得非常深入，对那几年福田的发展确实推动了很多。慢慢地，龙华、龙岗、宝安很多地方就起来了。当时宝安的组织部部长，原来是福田的两办主任和区委常委，后来她把这一套做法拿到了宝安去做党建 360 项目。我们一个好的制度或者一个好的做法，其实也需要一个开明的领导来推动。但是因为这个领导的离开，会影响很多的工作。这其实是让人很困惑的一件事情。

三 以整体性思维开展社会治理

完全靠新的资金来做社会治理，不是一个长久的办法。有没有更好的方法来做社会治理呢？我们发现要用存量的资源来做社会治理。社会治理不需要额外增加资金，就用你原来的制度内的各种各样的资金、项目和人力资源来做社会治理。这就涉及一个观念的转变。第一个，我们以往把社会治理当成一件工作，我觉得这个其实是有误会的。就是说他们把社会治理跟安全生产、居民自治等并列了。社区在很多方面是垂直管理，而社会治理是一条横线，它是一种理念，是一个方法，不是一项工作。就是你原来做的安全生产、消防、"三小"场所管理、居民自治、流动人口管理等，都要用社会治理的理念去处理。它就是要改变我们原来很多传统做法中，无效的、自上而下的，单方面去推动而没有跟大家协商，没有去发动大家的做法的一种理念。我们后来说社会治理应该是贯穿所有政府事务的一种理念。它强调的是尊重、多元，每个人都要发表意见，强调参与性和主体责任性，就是每个人的责任要自己负担，你不能帮他去代办。第二个理念就是社会治理不是一个人做很多，而是很多人一起做。第三个是社会治理不是让你的工作量增加，而是要让你的工作量减少。不是因为做了社会治理，就多了一份工作，而是要用社会治理的方法和理念，让你事半功倍。

我们有了这三个理念，就开始找一个街道试点。龙岗区有个统一的行动，每个街道有一个社会创新中心，一般都是按照传统的社工模式，三个人在那里看摊子，每年自己做一些活动、培训、考察等。当时布吉街道找到我们，我说我们不要这样定位，创新中心应是一个参谋的角色，创新中心是一个参谋部，街道所有职能部门、所有社区做社会治理的时候，我都给你出主意，帮你找资源，帮你想办法。你还是用原来的人，我不打乱你的节奏，但是我把你的效果做得更好，做到更好的方向。我们当时给他们定了几个规矩，第一个规矩就是所有的部门都要加入，不能只是搞综治、民政的进来做，没有用的。劳动办、司法所、信访办全要加入，因为大家都是相互关联的。部门的划分是为了便于管理，但社会是一个整体，应该用一种整体性治理的方法，但肯定是有侧重点。有了劳资关系，那就应该是劳动办牵头，其他部门来配合。再比如信访办原来是有了信访事件，再去做一些工作，但是又解决不了问题。信访办要前移，就是说要减少信访的量，就必须在前面把各种工作做好，信访量就少了。不是说你把信访做大，然后把人都引到信访上去。前面的部门不负责任，就是像踢足球一样的，前面丢了球，那后卫再怎么防也防不住，那肯定就是麻烦。

我们当时提了一个叫"互为中心"，就是每个部门是互为中心的。今天你做事，我们都以你为中心，你牵头我们配合你，互相助攻把问题解决。因为你解决不好，那我还要负责任，大家一起处理。比如劳资关系、安全事故，一定是这样相互关联的。我做这个事情的时候，要把你考虑进去；你做那个事情，把我考虑进去。因为大家的目标都是一样的，我们都是服务同一个人群，你说社区服务妇女、儿童、家庭，妇联也服务妇女、儿童、家庭，工会也服务女职工，其实大家是一样的，只是各自的表述不同。党建的目的也是社会治理，把党员动起来，有人去联系群众，有人去服务。但我们原来做的都是一段一段的，党建变成党务，后面是否产生生产力我们不管，别人都放下自己的锄头，过来跟你一起开党会，没有意义。党建能不能指导社会治理工作？党建的工作就要重点解决矛盾，这里的老人家多，残疾人多，那我重点就解决助老助残的问题。就是说我们党建的任务，形式上可以相互依靠，但目的是解决问题，就是以解决问题为导向去做社会治理。部门之间协同，然后把社区中有共同需要的人重新组织起来，这就是社区再组织化。我们教会社工、社区工作站的人、居委会的人这样一些方法。通过这些方法，这两三年做下来，还是挺有意思的，起到了很好的治理效果。我们当时实施了"共建一条街"项目，每一个社区都有项目，总共 26 个部门加 17 个社区，横向、纵向，我们把它形成了一个社会治理的系统。我们认为社会治理就列入正常的部门预算，列入正常的制度性安排，没必要重新搞一笔社会治理资金，重新搞一个班子，那就影响其他正常工作。其实所有工作的目标都是社会治理，只是有的是社会治理的上游，有的是中游，有的是下游，它们的角色不同。

四　社区议事方法论

最近我们给社区议事会做了很多培训，叫"七找"。就是说在做议事会之前的准备工作，要"七找"。

第一个找什么呢？找议题。我这个社区到底有什么议题，是停车难，还是高空坠物，还是老人家没人照顾？都是很具体的议题，一个一个的，都是找小事议。比如说高空坠物，高空抛物又分得很细，有坠物，有抛物，有的是建筑物掉的，有的是人丢的，它分的类目不同。其实这里面有很多的问题，就要具体化。这是第一个找，我们可以把一件事情分成好多个小事。不要议大事，大事议不了的，要议小事，就是一议出来马上就能做的。我们在龙华区收集了很多议题，有几十个。

第二个是找政策。找到议题之后，找政策。中国的好处在哪里呢？就是你做的每一件事情，它都有政策和文件依据，你一定找得到。真的，所有的、你能想到的事情，上面总有一些管理规定，有的政策可能就是一句话。

第三个是找案例。其他社区是怎么解决这个问题的？我们加装电梯，看佛山市是怎么解决的，南山区是怎么解决的。你去学别人的。你网上一搜，就找到了案例，看看我们能不能借用。

第四个是找焦点。就是假设在我这个社区来做，哪些人会反对，我们要去说服谁，影响谁，改变谁。你要明白，你要跟谁打交道。因为你要落地，肯定跟房东，跟租户，跟管理处，要打很多交道的。这个要明白，要具体到哪一些人，他是一个什么样的人，是什么状态，哪些人不愿意、不同意，怎么样去实施，他愿不愿意自己出钱，钱从哪里来，有没有政策支持。有的时候，其实完全可以说服他们，让他们自己出钱的，找到法律依据，说这个钱你不出，你就会有后果。比如像龙华区做那个防坠网，就是每个阳台都有一个铁板，原来没有铁板，都是一些格子，会掉东西下来，搞一个隔板让花盆掉不下来。其实一个隔板也就两三百元，他们找到依据，就让房东出钱，房东也愿意。

第五个是找资源。就是说这个事情，跟哪个职能部门有关系，比如安监办、劳动办、信访办、妇联，他们有没有钱给我们？他们有没有正在做类似的事情要找社区试点？如果他们正好想做，我这边也想做，那不正好就接上了，就把资源导入进来了？找资源就是看哪些基金会，哪些政府部门，哪些社会组织在关注这些事情，说不定别人已经在做，正愁找不到社区落地的，你找到他们，正好大家顺手就做了。

第六个是找队伍。就是以后谁来干。这个事情是交给第三方，还是交给管理处，还是交给某一个居民？谁来接这个活？需要多少钱？这个钱是谁出？谁有能力或者要有什么资质，要有什么条件才能完成这个任务？比如我准备委托给哪个装修公司，我委托给哪个养老机构，你要有一个目标，要跟他们谈，他们有什么方案和资源。

最后第七个是找方案。我们通过前面各种各样的步骤形成一个议案。我们把所有的汇总起来，形成一个完整的解决方案。把这个过程拿到议事会上去讨论，就很简单了。比如我要解决什么问题，在我们社区是什么情况，有哪些政策支持，别人是怎么做的，有哪些部门可以支持我们。议事会的成员一看，不就很清楚了？他就不会再去东拉西扯。这个方案出来之后，大家就决定能不能做，或者有没有更好的方案，这样议事会就更有效果。

我们现在在龙华区的36个居委会试点，我们给辅导，每一个社区找一个议事来实践，就是通过这个治理能力训练，让社工和社区专职人员学会去解决问题，形成解决方案。我们就通过"七找"，找到这个办法。这就是我们一系列的工具，就是我们机构在做的社会治理的工作。

所以我们的工作，从最早的空间，到区域，到社区。从2006年开始，这几年转化为直接到"田间地头"去做，跟他们一起劳动，去总结经验，然后再回来指导更多的点。到社区之后，我们就开始转化为做工具，做政策，做倡导，做影响力。肯定是做得越来越细，但我们的人越来越少，从100人到几十人，现在变成10个人，我们以后可能一两个人就可以了。这个就是演变的过程，越来越实，越来越落地，越来越具有可操作性。我们现在的想法，就像我们做公众参与设计出一套方法，但不是被我们独家掌握，我们开放给大家，让大家学会了都可以去用。公益其实是希望找到方法，大家都去用，都用了之后，我们再去研究新的，一直在前面探索。

五　思考深圳

第一，深圳是一个高度自治的城市。移民到深圳的人，大部分是只靠自己，他们对于家族，对于政府，对于社会是没有依赖感的，这个就是我们的独立性。因为大家都要靠自己管自己，自己发展，自己学习，自己创业，自己生活，绝大部分人是这样一种状态，都要靠自己打拼，自己去充电，自己去交朋友。所以传统的社会网络和人际关系是需要重新构建的。这是深圳的一个特点，就是说它是一个高度自治的。

第二，深圳有很强的可能性、包容性，有很多的跨界和混合的机会。就是各种行业，各种人群经常在一块扎堆，扎堆之后就会产生新的想法。所以深圳很多的想法，跟这个世界是同步的。深圳人的交往半径是全球化的，我们回内地，回老家，是跟内地在交往；我们跟国际上也有很多交流，深圳很多年轻人出国留学回来。所以深圳这个城市是一个跟世界同步或者是没有距离的城市。深圳的结社能力是非常强的。就是说我们深圳有很多的正式或者非正式的组织。因为大家有这种结社的需要，因为你要"抱团"，你不"抱团"，你不加入别人，就没有办法去影响别人。所以深圳有各种各样的民间沙龙、"驴友"、跑团，各种各样新型的组织，其实每一个人都要有一个圈子，不管它注册不注册，备不备案。这种结社它不固定，就是说可能我因为某一个目的或者某一个项目，结社完了就散了，我又去跟别人结社，不是说我做一个组织要做很多年，它是因为某一种功能而结社。正因为有了这种结社能力，可能在别的城市是先有行业，再有协会，我们肯定是先有结社，才有行业。比如我们最早的物联网，其概念刚刚兴起的时候，马上就有物联网协会出现，然后通过这个协会，去跟政府谈公共政策，谈产业政策；通过这个协会，去吸引一些传统的、跟它挂钩的企业变成物联网产业。很多新兴的领域，我们是先有了观念，有一个结社，再带来产业政策和产业发展，这跟内地是反向的。这个结社本身有很强的催化力，本身就带有一种革命性的做法。结社本身不完全是为了生活需要，它是一个多功能的、催化型的，催化了很多的业态出现，这个是深圳的第二个特点。

第三，深圳政府是开明的，深圳的政府又是很幸运的。因为这是一个"高丰产田"，你随便去摘几朵花都是漂亮的，摘几颗果都是好的。政府学会去选择或者学会跟市场去跳双人舞，其实是市场在推动政府的变革，而政府顺应了这种市场的鼓点，然后跟市场很恰当地跳了一支双人舞。深圳的政府顺应了这个规律或者说跟这个规律能够保持同步，保持一种同步的节奏和脉搏，反正没有去干预或者打断这种规律，这个是我们政府很重要的方向。到底是市场推动政府还是政府在引领市场？我感觉政府永远滞后于市场，市场的变化一定是法律法规没有办法规制到的，因为市场永远在寻求突破。首先，政府的敏锐度如何，就是你能不能广泛地接收市场各种各样的信息、想法和决策的意见？其次，政府有没有判断和决策能力？就是你去听谁的，不听谁的？所以要兼听，要去选择、判断，其实公共政策的决策就是选择。最后，政府要学会去调整，去优化，不断调整自己的政策，调整自己跟市场的距离和关系。

但是现在深圳的状态趋于保守，可能是被成就所迷惑，觉得已经很了不起了。但是我们摘的桃子，都是十年前种的树，那我们现在种的树，能不能让未来十年、二十年用？我们没有考虑这个问题。我们现在的执政者是继承了原来的政治遗产和城市财产。富家子弟或者富家城市觉得自己了不起，其实这往往是最大的隐患。

深圳现在缺少想象力，这个可能也是一个隐患。这种隐患，来自我们把门关上了，就是我们把公众参与的门和决策的门关上了。我们又回到了精英决策、部门决策、保守决策这样一个路子。政府要开门决策、开门规划、开门问改革、开门办改革、开门评改革，把门打开，永远开着，就永远不缺想法，不缺思路。一旦门关上，空气就不流通，基本上信息就不够了。你只要不堵住民间，广开言路，打开门，无论是谁来，深圳的活力其实都会有的。现在门基本上是半掩的或者要刷门禁卡才能进去，这个其实是很大的问题，也是我们现在的隐忧，外面怎么喊，它听不见。

还有一个隐患，就是深圳慢慢从移民城市变成了一个常住民的常态城市，我们的流动性越来越低。因为原来的一批人安居乐业固定下来了，这批人的孩子从年轻的移民变成了本地人，他在这里出生、长大。他们因为有很好的物质基础了，不需要打拼了，有各种各样的物质条件的时候，这些人有的可能很有创造力，他不需要为了钱去奋斗，他就变成了创意阶层，去创造生活方式，创造新的想法。怎么去引导和支持这一批人？我们原来是拿来主义，你培养的人才我用。下一步面临的是深圳要自己培养人才。那又回到我们的基础教育，我们现在的在校生是全国最多的，如果没有教育改革，如果不推行十五年义务教育或者不推行公平教育，我们未来的竞争力是减弱的。所以说我们对于深圳的每一个孩子，都应该让他有出路，而不是说通过考分的竞争，让他连高中都没得读或者在初中就开始分层。因为这些人分层之后，就会沉淀在深圳，以后就变成你的负担。他们没有创造力，没有竞争力，是不是就变成你要救助的对象？所以我们要给每一个孩子出路，让每一个人变成人才。

访谈印象

在各种社会治理相关的会议上，我常与范军老师相遇，每次他的发言都非常精彩，常用巧妙的比喻阐述深刻的社会问题。范军老师可不仅仅是社会治理领域的专家，他在深圳还是跨界专家，在我与李罗力老师的交流中，他多次提到范军老师对智库百人会和马洪基金会的贡献。

范军老师是有理论的实践派。他不是学院派的学者，但有很多有深度且鲜活的思想；他不是基层工作人员，却长期扎根街道和社区，在"田间地头"开展工作。他非常熟悉深圳，对深圳的各个部门、各个区域都有深入的了解。他非常接地气，有一套与老百姓打交道的方法，有很多通俗易懂、易于上手的实践工具；他非常善于连接资源，可调动各种利益相关者去解决社会问题。

虽然"公众力"是工商注册，但并不影响范军老师一直在做社会组织的事情，多年来他与各种社会组织打交道，指导很多社会组织有序参与社会治理，并推动政府了解社会组织。

房涛：城市慈善的先行示范

【人物及机构简介】

房涛，1968年出生于南京，1992年来到深圳。现任深圳市政协常委，深圳市慈善会执行副会长兼秘书长，深圳市创新企业社会责任促进中心副理事长，曾获"中国慈善百人""责任中国慈善公益人物""鹏城慈善奖·慈善推动者"等荣誉。

深圳市慈善会2004年11月成立，在弘扬慈善理念、实施慈善项目救助、建立现代社会捐赠体系、完善组织建设等方面都取得了显著成绩，捐资总额超过41亿元，是深圳市募捐主渠道。其中，汶川、玉树赈灾筹款分别居全国城市慈善会系统之首，已设立初具现代慈善捐赠运营模式的"冠名基金"300多个，策划实施了专项救助项目1250多个、慈善公益活动3250多场次，救助各类困难群体数百万人次。多次荣获"中华慈善奖""中华慈善先进机构奖""中国慈善推动者""2017年度创新组织奖""十佳公益机构"等荣誉称号。

一　深圳市慈善会的先行示范

我打算从"城市慈善先行者"这个视角谈起。这里有两个概念：一个就是城市社区基金会的概念——"城市慈善"。我们不是乡村，也不是边远落后地区，我们也不是做某一个覆盖到全国的项目，我们一定要差异化定位，是做城市慈善。另一个概念——"先行者"。我觉得跟深圳本身的定位有关，深圳是一个全方位的冠军，它要求经济的、文化的、法治的、民生的、环保的都得是"冠军"。我觉得慈善公益也要这样定位，就是先行示范。哪些东西是全国先行的，哪些东西真正有示范效应，我觉得这就是先行者。

第一，我想讲一下整个历程，深圳市慈善会是2004年底在市民政局支持下成立的。2007年我到全国各地参加慈善领域的会议，都是最后一排位置听会、最后一个车号去参访调研。后来在当时民政部和中华慈善总会的相关会议、论坛上，深圳每次都积极争取自由发言机会，我作为秘书长，谈了一些与当时其他发言不一样的东西，一开始的时候不能得到一些老同志的认同。我很感谢当时民政部的主管领导，每次都给机会，"让深圳的同志讲一下"，我就觉得很有信心。我们的"第一仗"是2008年初的大雪赈灾，深圳市慈善会募捐2800万元，行业内和深圳各界开始关注到我们这个新的组织。2008年"5·12"地震，深圳市慈善会募捐超过12.75亿元，全国城市慈善会募捐额第一，显现了深圳这座城市的慈善精神和捐赠能力。那一年也被称为中国现代慈善元年，我们机构有这样一个让人瞩目的成果，主要是源于深圳这个改革创新经济迅猛发展的城市、深圳人民的爱心。2010年，我们玉树赈灾募捐额再获全国城市慈善会第一。这奠定了我们在应急赈灾方面的捐赠基础。市民政局的支持和我们的快速反应、工作策略、团队精神和执行力是可圈可点的。

第二，我们从2008年开始做冠名基金，已经是涉及养老、教育、健康、文化、环保、新农业等多领域的大慈善。《慈善法》出台之前，我参加了三次全国立法的调研，当时比较主流的是小慈善的狭义概念。后来《慈善法》出台的时候，说深圳对"大慈善"的定义做出了突出的贡献，这一点上我们是创新践行者。到现在，深圳市慈善会有300多个冠名基金，《南方日报》做了一次大篇幅的报道，说深圳市慈善会的冠名基金在某种意义上成为非公募基金会的孵化器，也对深圳慈善公益人力资源、项目开发等方面做了系统培育。这件事情得到了时任深圳市委、市政府领导的关注和鼓励，希望我们在这一块做更多的以市场配置资源为主、以专业服务为主的慈善项目，这在全国还是比较早的。2011年，我们参与发起成立深圳市创新企业社会责任促进中心（以下简称"社责中心"），就把慈善捐赠上溯到企业的社会责任、企业的共享价值、影响力投资等方面。这些极具社会化的创新板块，社责中心做得不错。

2014 年，市委、市政府推动社区基金会的培育孵化，我觉得这一块是城市慈善很显著的特征，学习并对标国际社区基金会发展的经验，深圳市民政局出台相关支持性条规，我们当时做了法律规章、制度、流程、案例汇编等。深圳到目前成立了 65 家社区基金（会），给北京、上海、天津、重庆做了示范，当时来学习的相当多，40 多个省区市相关机构来学习深圳培育社区基金（会）具体的做法。冠名基金和社区基金（会），应该是来访机构座谈最多的，实际上是有一定的先行和示范意义。当时都是在全国率先，并且复制的比较多。

第三，我觉得是人才培育。我们 2012—2017 年做了全国慈善公益跨界人才培育系列"公益星火"计划，2015 年发起成立深圳经济特区社会工作学院。我觉得这两个项目在现代公益人才，特别是向下扎根、向上生长的实践型慈善公益和社会工作人才的培育方面，应该是在全国领先的。当时"公益星火"做的是跨界培训，就是"公务员 + 基金会 + NGO + 受益人 + 媒体"的培训，当时获全中国慈善公益培训 TOP 4。我觉得这是我们对中国慈善公益人才瓶颈问题的一种思考探索和改变行动。

第四，我们在公益金融方向有创新实践。一个是 2014 年编撰发行《影响力投资在中国》一书，该书在中国应该是很先行的。后来马蔚华[①]先生以他金融权威个人魅力，徐永光[②]先生以他慈善前辈影响力，共同在 2016 年推动中国"影响力投资"春天的到来。但我们那本书一直是业界最早的。2016—2019 年我们做了中国公益金融 MINI – EMBA 培训班。深圳市慈善会跟中国建设银行合作开发了对社会组织的免抵押免担保低息公益信贷，发行约 15 个慈善理财产品，总额超过 100 亿元。通过主流金融机构的渠道带动更多公众参与慈善，并合作开展全国首个慈善咨询顾问培训。

我们这几个项目的新意就在于发起者本身是商业主体，商业主体中优秀的人力资源、优秀的系统资源能够卷入，由我们输出慈善技术，也就是

① 马蔚华，曾任招商银行董事、行长。现任南方科技大学理事、深圳国际公益学院董事会主席等职。

② 徐永光，南都公益基金会秘书长、理事长，中国慈善联合会副会长。曾任中国青少年发展基金会秘书长并创建希望工程。在公益慈善界有较大影响。2015 年 5 月被聘任为国务院参事室特约研究员。

慈善专业内容，跟他们成熟的主系统关联起来去推动。我们现在推的几个产品，一个是跟中国人寿做的公益保险，另一个是影响力投资基金，再就是慈善信托，我们跟中信信托合作集合信托。还跟鹏华基金合作实现其交易 App 的信息无障碍化，它是"科技 + 慈善"，就是让残障人士便捷运用金融主流渠道的应用。

第五，互联网公益募捐。深圳市慈善会在 2017 年、2018 年的 99 公益日上，募捐额都是全国慈善会系统的第一名，2019 年是全网系统的第三名。我们作为一个城市级的区域慈善会，能够做到这么好的成绩，有赖于深圳的城市特质和社会资本。99 公益日的发起方是腾讯——深圳培养出来的优秀高科技企业。很多国家公益界非常惊愕，怎么会有这样的高科技巨头愿意把自己的核心技术和系统以及人力资源覆盖到慈善公益筹资服务。深圳市慈善会 2019 年携手 371 万人次，捐赠总额超过 1.2 亿元，在全国几十万家社会组织全网筹资名列第三，彰显了深圳人人公益慈善的浓厚氛围。互联网消费在深圳、杭州发达，深圳体现了它便捷的支付功能所带来的慈善并使之成为一种生活方式，在全国具有一定的示范作用。

二 从慈善会的战略看如何实现先行示范

我想再谈一下深圳市慈善会的战略如何实现我们的定位。我们的"1427"战略。"1"就是使命优先，党建领导。"4"就是消除贫困、城市与社区的可持续发展、优质教育、健康福祉。这是对应联合国可持续发展的 17 项要求，围绕党和政府的中心工作，就是精准扶贫、社区治理、教育和健康。"2"是"互联网 + 公益金融"，就是先进方法论。"7"就是实现我们的七大目标——幼有善育，学有优教，病有良医，劳有厚得，老有颐养，住有宜居，弱有众扶——跟深圳的先行示范、民生幸福标杆对应起来。

幼有善育，学有优教，就是跟我们的优质教育匹配相关的。在我们的 99 公益日募捐里，这个计划叫"花田计划"，是我们募捐的主打项目。病有良医，跟我们健康福祉相关，跟我们的自主品牌项目——来深建设者关爱基金关联起来。劳有厚得，老有颐养，是经济发展和民政民生关注重点。

住有宜居，跟我们的深善空间、社区基金（会）关联起来，我们的"高甜计划"就是为社区里各种各样的主体提供服务。弱有众扶，我的理解是，这四个字要落到上述这些人身上，就是它不止于党和政府的托底，它有赖于社会各界以各种力量去爱，去提升整个城市的文明底线，实现人民对美好生活的向往。实际上，弱有众扶就是整个底线的提升，而不是指锦上添花。所以弱有众扶，扶谁？扶人。人在哪里？人就在刚才讲的前六项里面，我们就将这六项整体做成"幸福深圳计划"，配合民政局助力市委、市政府民生幸福标杆城市建设，同时也在粤港澳大湾区建设的背景下，民间去学习香港澳门的一些先进经验，用社会力量提供社会服务供给侧革新。

三　为什么是深圳？

只有深圳！

我经常会讲一个话题，就是从深圳的角度看慈善公益的发展。第一点，我觉得深圳的政府改革开放、锐意进取，像抓营商环境一样抓崇德向善的环境。在这点上，市委文明办主导的关爱行动、市民政局主抓的中国慈展会、市社管局团委的志愿者行动……这是一个系统，形成了政府的政策环境倡导，包括市人大社建委正在筹划《慈善法》系列配套法条文件、社会组织促进条例，刚刚出台的深圳市关于养老促进的条例和决定等，都表达了政府在崇善环境上的顶层设计，以"五位一体"推进社会建设的胸怀。

第二点就是改革开放给深圳的财富积累，特别是民营经济的发展，以市场配置资源为主的财富的创造和增长，为慈善公益提供了长足的生产力。只有意愿、只有倡导，如果没有资金支付能力，也是不行的。同时，深圳的活跃的年轻的人力资源，提供了宝贵的志愿服务时间和志愿者。企业家创造了丰厚的财富，提供了有力的资金和物资保障，呈现做慈善公益的整体能力。尤其是深圳的企业家精神，我从 2008 年开始做企业社会责任到现在，感受到关于"善经济"已经形成共识，成为企业共享价值。

第三点还是要谈一下社会组织和慈善从业人员。深圳社会组织活跃，慈善从业人员众多。深圳公益慈善领域的社会组织有 3000 多家，当组织足够多时，一定会有人力资源成长，然后有项目和资金的丰盛，每一个组织也越来越细分，打造自己的核心竞争力，然后做一些嵌入式的合作，也更有效率。就跟商业一样，你要做一个产品，周边配套供应链完善，是一样的道理。在这样一个环境里面，有它的聚合效应，有它细分核心竞争力的打造。如果到西部去做大疆①，是不现实的，做大疆是因为在深圳能很快拿到相关设备和零部件。

四 作为政协委员的感受

作为政协委员，我自己在政协平台上受到很多教育。比如像法治城市、国家安全、海洋产业等高端的专题议政会、学习论坛，都邀请中央党校教授来讲，委员大讲堂、委员进社区等活动和专题调研非常丰富。这个平台让我们开阔视野，提升思想水平，我也非常愿意把这些学习跟员工做分享，希望大家能够有更高的视野来看问题。

在政协，有很多的机会让我去发声，政协的大会发言、专题议政会、述职报告、现场调研等，也让更多领域的代表人士参与我们的慈善工作。比如像我们在做"9·5"公众开放日②的时候，就请了20多位政协委员和人大代表，200多位受益人、捐赠人、律师、会计师、合作机构、志愿者、媒体等都到场，大家也给我们提出了很多建设性意见。

我到现在有40多份提案，总体来说，都是以关注慈善和社会工作为主的。我提出过关于新生代劳务工城市融合、慈善立法、慈善信托、慈善是第三次财富分配方式等议题，还有以社会力量推动教育创新改革、党群中心如何更好服务社区民众、环保减排，养老、社工人才等议题。总体来说深圳在社会建设方面是不断向前的，尤其是养老兜底、河流治理、高等教育等方面深圳近年来成效斐然。

---

① 深圳市大疆创新科技有限公司。
② 2019年9月5日，"9·5"中华慈善日暨深圳市慈善会第三届公众开放日系列活动在深圳市民政局举行。

访谈印象

房涛会长是深圳公益圈的名人，而且知名度绝不限于公益圈，她跨界的视野和行动，让很多政界、商界的朋友了解了公益，也了解了她。我最佩服她的是，在一个传统的慈善会组织里，尽管组织架构有这样那样的制约，但她鲜有抱怨指责，而是在已有的框架内进行最大化的创新、突破。最终，让我们看到一个一直走在时代前列，一直先行示范的深圳市慈善会！

房会长很忙，访谈时间不长，她很快自己梳理了访谈主题和框架，围绕着深圳市慈善会作为城市慈善先行者的定位，展开讲述。认识房会长多年，我个人的感觉是她在公益慈善的浸淫下，越来越温柔，越来越有魅力。商界的干练、果断与公益界的温暖、大爱，有机地融为一体！

房会长心直口快，知无不言，经常接受各种媒体的访谈和报道，因此，在此次口述访谈之前，善达网、深圳政协组织的深圳口述史等均已经对房会长进行过详细的访谈报道。为了不重复讲述，此次的口述访谈就省略了房会长来深圳以及从事公益的故事始末，整体篇幅也较之其他篇章略短。关于房会长的个人经历以及对深圳慈善的其他思考，可参见另外两篇口述报道。

1. 《深圳口述史│房涛：见证深圳慈善事业创新发展》，http：//www. so-hu. com/a/281833767_487438。

2. 善达网，《深圳市慈善会秘书长房涛：做社会治理创新的"柔性引擎"》，https：//www. sohu. com/a/232868644_505914。

李海：蛇口诞生的两家知名基金会

【人物及机构简介】

    李海，1971年出生，1993年西安电子科技大学毕业后来到深圳工作。曾在中国银行深圳市分行、杜邦中国集团有限公司、招商局蛇口工业区有限公司等单位供职，曾任招商局慈善基金会副秘书长，现任深圳市南山区蛇口社区基金会监事。

    招商局慈善基金会由招商局集团发起并持续捐资，2009年在民政部登记注册，注册资金规模1亿元；2010年在香港登记注册。招商局慈善基金会希望以资助为专业手段，主张通过理性的思考、实事求是的态度、创新和可持续的做法，给人提供向上的阶梯，推动平等合作，建设更加富强、公正、美好的社会。

    蛇口社区基金会发端于"蛇口社区基金"，于2014年12月，由89位生活或工作在蛇口的社区居民，自发每人捐资1000元创建，并选举产生第一届理事会。2015年6月，蛇口社区基金理事会遵照89位发起人的愿望，同时受托于众多蛇口社区居民、企业和公益机构，正式向有关部门提出申请，注册成立深圳市南山区蛇口社区基金会，并于2015年9月30日取得深圳市民政局颁发的基金会法人登记证书，成为深圳市南山区第一家社区基金会。蛇口社区基金会希望与所有蛇口人共同努力，营造最适于文明和文化生长的社区公共空间。

一　在深圳的"五年一转换"

    我是"老深圳"了，1993年大学毕业就来了。我们那个时候大学毕业还有（包）分配（制度），我就被分到深圳中行。深圳中行的办公大楼，就是国际金融大厦，建设路上的那个蓝绿色大楼。我是学技术的，在银行里面做技术支持。大概2000年，我在中行待了有六七年，就离开了，自己进行了小小的创业，在蛇口开了一家书店。开了一年多，运营不下去了，亏本，我就关了那个店，再找工作。其实深圳还是有挺多工作机会的。我开书店的时候，结识的一位大姐推荐我去一家外企——杜邦面试，我在杜邦应聘了一个人力资源管理的岗位，在杜邦工作五年后离开了。我在一个地方工作五年左右，就有点心神不宁了。离开杜邦以后，我中间短暂地在另一家外企工作了一两个月就离开了。2006年的时候就进了招商局，在招商局蛇口工业区有限公司的人力资源部工作。又过了五年，到2011年的时候，当时有一个集团内部的消息，说招商局慈善基金会在云贵那边资助了一批小孩帮他们做手术，想后续还有员工一对一地对接去帮助他们，我就报了名。报名后过了一两个月，也没消息。我就发邮件问，那个邮件的收件人就是黄奕①，就是我们基金会的常务副秘书长。她基本上一直是这个职位，她就给我回信说不好意思，我们是想做，但太忙了，没人做。我当时有调动的心思，就问你们这要不要人啊？她说我们这要人啊。我就去跟她聊。她说："深圳有一个慈展会，你知道吗？"我说我不知道。她就带我参加了慈展会，那大概是第二届的慈展会。她说："我带你去逛一圈，公益行业很有趣，你要有兴趣可以来。"

我刚来深圳的那几年，好像是1994年、1995年，在报纸上看到有深圳义工联招聘。那时候是义工联的快速发展阶段，我看到报纸上有广告，就报了名当义工，在老人服务小组、残疾人服务小组、儿童服务小组，几个服务小组都干，干了好几年，后来义工联选理事的时候，我还当选了理事，和罗斌②、余冠彬③他们一起。当时义工联很有影响力，我记得罗斌那年结婚，这个消息还上了《深圳晚报》的头版，说义工结婚了。其实现在看，义工联就是一个比较典型的社会组织，但是那个时候，也没有其他的社会组织做参考，工作的方式是团市委领导的，而且当时我印象很深，厉有为④书记去义工联调研，还给义工联编制——这里面挺有趣的，可以看出深圳

① 黄奕，招商局慈善基金会常务副秘书长。
② 罗斌，全国首届十大杰出青年志愿者。
③ 余冠彬，全国第二届十大杰出青年志愿者，详见本书的访谈。
④ 厉有为，时任深圳市委书记。

社会组织在政策、思路上面的一些发展。后来因为一些偶然的因素，我就淡出义工联了，没有在义工联做太多的事。所以当时在有机会到招商局慈善基金会的时候，我觉得就像是以更专业的身份回归到这个领域当中。我们现在还有一个老义工群，是 20 世纪 90 年代的一批义工，大家还经常聊一聊。一开始我们做义工的时候就是一片热情，想帮助别人做好事，付出的都是精力，但是没什么专业方法，就是去探访之类的。后来就有了一批人再回到这个领域当中，就有了更专业的一些参与方式，我觉得我就属于这个人群当中的一个。

到了招商局慈善基金会，黄奕还"忽悠"我说我们这个行业，是一个特殊的行业，没有岗前培训，但是我们要管着一笔可能改变社会的钱，听着蛮热血沸腾的，那个时候觉得这个行业都要靠自己摸索。现在看来我觉得被"忽悠"了，这个行业还是有很多应该在入行之前或者初期应该认真学习的专业知识，比如说资助，比如说公益领域的行业生态，如何分工，如何做自己更擅长的事，比如公益效率、社会问题研究等，都很重要。这些那个时候都没有。

招商局慈善基金会是 2009 年成立的，我是基金会第一个全职员工。之前，黄奕用一部分的时间来做基金会的工作，她还有一部分时间在集团办公厅，我就是第一个员工，后来慢慢建立起团队。现在我们有十几个人，在基金会行业当中团队也不算小的，算中等规模。我从 2011 年开始摸索，资助的思路、策略什么的，就慢慢建立起来了，也有一些往专业化方向走的思路。到了 2017 年的时候，我就又有一点心神不宁的，那个时候感觉自己也到了一个职业发展的瓶颈。从 2017 年开始，大概花了一年时间，我们内部也做了一些调整，人员培养的思路更清晰一些了，到去年（2018 年）6 月，我就正式离开。其实现在还有一部分基金会的事没有完全脱开，但是我已经办完离职手续。这部分工作是招商局慈善基金会参与行业交流的事情，其他同事还没有精力，也还需要一段时间跟这个行业熟悉，所以这部分也是我来参与，但我参与得不是很深。当时我确定过我们的一个策略，我们自己不再去攒一些事，我们就在现有的平台上，基本上就是在中国基金会发展论坛和中国资助者圆桌论坛，做些事情。我们大概是 2014 年参与基金会发展论坛，后来做了轮值主席，就感觉这个平台也需要在治理方面做一些调整。另外一个是我们参与发起的中国资助者圆桌论坛，和何进①老师、李志艳②他们一起，我当时是以基金会代表的身份来做这两个机构的理事、监事。我离开之后，黄奕就说也不要着急把这些事交出去，这两个平台的伙伴也说反正你就以个人身份参与。所以现在这部分事情我还在参与，至于其他的，我就变成我们基金会的志愿者，我明天还要去参加我们基金会的活动。其他的事，就是行业里面的一些专项的培训、辅导、评审什么的，就有一搭没一搭地参与。有些机构，交流得多，我参与的就多一些。比如红树林基金会，我跟保华③他们基本上一两个月要见一次面，跟他们一起聊聊在运营管理方面的一些事。所以现在基本上还在工作，就是不全职坐班了，目前就是这么一个状态。

我觉得我还是有一定特点的。第一，就是跟伙伴们比较熟，对行业也算比较熟，大家能说到一块儿，我在基金会工作的这七年当中，因为基金会需要你有行业视角，它在价值链的偏资源端，会跟很多机构打交道，你就自然会熟悉，所以也有这个角度的一些观察；第二，就是我自己做了十年的人力资源，在机构的运营管理方面，有时候也能给他们出一点小主意。

二 招商文化影响下的招商局慈善基金会

（一）做专业组织：秉承招商传统

我一直说招商局成立基金会有三个原因：第一，就是我们有百年的公益传统，中国第一任红十字会会长就是招商局的，我们也办学，北洋大学、南洋公学，我们都参与这个事，这是一个公益理念传承；第二，我们作为央企，有国务院分给的定点扶贫任务，我们想把这个事做得更专业一些，所以要有专业机构；第三，听起来没有那么"高大上"，但我觉得是蛮现实

---

① 何进，中国资助者圆桌论坛理事长。
② 李志艳，中国资助者圆桌论坛秘书长。
③ 闫保华，深圳红树林基金会现任秘书长。

的，2004 年基金会管理条例出来以后，很多的国企，如南航、中远、华润都成立基金会，好像也有这么一个风气，招商局也不能落后，就成立了基金会。

所以在集团内部有两条线，一条线就是集团有一个扶贫工作领导小组，是由集团的党办那边牵头的，负责完成定点扶贫的任务，由他们做决策、他们找项目，基金会出钱，我们是出纳的角色。但是做了几年以后发现，基金会团队更专业一些，所以就把集团扶贫工作领导小组放到基金会了。在我看来，这就是对你专业度的认可。原来有两条线，现在不需要有两条线，你们做的就是专业的，你们来做这个事就行了。

大概 2017 年的时候，集团还做了一个治理方面的调整。就是基金会以前的理事会是集团的一个副总裁以及下属各单位分管领导组成的，2017 年调整以后，集团领导班子都进入理事会了。资金规模也扩大了，从 5000 万元增加到 1 亿元，然后香港还有一个基金会，从 2000 万元变到 3 亿元。我觉得这种资源给多了，管理的级别提升了，就是对你做事的认可。

现在返回去看，会觉得招商局慈善基金会沿袭了招商局的企业文化传统。招商局的文化叫作商业文化，招商局的企业文化手册就叫"商道"。招商局是中国最早的现代化企业——都不是之一——这个企业凭一己之力，把整个中国的现代商业系统建立起来。中国第一支股票是招商局的，第一条铁路是招商局修的，第一个银行是招商局建的，第一个保险公司是招商局成立的……这个第一就太多了。这都是从现代商业角度去观察的，你说作坊，那人家卖烤鸭的可能会更早，酿酒的可能会更早，但是管理方式不一样，招商局是中国第一家现代商业企业。招商局虽然从清末到现在几经沉浮，中间有很多变化，但是在整个变化过程中，招商局坚持了现代商业的道路。

招商的血脉、招商的文化基因，影响了我们基金会。影响了什么呢？就是对商业的理解。那什么是商业？商业有两个核心要素：第一，你在做你自己的业务的时候，你要做得很专业，招商局要成立银行，招商银行就要做到中国最专业的银行，因为商业的本质就是专业。第二，就是合作。大家都专业了，然后我做我擅长的，你做你擅长的，这就是商业文化的组成。

招商局即便不成立基金会，我们每年也可以捐钱，也可以做事，但大家就是业余做事；我们成立基金会，我们就要建立起我们的专业队伍来。为什么一直到现在，很多的甚至大多数企业基金会，尤其是央企基金会都没有专职人员，而招商局就有？因为我们想把这个事做专业，就请专业的人来，就往专业的方向去培养。现在很多的企业想成立基金会，问我有什么建议，我第一个问题就是你准备给这个基金会配多少专职人员。对方说还需要配专职的？我们办公室主任兼行不行？我说那你可以有其他的方式，你为什么要成立基金会？基金会的管理成本很高，你可以做专项基金，你可以直接捐款，你可以做慈善信托，没必要成立基金会；如果成立基金会就要有专业的态度——一开始没有人，过渡一下可以，但是你得知道方向。

（二）做资助机构：推动行业发展

商业文化的第一个要素是专业，第二个是在专业的基础上合作，所以你得放弃一些什么。招商局慈善基金会2009年成立，2010年就做了一件事，做了一个招商局扶贫创新奖。因为当时的思路就是这样，我们要扶贫，但是怎么做我们也不知道，我们先看看别人怎么做，于是做了这么一个奖，吸引了全国的各类社会组织，把他们的项目来讲一讲。最后这个奖也是分了很多份，几乎参加的人都有份。其实这个过程从招商局的角度来讲就是学习，做了这个奖以后才发现，原来除了国家的扶贫攻坚的政策之外，还有这么多乡村发展的实践，有理论、有想法、有案例。那我们做什么呢？我们找到我们的定位，从2010年做完这个，招商局慈善基金会就决定做资助机构。我们放弃一些自己直接做的方式，把重点放在从社会问题中分析，去细化、去找相应领域的公益组织，然后针对他们的需求、他们的困难、他们的问题，找合适的组织和项目。

开始的时候我们看到你的团队、你的模式还挺不错的，就提供资助。到2015—2016年，才推出我们自己的资助计划。就好像买菜一样，一开始你到菜市场去，今天你觉得西红柿比较新鲜，黄瓜比较好，你就买他的，自己心里要做什么菜，没谱，因为你对社会问题研究还不够。做了几年之后，我们把议题从扶贫变成发展，从发展变成社会治理，慢慢地思路就清晰了，所以我们才在这个思路上去推出自己的资助计划。我们清楚我们想找的是这样的机构，是这样的项目，我们希望做事的方式是这样的，我们看谁跟我们一样。这个走了好几年，但我觉得这个方向是对的，就是开始你不专业的时候，就跟着别人走，后来你慢慢有了一些思路，就慢慢设计自己的一些东西。

从 2011 年到 2015 年，我们跟行业的交流很少，我们跟发展领域的学者、公益机构、政府的扶贫办都比较熟，但是公益行业中别的机构，比如说做教育的、做环保的，别人到底怎么做的，我们是不知道的，我们也没什么兴趣，好像感觉也没什么可交流的地方，因为做的事不一样。我记得有一次对我影响很深，应该是 2013 年或 2014 年的时候，我参加了何进老师一个项目的访问。因为何老师在那几年有一个工作习惯，他去看项目的时候，行程是公开的，你们谁有兴趣都可以来看。有一个偶然的机会，我也去了，我当时去也没抱太大的希望，"打酱油"呗，大伙都说何老师很专业，也见识见识。当时是去成都看了几个项目，每次都跟大伙一起讨论。当时其实印象没有那么深，后来越想越有趣，因为他的项目跟我们的项目领域是不一样的，那我去学什么呢？后来发现我要跟何老师学的是他对资助这件事怎么看，所以就沿着这个思路想了很多，自己也做了一些整理，还写了一篇东西，我觉得受益挺深。从那个时候起，我们就跟别的基金会、别的资助机构交流多了一点，因为我觉得虽然我们做的领域不一样，但是在手法上能学到一些东西。

后来一个关键的实践就是我们当了中国基金会发展论坛的轮值主席，那一年投入很多，发现这个行业当中还有这么多的经验、教训、困难、问题，而且如果从专业和分工的角度来讲，在资源端就对行业发展有责任：不要讲小伙伴不专业，应该单独想一想为什么不专业，有什么方法让他们更专业一些。从那个时候起，慢慢参与行业的交流。

（三）做企业基金会：回应集团企业需求

我们在很长一段时间，对标机构是南都基金会，我们不想别人说你是一家企业基金会，我们是走专业化道路的，企业基金会好像都不专业。但是几年以后才发现，跟行业交流多了，看到不同类型的企业基金会，也开始反思我们的一些工作方式。以前我经常喜欢说的就是我们基金会没有募款的能力，这个说起来有点得意，因为没有募款的压力。到年底，集团办公厅发一个通知，各个单位几百万元、几千万元给你捐过来，你肯定没压力，没有压力就没有动力把一些事情做好。后来发现企业把钱捐出来推动这个事情，企业里面如果有一些品牌、形象、志愿、公益文化方面的需求，合理不合理？你会想这是合理的，而且企业不也是社会中很重要的一个环节吗？这个企业里面如果需要有一批志愿者，你动员起来，教育他们、引导他们，这是好事还是坏事？肯定是好事。

所以招商局慈善基金会作为一个企业基金会的业务，其实是基金会成立了七八年以后才开始做的。所以我们现在虽然人不多，但我们的业务还是分成两块：一块我们叫作以社会问题为导向，就是我们在乡村发展领域，社区发展要做的事；另一块我们叫作资助方视角的，因为招商局集团对我们来讲就是资助方，它有需求，我们就要去帮它分析其需求当中哪些是合理的、哪些是不合理的，合理的应该怎么做，有没有一些好的衔接方式。

后来，我们把招商物流和其他基金会一起，攒出救灾的品牌，就发现这个挺好。以前我们招商局慈善基金会觉得救灾不是我们的领域，但地震以后，招商局作为国企、央企要表个态，捐几百万元，就举个牌子。我们以前做的只是举牌子的事，后来雅安地震和鲁甸地震，我们跟救灾领域的小伙伴沟通得比较多，了解他们的需求，然后把我们的资源引导到这里来，才发现其实有更好的方式。但是这个更好的方式，做企业的是不知道的，只有我们了解了这个行业，又了解我们企业的专业优势，才能把它结合起来。地震大概是一个契机，让我们认真地对企业公益的事情做了一个反思，原来说不愿意给自己贴标签，觉得也是过分了一点，应该回过头去看，我们至少有一部分业务就是要帮助招商局以及招商局的这一批企业来更有效地参与扶贫，这是一件好事。

这个过程其实与基金会在集团影响力的微妙变化有关。在大多数的企业中，参与公益不是它们的主要业务，经济危机来了先卡掉的是花钱这一块，所以大部分人对基金会的专业性是不认可的。你不专业，你就是替大家花钱的那个人，你是占便宜的那个人，你怎么可能有你的专业的影响力呢？只有你把行业了解清楚，把做事的合适方式设计出来，把这套理念和做法讲清楚，效果出来了，别人才会慢慢认可你。所以基金会在招商局内部也是一个逐渐得到认可的过程。我们现在慢慢有了专业能力，也知道专业的公益资源对接、专业的业务模式设计是怎么一回事了，在集团里面影响力也大了，这样再跟各个单位去谈，你的公益活动应该怎么设计，别人也认可你，所以这个过程我觉得是一个有机的互动。就是你做得好，你就容易得到更多的认可、更多的资源、更大的做事空间，你就会觉得你的责任会更大一些，你不仅仅是做自己想做的事情，也得做别人想做的事，而且你要在中间甄别别人想做的事情在多大程度上是合理的，我们能不能帮他们找到更有效的方式。

三 蛇口社区基金会的来龙去脉

（一）13 个热心的蛇口人的集体行动

要说蛇口社区基金会跟招商局慈善基金会的关系，我觉得还是挺直接的。蛇口这个地方比较有趣，因为它是改革开放的"试管"嘛。20 世纪 80 年代，蛇口的社会组织很活跃，当时就有各种各样的兴趣组织，比如摄影协会、诗会、绘画协会、钓鱼协会之类的，而且它们都参与蛇口这个区域的一些公共事务，所以那个时候就有社会团体的概念。后来蛇口的管理交还给深圳，交还给南山区，招商局就专心还原成一个企业，做社会治理的事情告一段落。

当时有一批人，像周为民①老师、陈安捷②老师，他们都是 80 年代过来的，他们其实是有自己关于社会治理方面的理念和想法。最近这些年，原来做事的一些思路，现在又想慢慢再试一下。在招商局慈善基金会成立前

---

① 周为民，1982 年到蛇口工业区工作。历任蛇口工业区董事、副总经理，地产公司、旅游公司、港务公司总经理等职务。现任蛇口社区基金会理事兼秘书长。
② 陈安捷，蛇口工业区知名经济管理学者，深圳市首届十大杰出贡献专家。

后，蛇口一直都有一些小的社会组织，像青芒果、主妇联盟，它们都很活跃，在做一些什么。招商局慈善基金会聚焦领域是乡村发展，我们的项目都在深圳之外，而且都是在比较远的云贵川这些地方，当时蛇口这些热心公益的人士就隔三岔五地找我们来劝说，说你们招商局成立了一个基金会，但不在蛇口投资源，这是不是不合适？我觉得这个道理是完全成立的，因为蛇口跟招商局在 20 世纪八九十年代，就是一回事。说蛇口就是招商局的蛇口，说招商局就是在蛇口的招商局，所以几乎在蛇口生活的所有人都跟招商局有关系。他们说你们把资源、精力都放在外面不合适。那我们就聊啊，蛇口现在需要我们做点什么呢？你们现在不是有这么多的社会组织在做事吗？他们说，你们能不能资助一下、支持一下？这个事其实也可以做，但是我们对城市社区问题不太了解，反而对农村更了解一些，这么多年就在农村耕耘。后来说要么这样，我们每年拿出一笔钱来，给你们，你们来决定说这个钱怎么花。当这个讨论一旦到了要有实操的时候，你会发现这个事没那么简单，因为每次来的人都不一样，你把这个钱给谁，谁能接这个钱，而且蛇口到底有多少个社会组织，其中多少社会组织需要钱，怎么分，我们也说了不算。于是我们说，好，既然你们热心，你们来出一个方案。出方案的时候，大家就七嘴八舌讨论，你会发现分歧就来了，有的说我们应该做文化；有的说我们应该做教育；有的说我们蛇口还是有一批老职工，生活挺困难的，应该救助他们。一听要做的事还挺多，那怎么做呢？到后面发现，我们这样讨论是讨论不出个所以然来的，要加强一下效果，用议事规则，每个人要拿自己的观点发言，要有顺序、有时间限制，然后要有产出。我们讨论这个事要有什么产出？我们是不是要成立一个基金管理委员会？所以有些人就进来了，有些人就说这个事太具体了，忙不过来，就离开了，这样就有最开始的 13 个人。这是当时第一次有效产出，形成了13 个人，13 个人作为发起人。这里面没有我。他们是真正热心的那么一批蛇口人。

（二）从 89 个人到确定基金会的治理结构

那接下来这13 个人得讨论这笔钱怎么花，但这个事好像这13 个人说了也不算啊，我们还得去倾听社区的声音，我们做的这个事到底大家认不认，是不是一个真的问题，我们也得去找更多的人去沟通。这 13 个人有了一个行动方案，就是每个人回去再去找几个人，要找真正关心蛇口社会问题的人。怎么证明你真正关心呢？你别嘴巴说一说，你愿不愿意拿出 1000 元来做这件事情？然后这 13 个人，两周左右的时间，变成了 89 个人——这 89 个人里面就有我了。拿出 1000 元来，我当时就是支持我们社区公益，捐 1000 元这个没有问题。

有了 89 个人，发现这个事不是简化了，而是复杂了。这 89 个人就有了 8.9 万元了，招商局还没给钱，我们已经有 8.9 万元了，这笔钱怎么花？也不可能 89 个人来花。我们就说我们蛇口有这个传统，民主选举！2014 年 12 月，就举行了第一次民主选举，当时已经把这个名字或者这个事基本定了，就是蛇口社区公益基金是挂在招商局慈善基金会下面的专项基金，我们这个专项基金要成立一个理事会，那就是去竞选。89 个人大概到场 85 个人，还有几个是代表，因为人在国外。我感觉大家的参与度是很高的，大伙儿挺认可这个事。最开始大概有 14 个候选人，每个人做 PPT，5 分钟演讲，后来有几个人退出了，最后剩了 11 个人，在这 11 个人里面投票，选了 7 个人。那就是陈安捷老师、周为民老师、谭子青老师、杨阡老师、陈斌、张鑫跟我，又选了育才的老校长陈难先老师做我们的监事。治理结构看起来就有了，这是 2014 年年底的事。

这 89 个人的 8.9 万元，就放在招商局慈善基金会，但是这个专项基金一直没有正式成立，我曾做了一个专项基金的管理办法，但招商局内部还要走流程，还要确定资助范围什么的，思路还不明确。后来，深圳市鼓励成立社区基金会，降低了设立社区基金会的资金门槛，100 万元就可以设立；而社区的参与度比我们原先想象的要高，主要体现在捐款方面，很快就募到了初始资金；同时，成立一个基金会，它的独立性比专项基金更强一些。因此，就决定注册成立蛇口社区基金会。

（三）蛇口社区基金会的注册

蛇口社区基金会的注册是我跑的，因为当时他们说反正你熟——其实我不熟，我到招商局慈善基金会的时候，招商局慈善基金会已经注册完了，而且是在民政部注册的，不一样。但是还得有人办这个事，我就去注册，注册的过程中还碰到一些有趣的事。原来发现民间组织管理局给的表格填不了，要求的资料给不了，其中有一个资料是什么呢？要求有这个名号使用的授权书，打个比方，招商局要注册发起成立一个招商局企业基金会，招商局要提供一份资料说，我允许这个基金会使用招商局的名号，大部分的企业基金会是这样，对吧？蛇口社区基金会没有具体哪个企业。蛇口社区基金会的发起人是 7 个自然人，是当时我们的 7 位理事；出资人从法律上来说不是 89 个，从法律上来讲出资人是 3 个，一个是招商局慈善基金会，另一个是平安保险，各出了 30 万元，还有一个是监事陈难先先生。89 个捐赠人再加上后来的捐款人，大概有 360 位，这 360 个人的捐款不可能都写到注册的表格上，表格不够填，最后这 300 多个人的捐款都存到陈老先生的个人账户里面。所以从法律上来看，你看到的就 3 个捐款人。[①] 同时，这 7 个人作为发起人。也就是说，大多数基金会的发起人和捐款人是一样的，但是在蛇口社区基金会是很清晰地分开的，一个就是这 7 个人是发起人，另一个就是 3 个出资方，在法律文件上你看不到那 360 个人。

民管局这边也没有碰到过这样的情况，我们跟他们解释了很多个来回，他们了解后说，名号使用书不用交了；300 多个人是不可能都写的，那就写 7 个人。我们内部还做了一个类似公约性质的文件，就是要把这 300 多个人的名字都呈现出来，人家要进历史的。我估计，如果换一个城市，你做的跟政府原来规定的不一样，你可能就做不下去，但是深圳，就实事求是！你是这个状况，就按你的这个状况处理，就成立了！

蛇口这个片区是两个街道，一个是蛇口街道，另一个是招商街道，我们活跃的那个区域是招商街道，所以当时和招商街道办沟通比较多，当时我记得黄立新[②]书记很支持。我们要成立理事会，要不要他们推荐人来加入

---

① 蛇口社区基金会的章程第四条写道：本基金会的原始基金数额为人民币 100 万元，来源于陈难先人民币 40 万元（360 位蛇口社区居民）、招商局慈善基金会人民币 30 万元、中国平安保险（集团）股份有限公司人民币 30 万元共同捐赠。

② 黄立新，时任深圳市南山区招商街道党工委书记，曾任深圳市南山区人大常委会副主任，现任深圳市城市管理和综合执法局副局长。

理事会呢？我们内部的这些发起人就争论，最后说都竞选。这个招商街道办还派了花果山社区的主任参与，好像还落选了。但这也没有影响我们后面的合作，所以他们在这方面很成熟，就是遵守规则，来参与。他们参与完了以后也不觉得说落选了，就没面子什么的，好像无所谓。我觉得这个挺难得的，我觉得政府官员就要这种能够放得开的，自己没有那么多条条框框，也不给别人那么多条条框框。

（四）基金会的合法性确认阶段

我觉得 2014 年到 2018 年这个阶段，蛇口社区基金会（以下简称"蛇基会"）主要把精力放在自己的合法性确认上面。我自己是认同的。这个合法性包括什么呢？你是一个合法合规的正式组织，有一个治理的结构。蛇基会的治理结构比一般的基金会要复杂一些，因为我们是从根上去讨论的，比如，蛇基会发起人 7 个人，这 7 个人是什么意思？你这 7 个人能代表社区吗？所以我们在注册之后，马上给自己做了一个定位，我们叫"看守内阁"，我们要在法理上把权利、义务、责任，把代表性要讲清楚，后面才设计了捐款人代表大会。一开始我们是 13 个人，到 89 个人，再到 360 个人，我们还预计这以后可能还有几千人、几万人，这几千人、几万人都参与决策不可能，必须得有代议制。

7 个发起人得到 360 个人代表的许可是做得到的，但是到第二年、第三年，能不能代表更多捐款人？是不能的。所以必须在机制上解决这个问题。怎么解决呢？就是成立一个捐款人代表大会，而且这个捐款人代表大会跟蛇基会的理事会是同样届别。简单说，这个理事会是捐款人代表大会选出来的，而捐款人代表大会是要换届的，在这一届过程当中发生重大的问题，有的超过理事会的范围，你要在捐款人代表大会上确认。捐款人代表大会来源于所有捐款人，但并不是所有捐款人都愿意参与治理，所以就把捐款人分成了两类，一类叫作单务；另一类叫作非单务。单务的就是我只捐款，我对别的事情不感兴趣，我给钱就完了；非单务的就是我捐款了，还要参与治理。怎么参与治理呢？就是做捐款人代表。怎么做呢？除了自己捐款之外，你还要找 4 个人，愿意被你代表，一个人至少是 5 个人的代表。当然你找到更多人也没有问题。你找到 4 个人，这 4 个人都给蛇基会捐款，同时你也给蛇基会捐款，他们愿意由你代表，你就自动成为代表。当然还有一些规定，比如说第一届理事会的理事都可以成为代表等。这就成立了捐款人代表大会，再通过捐款人代表大会去选理事会，这个模式是可以一直延续下去的。我们中间确实碰到了捐款人代表大会行使权利的时候，是我们第二届理事会成立以后。不到半年的时间就有 3 位理事退出了，有的是出于身体原因，有的是觉得与自己预期不一致，就退出了。有 3 位退出了，原来 7 个人就变成 4 个人，要增补，怎么增补呢？一种办法就是理事会自己出一套办法，我们都感觉这个权利是有问题的，所以由理事会出了一个方案，然后以捐款人代表大会通过的方式来选出增补的理事。这个就不是理事会自己给自己授权了，所以我觉得在碰到这件事的时候，处理得还挺好的。

所以，我觉得这几年蛇基会先解决的是合法性问题。第一，注册成立为一个独立的组织；第二，在内部治理的模式上，把权利、义务、责任说清楚；第三，是现在还没做完的，就是你的合法性是要整个社区认可你，这是一个长期的事。你在社区里面有没有威信？你要做社区的公益平台，那你够不够影响力？别人同意不同意你？我觉得前两步都做完了，第三步还在持续做。总的来说，前三四年把合法性问题解决好了，我觉得是非常有必要的，因为治理是社会组织发展的基础，你开始发展得快，规模大了，业务模式有了，最后很多是治理模式上出了问题，一个"倒栽葱"就完了——开始得慢一些。我觉得蛇基会基础打得挺好，在接下来的阶段就要发展专业性，就是要做有影响力的事，要把社区资源很好地动员起来。

这个事最初就是蛇口的一批社会贤达，为蛇口的公益活动到招商局这边来"化缘"，给钱就完了，后来经过一系列的过程，大家沟通分析，发现其实蛇口的事情并不是差招商局的几十万元，它差的是一个模式、一个系统、一个捐赠的文化、一个大家参与公共事务的习惯。我自己感觉在这个过程当中，我们招商局慈善基金会推动的方向是对的，你可以简单地就捐钱，我们现在也还给钱，但是给钱的同时还让大家在这些方面多一些思考，有点专业化的倾向。如果这事再早一些，到 2012—2013 年，这个事就做不了，因为当时招商局慈善基金会自己都想不到。

四　深圳印象与公益图谱

（一）一直在建设中的深圳

我从 1993 年到现在，一直生活在深圳，算是 26 年了，我对深圳挺有感情的。在基金会工作的这 7 年中以及现在，一直有一些北京、上海那边的工作机会。但是我暂时不会考虑，第一，我暂时不会考虑全职；第二，我也不会离开深圳。

20 多年来，对深圳印象很深的，第一个就是我们现在听到的"突突突突"的声音①。深圳在这 20 多年当中，就像一个大工地，不停地这里有建设，那里有建设。我最早来的时候，住在银湖那里，单位在建设路，我们那个时候有班车，班车就走上步路，然后拐到深南路。我记得 1994 年的时候，地王大厦开始盖，在盖地王大厦之前，深圳的地标建筑是国贸，就是在我们建设路后面，所谓的"深圳速度"，三天盖一层，上面一个圆顶，当时有亲戚朋友来都要带他们到那儿看。后来那几年看到地王大厦，就这么一层一层盖起来，盖到那么高，感觉到的就是不停地建。

（二）充满活力的深圳

昨天晚上我跟几个朋友在科技园那边吃饭，科技园里面有一个小园叫科兴科技园，朋友问我说，你知道这几栋楼一年产值有多少吗？我说你让我猜肯定往高里猜，我说得有几十亿元吧；他就笑了，说有几千亿元。我们吃完饭 10 点多出来，那个地方跟下午两三点钟没区别，年轻人刚下班，还在那里来来回回走，有中国人、外国人，很有活力。我现在经常跟朋友讲，如果你觉得深圳经济发展都碰到问题了，可能咱们国家真的要面临很大的考验了，深圳真的是一个很有活力的城市。

在这 20 多年当中，我先在国企工作，又在外企，后来又在国企工作，

---

①　访谈时，窗外正好有施工的声音。

又去基金会工作，后来参与义工和公益的活动。我感觉这个跨度是比较大的，我的朋友在各个圈子里面的都有，我的感觉是深圳在各个领域当中，都能让你感受到这种活力。不是没有困难，不是没有压力，不是没有焦虑，但你还是可以看到这些年轻人，甚至有一些看起来不是很年轻，也很有活力的。就像陈行甲①老师这种，深圳能吸引他来，他一看就是一个精力特别旺盛的人，能搞事，深圳这个地方就是一个"能搞事"的地方，跟上海、广州的气质都不一样。深圳确实是一个特别有活力的地方，而且它这个活力是外显的，你能看到血脉偾张。

（三）实干的深圳公益界

以我很粗浅的对深圳公益行业的观察，我觉得深圳的公益行业有几种类型：第一类，就像腾讯、万科、招商局、壹基金、桃源居（社区基金会），在某种程度上它们是在深圳的基金会，但是很多事情不在深圳做，而是在外地，视野上不把自己定位成一个当地组织，而是定位成一个全国性组织，它们与行业内的组织在一起交流比较多，但是跟深圳本地的公益组织交流，我觉得是不够的。第二类，就是深圳的这些有一定官方背景或者官方色彩的组织，比如深圳市慈善会、社会公益基金会、关爱行动公益基金会等，它们跟整个行业比，好像这种官方色彩要浓一点，但是你把它们跟全国范围内的那些慈善会相比，很不一样，像房涛②，像钦焕③，跟这个圈子更亲一些，而且他们确实是做得风生水起，让深圳居民认识公益，跟公益做连接的，我觉得主要贡献是他们，他们的知名度、影响力确实很高、很大，而且他们也不只是在深圳做，他们也通过这个行业辐射到全国去。第三类，是深圳的一些草根组织，是从一些问题或者从一些活动做起的本地的组织，像自闭症研究会，像儿童阅读方面的彩虹花公益小书房，等等，很多了，它们跟国内其他城市的这类机构比较像，生长方式、碰到的困难也比较像。第四类，我觉得就特别一些，深圳的社工机构是比较有特色的，

---

① 陈行甲，深圳市恒晖儿童公益基金会理事长兼秘书长，详见本书访谈。
② 房涛，深圳市慈善会执行副会长兼秘书长，详见本书访谈。
③ 杨钦焕，现任深圳市社会公益基金会秘书长。

它们最早的理念、观念、手法都来自香港，深圳市政府出台了一系列的文件来推动这个事，所以真的冒出来一批很优秀的社工机构，它们在管理上跟商业组织有点像，跟公益组织也有点像，甚至跟政府的事业单位有一些相似，它们是由多方融合推动的。当然它们也有自己的困难，也会受到一些质疑，尤其是在咱们这个行业当中，质疑的声音主要是社会问题意识不够强烈，把自己工具化了，不解决问题，只做服务，这是社工机构需要回应的一个问题。但是它们很有特色，有些机构做得很大、很规范，甚至还到内地输出一些模式。我觉得社工机构在深圳应该算一个单独的社会组织的类型。我原来的观察是在这几个类型的组织中，它们自己的小圈子交流比较多，但是互相交流比较少。但是这两年，我觉得是比原来多了。

还有一个比较小但是有趣的点。我跟一个公益伙伴聊过，他原来在广州，刚到深圳一两年的时候，他觉得深圳和广州公益行业的气质差别很大。我跟他聊了几句，慢慢能理解了，广州一是发展时间比较久，二是学界的力量参与得比较多，很多机构是学者参与发起的，所以它有很多的理论的自觉性，广州的公益组织的社会问题意识和公民权利意识都会强好多，甚至比北京、上海都会强，因为广州的环境要更宽松一些。深圳呢，你说讲效率也好，你说工具化也好，你说实干也好，我们先不聊理论，先把该做的事做了。

（四）不一样的深圳政府官员

另外，我因为工作和个人的关系，也接触了一些深圳的政府官员。我觉得深圳政府官员的气质是比较有特色的。如果我们把深圳各个区的社会组织发展当成一个事业的话，你会看到各个区之间也有一些竞争。某一个官员他在某一个位置上，他就能够推动一些事。我觉得比较典型的就是罗湖的罗安娜[①]。她原来在妇联，就做了一个"懿·BASE"[②]；现在去了政协，

---

① 罗安娜，曾任深圳市罗湖区妇联主席，现任深圳市罗湖区政协副主席。
② 深圳市罗湖区懿贝斯女性社会组织服务中心（简称懿·BASE）于 2014 年 7 月成立，主要服务包括社会组织党建、社会组织培育及人才培养、能力建设等，并为其搭建开放、多元的公益空间，是连接政府、社会等多方资源的共享平台。

又在政协做一个政协委员公益基金。而且她确实影响了周围一些人，一开始小军①老师就是被罗主席拉过来的，但是现在这个政协委员公益基金反而是高金德②主席参与更多，高主席原来对这个行业是一点都不熟，就是被罗安娜影响，他也进入这个"坑"里来。我上次给他推荐李志艳老师的书，他说这本书很不错，他好像也慢慢对这个行业的专业度有了解了。你看罗主席在罗湖区妇联时，你感觉好像罗湖区的这些事是妇联推动的。在福田、在南山、在宝安，可能是其他有想法的官员。我记得好像福田区的司法局也在推一些事。总之，比较灵活，比较实际，在自己的岗位上，能做什么就推一推，拱一拱。我觉得像深圳这种，一个官员在他的位置上有空间就做点事，在能利用的资源范围内推动一点事，我觉得这个还挺好的，做不成就算了，能做成就先占了这个空间。就像罗安娜在罗湖区妇联做"懿·BASE"，她说她离开以后好像还是给这个"懿·BASE"争取到了一些做事的空间和资源，那就蛮好了，至于以后可能发展得好，也可能发展不好，顺其自然。我还挺喜欢这种像冒泡似的方式，短期看到有成有败，长期我感觉就跟深圳这个城市的风格很像，不停地在动，它是活着的，这比一城一地的得失要重要。

（五）一点吐槽

其实，如果要吐槽深圳的一些问题，我觉得现在好像有点膨胀的感觉，要做国际一流这个完全没有问题，但如果把这个理解成为有规模就有问题了。比如说义工联，如果就是要义工数量多一些，数字好看一点，我觉得这不是深圳的"神"！深圳的神，就像我昨天在科兴那边看到的，那边既有腾讯这样的大公司，但是更多的是那种有几个人、十几个员工的小的创业公司，深圳的活力是体现在这里的，就是大家自发，有热情，敢冒险，不怕输。你在一件具体的事上太在意这个结果，就做不好事，你要从整个层面上看，就是说，这个社会的活力体现在那些小的组织上面，而不是你整个一个义工联要做多大规模，最后就行政化了，就僵化了。从政府角度，

---

① 胡小军，曾就职于中山大学，现任广州市社会组织研究院执行院长。
② 高金德，现任深圳市罗湖区政协副主席。

我觉得不一定是给太多的支持，而是给一些做事空间，别那么多的限制，我觉得就会好一些。不是说不监管，监管还是要监管，但是要合理地监管，要允许失败、允许尝试，给更大的做事空间，不要那么多的敏感地带，我觉得这个才是深圳的精神。

访谈印象

老实说，把李海老师列入访谈对象，是计划之外的。在我反反复复翻看蛇基会的理监事名单时，李海老师作为蛇基会的第二届理事会的监事，让我眼前一亮。尽管他参与蛇基会的程度可能不如其他理监事深入，但他作为曾经的招商局慈善基金会的核心负责人，是所有理监事中介入公益圈最深的。于是，我将蛇基会的访谈代表锁定为李海老师。

事实证明，这是一个相当正确的选择。李海老师给我的信息远远超出我的预期，带给我很多惊喜。

首先，虽然过去89人成立蛇基会的故事，我听过很多遍，却是第一次听招商局慈善基金会的负责人讲述这一过程，从不同视角还原了这一经过，让我对蛇基会的来龙去脉有了更清晰的认知。其次，招商局慈善基金会作为央企发起的基金会，我过去很少关注，最初也没有把这一类组织的代表列入访谈对象，这次我清晰地看到招商局慈善基金会的发展脉络，并且从李海老师的分析中明白为什么以前在深圳的公益圈中很少看到招商局慈善基金会的影子。最后，李海老师带给我的大礼包就是他早年作为志愿者的经历，这让我看到当年深圳的志愿精神，同时他也为我介绍了余冠彬等资深志愿者，拓展了本书访谈对象的选择范围。

孙莉莉：公众参与下的环境保护

【人物及机构简介】

　　孙莉莉，1963年出生，1993年来到深圳。曾担任过大学教师、法院法官、国家公务员以及深圳市同洲电子股份有限公司副董事长。现为中汇影视创始人、董事长，深圳市第六届政协委员，阿拉善 SEE 生态协会会长，深圳市红树林湿地保护基金会发起人、终身荣誉理事，福田红树林生态公园园长。

　　深圳市红树林湿地保护基金会（以下简称红树林基金会）成立于2012年7月，是国内首家由民间发起的地方性环保公募基金会。红树林基金会由阿拉善 SEE 生态协会、热衷公益的企业家以及深圳的相关部门倡议发起。自成立以来，红树林基金会始终深耕于滨海湿地，立足深圳，致力于以红树林为代表的滨海湿地的保护和教育，开启了以深圳湾为基础的社会化参与的自然保育模式。

一　我与深圳：商业之路的起点

　　我是1993年年底从北京来深圳的。深圳当时还在建设中，虽然有了国贸大厦、上海宾馆这样的标志性建筑和万科、深发展等一批上市公司，但与北京比，还有比较大的差距。当时深圳从东向西到上海宾馆就没有什么建筑了，中间要经过一片荒地——路两边都是红树林，才能到蛇口。虽然深圳当时的条件还一般，但这样一个城市让你心里涌现出那种创业的感觉，在深圳哪怕在政府机关，也觉得是在奋斗，在创业，跟北京完全不一样——在北京是按部就班的工作。一到深圳我就被这里的氛围感染，就觉得是全民共建深圳。后来我就没有回去，正式调到深圳，留在深圳工作了。

在深圳，像我这样的人有很多，全国各地当时来支援建设的或者来深圳锻炼的人，很多最终选择留下来了，我也是其中之一。

后来我辞职并开始创业。同洲电子，是我参与创业的第一个公司，2006年作为中小板第一家上市公司上市。我从机关出来，变成自由职业者，也是一个挺大的挑战，但是在深圳当时的氛围下，也是一件自然而然的事。我在同洲电子经历了创业的整个过程，作为企业的高管工作了几年。

二 我与公益：内心丰富是我的毕生追求

2009年底，厉伟①邀请我参加一个由王石、马蔚华召集的企业家聚会，我原以为会听到"大咖"们做宏观经济形势分析、金融、房地产行业发展等内容的讲座，结果到场后，我非常吃惊地发现这些企业家们争先恐后的发言，都在谈论一个话题——企业绿色可持续发展、企业社会责任和环境保护。这是我第一次接触环保议题，也被这些企业家的情怀深深打动，在这次会上我认识了一批对我之后的公益人生影响巨大的领路人和同行者。后来我才知道，这次会议是阿拉善SEE生态协会华南片区成立大会②，我也是在这次会上火速加入了协会，成了阿拉善华南片区的创始会员。

2000年，沙尘暴肆虐华北大地，中国企业家开始意识到环境问题。2004年，在创始会长刘晓光倡议下，包括王石、冯仑、马蔚华等67名企业家联合发起成立了阿拉善SEE生态协会，在内蒙古阿拉善盟参与荒漠化治理，共同应对环境问题，并开始思考企业绿色转型。

2009年，王石卸任阿拉善SEE生态协会第二任会长回到深圳，推动发起深圳项目，带领深圳阿拉善会员企业家关注深圳本地环境问题。深圳是改革开放的窗口，经济的高速发展使本地的环境问题凸显，比如滨海湿地的破坏、水污染等。过去的30年深圳已经损失了75%的红树林、80%的珊瑚礁和70%的自然海岸线。同时，深圳也是个创新城市，政府开明，社会

① 厉伟，深港产学研创业投资有限公司董事长，深圳松禾成长关爱基金会理事长，红树林基金会（MCF）发起人、第一届理事会理事。
② 阿拉善SEE生态协会华南片区后划分为深港及珠江两大项目中心。

组织发展良好。正是在这样一个环境下，我们在深圳选择了最具挑战性的议题——滨海湿地保护。我们做的第一个保护项目就是大鹏半岛坝光银叶树的保护。10年过去了，我们也欣喜地看到，大鹏半岛已经建成深圳第一个不考核 GDP 的生态区，生长着古老银叶树的坝光也已经建成坝光银叶树湿地园。这是社会各界共同推动的结果。

在深圳政府的推动下，红树林基金会（MCF）在 2012 年 7 月成立，这是全国第一家由民间发起的公募环保基金会，因为环境保护确实不单是政府的责任，而是全社会的责任。我觉得一家公募基金会做环境保护是非常合适的，以前的环保基金会其实都是由政府发起的，没有民间发起的，这也是深圳特别大的一个创新。

红树林基金会成立之后，我们找了一个热情的企业家去做基金会的秘书长，但是她来几个月就辞职了，一是出于身体原因，二是也确实不知道一个公益组织应该怎么做，特别是环保类公益组织有很高的技术门槛，她觉得压力也挺大，就辞职了。当时在深圳找一个能做环保公募基金会的秘书长非常难，我们也向全社会招聘。北京人当时不太愿意来，从国外挖一个回来也比较困难，政府对公益行业也没有特别好的政策。当时兼任副秘书长的我毛遂自荐担任秘书长。我是发起人当中唯一一个女性高管，同时又是同洲电子的二股东和副董事长。王石在万科当董事长，不能兼法人，当时的条件确实不可能放弃万科，从可操作性上考虑，我是最合适的。我也觉得对于我来说这是一个机会，2009 年我在当阿拉善会员以后，就参加了阿拉善的换届选举，当时我的竞选题目是"我要做小钢"。刘小钢是任职阿拉善 SEE 生态协会秘书长时间最长的人，她的人生路径深深启发了我：把企业卖掉了，去美国哈佛读书，读完之后在协会做秘书长……

应该说，小钢的公益之路是我追求的一个方向。不断追求内心世界的丰富，对我来说是最重要的事情，我也愿意按照这样的路径成长。仅从获得商业成功来说，让我去做企业，已经没有那么大的动力，钱再多花的也有限，大部分我也会选择捐出去。综合各方面考虑，最后我希望自己出任红树林基金的秘书长。

转型对于我来说是一个新的学习过程，边学边干是我生活中一直追求的状态，不过"做秘书长"对我来说是一个很大的挑战，更重要的是这意味着我公益人生的全新开始。为了集中精力完全投入，我把持有的同洲电子股票全部卖掉，也辞掉同洲所有的职务，毅然决然在红树林基金做专职的秘书长，一当当了两届，6年，直到2018年换届才卸任了秘书长。

就像企业一样，要讲工匠精神，做假冒伪劣产品一定无法长久，公益产品要做在人心中。做环境保护更是如此，因为环保项目的周期比较长，一个项目没有十年看不出效果，我当时就做出承诺：我跟红树林基金会一起向前走，以十年为限，不是以一年为限。因为以一年为限可能是作秀，以三年为限是个人要去获得一些东西，我说十年为限——这也是马蔚华和王石特别欣赏的，觉得我有这个决心，红树林基金会一定能够做好。

三　做公众参与度高的公募基金会

马蔚华和王石是红树林基金会的联席主席，当时他们也是壹基金的发起人和理事（理事长）。在讨论成立红树林基金会的时候，阿拉善 SEE 生态协会华南片区认为壹基金的优势非常明显，有公益明星加上知名企业家，而红树林基金会的发起人几乎都是企业家。在设计基金会组织架构的时候，我们就有一个想法，无论谁去牵头推进成立一家基金会，都要带动社会各界的参与。后来我和闫保华[①]博士梳理出"社会化参与的模式"，在全国的基金会中有很好的示范作用。

（一）社会公推理事与监事

我们的发起人在设计理事、监事组成的时候，充分考虑了社会参与的因素，所以红树林基金会在理事会设计上跟壹基金是不一样的。壹基金是名人加名人、名人加专业人士，这个名人包括演艺明星和知名企业家，而我们的策略是在理事会组织架构的设计中就引入公众参与。这种想法也得到了政府大力支持，当时深圳市民政局的领导都愿意支持这样创新。

---

① 闫保华，现任红树林基金会秘书长，美国亚利桑那大学环境教育博士，深圳市海外高层次人才。

红树林基金会的理事分成三个部分的来源。

一是我们发起人，只占1/3。一般基金会的发起人，包括企业的发起人会占据理事会多数席位而我们希望发起人只是先知先觉者，你需要带动别人，最终希望更多人加入，所以企业家没有超过这个比例。

另外1/3来自社会贤达。这个社会贤达是很宽泛的，包括所有人，可以是公益"大咖"、可以是平民百姓。这三分之一是来自公众选举——每次选举都在深圳引起很大轰动，我们会与特区报、商报等主流媒体合作发布选举信息，广大市民会踊跃参与。前面两届已经当选过的理事和监事，也是由各方面社会专业人士组成的，都代表着社会参与和监督的不同视角。比如说我们第二届理事会监事愈浩，是社会公推的，她是深圳能源集团的董事、财务总监，也是特许公认会计师公会（ACCA）的成员；之前的吴君亮①老师也是公共财务预算专家，每年对深圳市政府和全国的财政预算都会提一些建议和意见。这些专业人士能够在他们的领域中脱颖而出，来到红树林基金会，给了我们特别大的帮助。

还有1/3就是大额捐赠人，比如阿拉善SEE生态协会是我们的大额捐赠方，该协会的秘书长作为代表，也成为我们的理事。

在共同的愿景和使命的认同下，基金会对理监事们的吸引力特别强。理事会都是线下会议，没有理事请假，逢会必出席。会议很开放，每位成员都可以充分地表达、讨论，我们对所有理事的意见也都很重视，因为我觉得他们代表一个客观的角度。每个人代表不同界别，这些界别都会给基金会和项目带来正能量和影响力。从社会公推的角度，体现基金最重要的理念雏形，就是"社会化参与"。

另外，理事会下设专业委员会，这也是借鉴上市公司的做法，专业委员会能更好地指导和参与这个基金会的治理。目前我们主要有战略发展、财务预算、项目、筹款、章程修改五大专业委员会。以财务预算委员会为例，委员会成员也是向社会各界招募，他们当中有发起人，但更多是社会各界专家，不仅是监督，也能够指导财务预算方面更加透明、更加科学；

---

① 吴君亮，致力于推动中国政府预算制度公开，曾于2008年被《南风窗》杂志评选为"为了公共利益年度人物"。

项目委员会，也是像企业做项目管理一样，把项目前置申请、预算，项目中间实施过程，项目结项和成果评价等，做了全程的跟踪管理。王石会长觉得这很像房地产的全程管理。通过这样的方法让基金会的管理更透明，公众看得更清楚，最为重要的还是作为公募基金会，公正、公开、透明、诚信是它最重要的生命力。做事既有扎实的专业基础，又让别人看得懂，大家才能持续支持，持续投入。

（二）环境保护从孩子开始

环境保护这件事要从孩子抓起，环保理念是需要几代人才能够建立起来的。以前通过破坏资源，向大自然攫取的方法获取发展空间，这必然是不可持续的。我们这一代人相当于补课，重新学习跟世界如何相处。

因此，如果认识世界的方法需要改变的话，要从孩子抓起。环境教育是青少年综合素质的一部分，一个人在成长过程中如果没有对自然的正确认识，将来不可能成为保护者，甚至很可能成为不自知的"破坏者"，最终无法跟自然和谐共生。这种不自知，最终显现的影响是缓慢的，像人类出现之前的气候变化一样，气温升高1℃都需要很长的时间。

在理事会中，我们设了一个"观察理事"的角色，在18岁以下的深圳中小学生中产生，基本都是初中生、高中生。他们都是自然爱好者，他们有参加理事会的权利、发言的权利，但从法律上讲属于未成年人，没有投票权。这个角色，很受深圳孩子的喜爱。我们现在三届理事会，每一届都有一个确实特别优秀的孩子做了我们的观察理事。前面两届的孩子无论上国内大学还是留学，都在自己的群体中不断推进环境保护；很多孩子在我们这里当过一次志愿者，最后几乎都会加入志愿服务岗位，学习相关专业：这对孩子的综合发展有难以替代的作用。

我们想推动孩子的自然教育，在深圳中小学中成立环保社团，我们之前试点过几个学校，都成立了环保社团。从今年开始深圳的教育局、城管局、规划和自然资源局都特别重视。深圳是名副其实的"千园之城"，我们给深圳规划了50个自然学校，分别分布在50个公园中，可以覆盖深圳所有的中小学。2019年也修订了《深圳经济特区环境保护条例》，里面有一章就是自然教育。我写了几次提案，也充分征求了社会各界意见，把环境教育作为立法写到条例中，用法律的方式把孩子接受自然教育固化下来。让孩子在成长过程中能够接触自然、了解自然，从而热爱它、保护它，以后做可持续发展的人才，这是可持续发展的必然趋势。

（三）公众环保行动

在深圳我们发起的几个行动，也受到了深圳市政府、市民的支持。2014年7月我们启动了清理海漂垃圾的活动，推动深圳市城管局牵头开展"垃圾不落地，城市更美丽"的行动，把垃圾分类和城市治理结合在一起。

深圳有260公里海岸线，每一公里海岸线都有组织认领。比如北大校友会认领了东西涌大鹏半岛海岸线，定期三个月会进行一次清理。在东西涌原来没有垃圾筒，我们第一次进去做海漂垃圾清理的时候，不是先放垃圾筒，而是先设置了宣传牌，同时志愿者进入社区。每周有志愿者在那里做"无痕荒野"的宣传，如果你们在穿越东西涌这个美丽海岸线的时候，把自己的生活垃圾带出来，出去的时候志愿者会提供一张电子电影票，或其他类似的一些奖励办法。这样就让游客有动力把自己的垃圾带出来，慢慢也就成他们的自觉行动了。现在大家去东西涌，都知道北大校友会持续在那里清理垃圾，所以大家也就不扔了。我们通过清理活动希望能够教育市民在去这些景区、公园、绿道、山野、森林游览的时候，不随意丢弃生活垃圾。

同时，清理出来的垃圾需要做分类。我们使用了国际通用的垃圾分类标准，让大家学习垃圾分类。从2015年开始，每年通过净滩清理的垃圾数据会通过研究报告发布，报告显示这些海漂垃圾主要是生活垃圾和渔民在生产中产生的垃圾，比如渔民的泡沫箱，破旧的渔网、塑料瓶等，也有一些烟头。通过数据的监测，我们就知道如何从生产和消费的源头来处理。

每年世界环境日我们也举办几百人的倡导活动，效果很好。现在，深圳湾公园的垃圾确实减少了，没有通过城市管理部门增加投入，比如增加垃圾筒、增加清洁人力的方法，而是通过市民的反思和自觉行动，进而影响他人，这也是社会化参与接受实践的又一个佐证。

（四） 筹款中的公众参与

作为公募基金会，公众捐赠是我们存在的基础。现在我们的收入来源1/3是政府购买服务，1/3是公众捐赠，1/3是大额捐赠。

最初成立的时候，红树林基金会主要依靠发起人资助，发起人包括了阿拉善SEE生态协会。现在红树林基金会的筹款已经是一个全方位筹款布局，几乎涵盖了筹款市场上所有能覆盖的平台。

我们与企业合作，创新开发了"公益事业合伙人"合作体系。企业通过践行社会责任的方式向红树林基金会进行捐赠，我们也根据企业的需求开展与自然教育相关的活动。

我们一直非常重视公众小额筹款。福田红树林生态公园有一条诗意小径，里面的每一棵树都是由我们市民认领的。月捐是近年来我们的战略筹款产品，每天1元钱对于一个人的影响是非常深刻的。曾经有深圳企业家要向公园捐钱，他当时要分期捐5000万元，我说我更希望您的员工成为我的月捐人，每人每天捐1元钱，而不是您一个人一次性给我这么多钱。核心在于，无论是以什么样的角色来参与环保项目，这1元钱都代表了参与的能力和决心，这1元钱产生的贡献并不低于大额捐赠背后的价值。

从2017年开始，每年5月我们都会举办"红树之夜"慈善拍卖会。红树之夜链接了全国各地知名艺术家捐赠艺术品，并邀请100位具有环境保护情怀的企业家相聚于此。我们的理念是希望搭建一个公益和艺术的平台，链接艺术家和企业家，企业家经过艺术熏陶、公益熏陶，成为未来热爱公益的收藏家。此外，大额支持除了发起人和发起机构每年的捐赠，我们设置了"终身荣誉理事"的荣誉，每年支持100万元，可以列席理事会，参与建言献策。现在已经有6位终身荣誉理事了，其中有3位不是发起人，而是从红树之夜的平台加入的。

四 与政府合作推动环境保护

早年中国对"社会组织""基金会"的理解是它们是更偏向西方社会

的，例如站在某些对立面去做一些呼吁或者是抗争。实际上从中国环保实践的发展看，不同环境议题的问题严峻程度不同，各机构的使命战略不同，无法一概而论。从红树林基金会的经验出发，我们认为政府的支持是特别重要的，而且在环境保护这件事上，政府能够发挥更大的作用。

改革开放 40 多年来，深圳 73% 的红树林和 80% 的自然海岸线已经消失了，经济发展和环境保护怎样能够很好地协同起来呢？其他发达国家也是经历过这样阶段的，简单地去批评解决不了问题，最关键是找到自己的定位，寻找正确的方法和策略。

跟政府一起去推进环境保护工作，这是我们都认同的策略。深圳市政府特别喜欢创新，也愿意支持新生事物，而在环境保护方面，政府的支持力度也很大。比如在 20 世纪深圳开发滨海大道之时，原计划穿过福田红树林自然保护区，后来在保护区管理局及有识之士的共同倡议之下，政府决定改道绕过保护区，才有了今天全国面积最小的、唯一处于城市腹地的国家级自然保护区。在深圳土地这么紧缺的情况下，一代一代的深圳领导，他们对于环境保护还是有前沿的思考和布局的。

但把保护区关门开展保护是远远不够的，因为我们要关注到保护对象的实际情况。深圳湾是全球 8 条候鸟迁飞路线之一的东亚—澳大利西亚迁徙线重要中转站，从俄罗斯的北极一直到澳大利亚，每年在此过境的鸟超过 10 万只。这是一个非常大的数量，作为一个城市的腹地，如果不能很好地为候鸟提供栖息地，这些候鸟就无法继续迁徙，进而对红树林生态系统产生威胁。

我们与保护区的合作就是从这开始的，红树林基金会把"积极的湿地管理"纳入重要的议事日程。过去虽然把它圈起来了，但是不代表我们有很高的保护水平，也不代表满足了保护对象候鸟和红树林植物的需求。20世纪 80 年代，保护区从渔民手中收回十几个鱼塘，收回后没有进行人工干预，堤岸上长满了树丛和芦苇，塘水较深。而这里的水鸟，例如全球濒危仅有 4463 只的黑脸琵鹭是不会游泳的，它们喜欢宽阔的水面，因此没有办法在又深又小的鱼塘上降落。于是，经过上级林业部门的同意，我们与保护区管理局一起，对其中三个鱼塘进行试验性改造。改造的效果出人意料，改造后水鸟数量最多增加了 40 倍；黑脸琵鹭，最多一次我们监测到 92 只，这是历史上 30 年都没有出现过的。前些年，好多黑脸琵鹭去香港了，深圳人看鸟都去香港米埔自然保护区①，现在我们家门口的深圳湾也能看到了。

因为保护区中不能建永久性建筑，我们就采购了集装箱建自然教室，面向深圳市民进行自然教育导览。过去是把保护区的大门关上，现在把它打开，通过预约的方式，一年有将近千人次可以进到保护区。每个周末，在志愿者的带领下，公众可以走进这片神秘的"海上森林"。这种合作模式，在深圳是一个首例，也给其他保护区提供了示范，吸引了全国滨海湿地 35 个保护区前来参观和学习。包括红树林基金会搭建的中国滨海湿地保护网络，网络成员也都来深圳参与模式学习和培训。

在福田红树林自然保护区东侧的缓冲区——福田红树林生态公园现在的位置，原来是由五个单位共管，包括深圳广电、水务局、人居环境委（现深圳市生态环境局），以及边防两个支队。但从环境角度来看，这个区域特别重要，它是两个保护区的缓冲区，连接了香港米埔自然保护区和福田红树林自然保护区，距离前者最近的位置只有 300 米。福田区政府下了很大的决心，把它收回并重新恢复建成一个生态公园，同时把它托管给我们。红树林基金会成了中国内地第一个管理市政公园的公益组织，我也成为深圳公园历史上第一个公益型园长。之前园长都是政府公务员或事业单位编制人员，从来没有聘一个公益组织的秘书长当园长。2019 年是我当这个园长的第五年。

与其他公园一样，我们也有专业的安保、保洁、养护团队，与其他公园不同的地方是我们组建了一个专业的保育和教育团队，还有一个访客服务部。保育团队主要关注的是这个公园的生态提升和修复，例如控制水的盐碱度，更换更适合的本地物种，提高生物多样性。公园的生物多样性每年都有提升，现在增加 1 倍了，记录到的鸟类从开园时的十几种鸟类到现在

① 香港米埔自然保护区位于深圳福田保税区的南面，被列为国际重要湿地名录，与深圳仅隔着一条小小的深圳河。香港政府将米埔自然保护区交由世界自然基金会（WWF）托管，参观者需要预先在世界自然基金会香港分会的网站上预约、交费，然后再按照预约的时间参观。世界自然基金会，成立 1961 年，是在全球享有盛誉的、最大的环境保护组织之一。WWF 香港分会于 1981 年成立，自 1983 年起管理米埔自然保护区。

的 200 多种。我们像在保护区一样做监测去观察记录生态变化，包括鸟类调查、土壤监测、植物监测、微生物监测等。

深圳政府"千园之园"是希望给市民增加绿色福利。怎么让这个绿色福利提升它的价值？除了简单看一看满眼的绿色和繁花似锦之外，还要获得更多的知识并开始践行绿色生活。教育团队负责在公园开展环境教育、自然教育，让公众在这里能够更好地认识到环境保护的重要性。我们在这里建了自然教育中心，生态公园不大，虽然只有 38 公顷，但每天的人流量很大，且一年能够接待近 3 万人次参与我们的自然教育。教育团队让公众了解到我们这里的环境，知晓公园的建设历史，也包括公益组织、公众和政府的相关领导为这里的环境保护做出的贡献，传递正能量的声音。

虽然与其他公园相比，我们多了保育和教育的服务，但政府拨发的运营经费与其他公园是一样的，不足的部分我们自己补。这也是红树林基金会践行社会化参与的一个重要方式。

五　为什么是在深圳？

深圳这座城市充满了创新的基因，红树林基金会在深圳的成功是必然的因素。

第一个原因，从市场机会来看，我们在深圳做环境保护，在全国有示范作用。深圳面临的环境挑战比别的地方更严峻。深圳的土地资源很有限，改革开放后 40 年，我们不可能以牺牲环境为代价去促进经济发展，这是政府正在思考的，也是红树木基金会作为深圳本土基金会不断探索的领域。所以，环保如果在深圳能够做成，那么对全国其他还没有开发的区域，就具有很好的示范效应。

第二个原因，深圳作为改革开放前沿，创新是其最重要的特点。政府领导看到好的做法会创造条件去实现。香港渔农署通过土地转让的方式，把米埔自然保护区土地以 1 元钱的方式委托给世界自然基金会香港分会去运营管理和建设。深圳政府不能用土地转让的方式，就采取了委托运营管理权的方式，就是因地制宜的创新。再比如福田区社会组织总部基地，我们提出以服务换租金，政府相关部门为此开了好几次常委会，后来也同意了这种做法。我们团队觉得特别感动，它并不是租金那么简单，这是很大的变革，是理念的改变。

深圳全社会参与社会治理的愿望比较高涨，政府也愿意顺应这个民意，愿意推动社会组织发展。我觉得社会组织在深圳的发展环境是比较宽松的，全国各地要在社会治理方面有所贡献的人和组织可以到深圳发展。从我们基金会注册到发展到现在，业务主管单位、民政部门、政府其他部门和各级领导，从信心和理念上给我们很大的支持。

第三个原因就是地缘关系。深圳跟香港、澳门相毗邻，我觉得这是深圳天然的学习"案例"。在经济发展过程中，我们借鉴内化了香港、澳门的很多优势模式，比如产业园、科技创新等方面。我们在基金会创立之初，每一个跟我们合作的政府部门领导都在我们建议下去香港参观学习，回来之后发生了很大变化。像深圳市城管局（林业局）王国宾局长去香港参观学习完了之后，他不仅采用了香港米埔的合作模式和我们签订了保护区战略合作协议，还学习香港的公园标识体系，把深圳公园所有的标识系统做了重新规划和梳理。

第四个原因就是人。深圳号称"义工之城"，几百万名志愿者铸就了丰富的志愿者文化。这是其他城市无法在短时间内赶超的，包括红树林基金会开展自然导览等工作都是由志愿者执行的。同时，深圳市民确实经济水平比较高，公益捐赠的能力也强。

所以，我觉得在深圳，是真正的顶层设计驱动、社会各方参与：从最高立法层面推动，到政府管理创新，从社会参与的群众基础，到改革开放带来的经济收益和环境损失。深圳是一个创造奇迹的地方，伟大的企业在这里成长，这里孕育的公益组织也必将头顶朝阳。红树林基金会的愿景就是成为国内环境保护的领军者，在国内、国际都能具有影响力。

一座城市对人的改变，终将通过每个人的生命足迹留下最终的烙印。也许未来，深圳不会记得孙莉莉的名字，但当孩子们在红树林中扬起笑脸，当城市的耕耘者抬头仰望候鸟的时候，会永远记住这一份自然馈赠带来的心灵震撼，并守护这片深圳人的精神家园。

访谈印象

孙莉莉是跨界精英，非常平易近人、有亲和力，她的同事们都称她为莉莉姐。跟莉莉姐的访谈时间并不长，但整理出来的文稿字数相当多。她语速极快，但逻辑清晰，字字珠玑，言之凿凿，每一个词每一句话都干净利落，口述稿原文几乎都无须修改和调整。

红树林基金会所做的工作，刷新了我对社会组织的作用和价值的认识。它们哪里仅仅是提供公共服务，它们分明是在引领公共服务和社会管理的创变，在探索新的公共服务提供模式，在改变政府的管理理念！同时，我也看到了深圳政府官员的创新意识和改革魄力，他们愿意尝试新的方式，愿意放手赋权给社会组织。社会组织与政府之间，彼此信任，构建了良好的互动模式。

在访谈莉莉姐之后，我也成了红树林基金会的月捐人，并组织亲朋好友到生态公园的科普基地参观学习。感谢莉莉姐带领的团队，让我们深圳市民有更多的机会接受自然教育，享受滨海湿地带给我们的无尽财富。

窦瑞刚：公益资本推动公共服务供给侧改革

【人物及机构简介】

窦瑞刚，1998年中国人民大学商学院毕业后在深圳市中兴通讯股份有限公司工作，2005年进入腾讯，2006年负责腾讯公益慈善基金会的注册和筹备工作。腾讯公益基金会成立后，专职负责基金会的管理和运作，现任腾讯公益慈善基金会执行秘书长、深圳市老龄事业发展基金会副理事长兼秘书长。

腾讯公益基金会是由腾讯公司2006年9月发起筹备，2007年6月在民政部注册的全国性非公募基金会，是中国第一家由互联网企业发起的公益基金会。腾讯公司捐赠原始基金2000万元，并承诺每年按照利润的一定比例持续捐赠。秉承着"人人可公益的创联者"的理念，腾讯公益基金会推动互联网与公益慈善事业的深度融合和发展，通过互联网尤其是移动互联网的技术和服务推动公益行业的发展。

深圳市老龄事业发展基金会是1995年4月在广东省民政厅注册的地方性公募基金会，作为深圳这个年轻的改革开放之城唯——个关注老龄化领域的公募基金会，旨在动员社会资源应对老龄化挑战，以创新的方法、科技的力量推进老龄事业发展。

一　我与深圳的故事

我是1998年大学本科毕业以后来的深圳。我们是大学市场化改革、缴费上学、毕业双向选择不包分配的最初几届学生。1997年刚刚上市的深圳市中兴通讯股份有限公司去北京进行校园招聘，因为我的女朋友保送了研究生，原本计划考研的我，被中兴招聘广告7万至12万元的年薪所打动，连夜手写了一份简历递给招聘老师，没有想到竟然被录取。作为贫困农民家庭的孩子，中兴通讯给的薪酬具有巨大的诱惑力，我于 1998 年 3 月来深圳报到实习，在中兴通讯企业管理部工作，7 月毕业报到入职就正式转正了。1998 年中兴通讯进行事业部制改革，改革由企业管理部协调推进，当时部门负责人胡达文先生带领着我们一起做改革方案。改革完成以后，公司成立总裁办，胡达文先生出任总裁办主任。当时总裁办下属的驻京联络部希望总部能够派遣熟悉公司流程制度的人员支持，考虑到我的女朋友在北京，我就在年底前后被派回驻京联络部，先后从事行政及政府关系工作。2003 年初，公司又将我调回深圳总部，任总裁办企业管理室主任，负责企业流程再造和变革管理。后来我的爱人也调到深圳，我们就此在深圳安家。

二 我与腾讯的故事

我是 2005 年 6 月 30 日来腾讯公司报到的，当时中兴通讯正处于高速发展阶段，我入职 7 年，中兴通讯已经由 2000 多人发展到 2 万多人，销售收入也由 20 多亿元增长到 300 多亿元，当时我离开中兴通讯，很多同事和朋友也不太理解。我自己给的理由是"七年之痒"，我还记得我当时在 MSN 签名上写的内心感慨"也许新欢不如旧爱，但离开的情愫总悄然滋生"。有趣的是，因为这个签名，很多大学同学来问我，以为我和我爱人的感情出了什么问题。

当年，即将到而立之年的我，内心有两个愿望：一个是希望换一次工作，身边很多同事是从大学毕业就来到中兴通讯，当时很多人已经做了十多年，所以我有点担心我会像他们一样，现在再不换工作，随着年龄的增长未来就更没有动力和能力换了；另一个愿望就是在 30 岁的时候养育一个孩子。

我当时为什么选择腾讯呢？我内心觉得要选一个更能让孩子和年轻人理解的行业，中兴通讯比较偏技术，有点枯燥，而当时腾讯的主要产品 QQ 的用户主要是孩子和年轻人，我觉得来腾讯，应该和未来的孩子有更多的共同语言，彼此更容易理解和交流。

过完 30 岁生日的我，来到了腾讯担任行政部总经理，就在当年 9 月，我爱人怀了我们第一个孩子，可以说我 30 岁的人生愿望全部实现了。

三 我与腾讯公益慈善基金会的创办

我内心深处一直认为，我来腾讯，冥冥中注定就是为了有机会参与公益、从事公益的。

2006 年 5 月，腾讯创始人和管理层在香港召开腾讯 2005 年报发布会，马化腾等创始人意识到企业越大，责任越大，所以他们推动公司董事会决策，从每年的利润中拿出一定比例回馈社会，承担企业社会责任。当时企业利润还比较少，所以定了一个下限——每年不少于 2000 万元人民币。

企业以什么形式以及什么载体来使用这笔捐款，就交给了我所在的行政部去调查研究，时任民政部民间组织管理局局长孙伟林建议我们成立一个企业冠名的非公募基金会。他说，2004 年《基金会管理条例》颁布，鼓励企业和个人发起成立非公募基金会。这样，腾讯内部成立了一个由现基金会理事长郭凯天①担任主任，我担任副主任的基金会筹备小组，于 2006 年 9 月正式决定申请设立腾讯公益慈善基金会（以下简称腾讯公益基金会）。2007 年 6 月经民政部批复成立，腾讯公益基金会成为中国互联网行业第一家企业设立的公益基金会，也是中国首批企业成立的全国性基金会。

基金会走过的这 13 年路程，是一个坚守初心、不忘使命、不断探索的过程。腾讯公司一直坚守其成立基金会的承诺和初心，每年均将上年度利润的一定比例捐给腾讯公益基金会，截至 2019 年底累计捐赠资金超过 43 亿元，以创始人为代表的员工捐款超过 8000 万元。同时，腾讯一直致力于通过互联网核心资源、互联网技术来赋能，助推公益事业的发展。

13 年来，腾讯公益基金会战略目标始终如一：一方面在线下开展扶贫济困、教育发展等公益项目，以帮助一些需要帮助的人；另一方面，致力

---

① 郭凯天，腾讯集团高级副总裁，党委书记，腾讯公益慈善基金会理事长。

于将腾讯的互联网核心能力与公益慈善事业深度融合，利用腾讯的核心资源和核心能力，即腾讯的网络技术和腾讯对亿万网友的影响力，搭建互联网公益平台，推动以网友为代表的公众的参与，建立公益捐赠的习惯，开启中国公益慈善事业的"互联网＋"时代。

对于中国公益慈善事业来讲，普通民众的参与不足一直是发展的制约因素，与欧美发达国家来自普通大众的捐赠比例接近80%相比，中国普通大众的捐赠比例一直低于10%。公益慈善的透明度以及参与的便捷度成为影响大众参与的核心原因。

成立之初，腾讯公益基金会就提出了"公益2.0"，强调人人可公益、大众齐参与的理念。"公益2.0"的概念来自网络2.0，网络2.0的本质就是互动，就是分享、参与。我们尝试搭建腾讯公益网络平台来连接亿万网友的爱心，让公益离老百姓近一点，让大众成为公益的主角；用互联网技术让公益更简单便捷一点，并让公益和民众互动起来，强调人人参与的模式，逐步让公益慈善成为大众生活的一部分。

"互联网＋"公益起步之初，其实应者寥寥，所以最初的几年，我的很重要的一个工作就是不断地在各种论坛和会议上进行分享，普及"互联网＋"公益的理念。从某种意义上来说，我也是中国"互联网＋"公益的最初的启蒙者和吹鼓手。

截至2020年4月，大约1万家公益组织先后入驻腾讯公益平台，发起并上线超过7万多个公益项目，汇聚超过3.34亿人次网友的爱心捐款，累计为公益组织募集资金超过85亿元。这些数字也反映出，目前在中国"互联网＋"公益已经成了时代的一个潮流，深刻地改变了中国的公益生态，以及以网友为代表的公众的公益参与模式。

四 从教育改革到养老改革，我在深圳的另类探索

腾讯公益基金会在"互联网＋"公益领域的探索，大家都比较了解，特别是"99公益日"，已经成为中国乃至全球的一个现象级的公益项目。

我因为不是技术出身，在完成腾讯公益平台早期搭建，以及在论坛和

行业会议上为腾讯公益鼓而呼以外，我参与腾讯公益基金会线下的项目，特别是一些试验和创新型的项目更多一些，比如"腾讯为村"项目以及推动"觅影"AI图像识别技术帮助偏远地区的医院进行癌症的早期筛查等公益项目。

"腾讯为村"项目最早是我们于2009年启动的"腾讯筑梦新乡村"项目，这也是中国互联网企业中最早开启定点精准扶贫的项目，这个项目后来发展成"为村"平台，致力于为乡村赋能，连接乡村的情感、信息、财富，探索"互联网＋"乡村振兴的模式。至今有超过一万个村庄加入了"互联网＋"乡村振兴的平台，认证的村民超过250万人。

而最近七年，我更关注社会组织和社会力量如何参与社会治理和社会创新，基金会如何推动公共服务产品的供给侧改革。我的主要精力也放在了两个事业单位综合改革项目上，一个是基础教育领域公办中小学的改革，另一个是公办养老领域的养老护理院的改革。

我们都知道事业单位是非常有中国特色的一种组织形式，从其设立的目标来说，它是公益性组织，是提供公共服务的，它和社会组织在性质上类似，许多有官办背景的社会组织也是特殊的事业单位。改革开放40多年来，我们一直在推动国有企业的治理模式和治理机制改革，而事业单位的改革相对来说比较缓慢，因此探索事业单位的改革路径有其特殊意义。

（一）明德模式，开启基础教育改革的第三条道路

2012年初，我牵头启动了深圳明德实验学校的教育综合改革项目。经过一年多反复的沟通，2013年初，腾讯公益基金会和福田区政府正式签订了《合作办学框架协议》。根据合作协议，福田区政府将深圳明德实验学校（原福田香安学校）委托给深圳市明德实验教育基金会（以下简称明德教育基金会）承办，由明德教育基金会组建明德实验学校校董会，招聘教育家型的校长，建立董事会领导下的校长负责制，并于当年9月学校正式开学。

明德教育基金会是福田区政府和腾讯公益基金会合作办学的一个推动、协调平台，它由福田区政府和腾讯公益基金会同比例出资发起，启动资金1

亿元，后续追加到 2 亿元。明德教育基金会理事会由福田区政府和腾讯公益基金会推荐代表组成，我担任明德教育基金会的秘书长。

明德实验学校是国内首个"公立非公办"学校，改革方案主要是我参考香港的公立学校的管理模式，以及美国公立学校中特许学校的改革路径，同时也借鉴了南方科技大学之前探索的大学改革模式来进行设计的。

它是通过"委托管理"这样一种模式，来探索基础教育阶段公立学校的现代学校治理体系改革。在治理体系上，明德实验学校创新型地设计了一个"管、办、评"分离的制衡分权负责机制。福田区政府将明德实验学校委托给明德教育基金会来管理，政府从公立学校的日常管理中退出，将重心放在政策和行业监管及效果评价上；明德教育基金会作为学校的管理主体，推动建立董事会领导下的校长负责制，学校董事会为学校的最高管理、决策机构，具体承担办学责任；董事会遴选优秀的教育家型的校长，校长向学校董事会负责；校长及其管理团队负责拟定学校的办学规划，实施学校的日常管理。

这样的一个事业单位法人治理改革，重点是希望推动公立学校的人权、财权、事权的改革。在保留公立学校属性不变的基础上，明德实验学校希望探索出一条介于公办学校和民办学校之间的公立学校转型发展的"第三条道路"，形成体制优势、人才优势、资金优势、技术优势、课程优势，所以它也被称为中国基础教育改革的明德模式。

明德实验学校的改革背后的动力机制，主要还是源于政府有比较强烈的改革动力，所以明德实验学校是福田区 2014 年事业单位法人治理结构改革试点单位，也是深圳市事业单位首批综合改革试点单位。我和腾讯公益基金会在这个改革中的主要角色是改革方案的设计者、推动者，以及为学校争取按照改革最初设计的路径往前探索，解决改革中出现的一些具有争议性的问题。

明德实验学校开办以来，明德模式得到了社会的广泛关注和高度认可，曾获深圳市年度十大改革项目、广东省委事业单位法人治理结构改革优秀案例、第三届全国教育创新典型案例、深圳市"最具变革力"学校等荣誉，学校学位更是一位难求。这个结果其实是出乎我的意料的，我认为这主要还是源于社会对于程红兵①校长的认可，对于陈一丹②先生为核心的校董会的认可。

在我内心深处，我一直认为明德实验学校在某种意义上被"神话"了，我始终认为，一个优秀的学校是需要时间来慢慢沉淀的。明德的法人治理机制的有效运作、学校体制改革和教育教学质量之间的相关性，也需要更长时间来检验。

（二）从教育改革到养老改革，从关注孩子到关注老人

最近几年，我更关注中国以及全球面临的老龄化挑战，我认为这是一个巨大的社会问题，但关注的社会组织还比较少。所以我推动了深圳市老龄事业发展基金会的社会化重组，并以这个基金会为平台，去推动深圳市养老护理院这样一个新设立的公立养老机构的改革。

教育改革做了差不多两年的时候，应该是 2015 年前后，时任市民政局副局长侯伊莎说腾讯公益基金会能不能在深圳民生领域做一个改革项目，说有一个政府建的养老护理院马上就要竣工了，正在讨论未来的运营模式，有没有可能参照明德模式来做一个公立养老护理院的改革。

我去请示了腾讯公益基金会的郭凯天理事长，他判断养老和腾讯的企业文化、用户特征差别比较大，和我们的社会形象差别也比较大，作为一个年轻的互联网企业，建议还是不要参与养老类的项目，所以我就婉拒了侯局长，说理事会不同意做这个事。

我们都知道侯局长是一个特别有激情、有改革想法的人，她认准的事就总是盯着你，不断地游说你。她还是希望能把明德的模式、教育领域的改革模式在民生领域特别是养老领域进行复制。她觉得养老院也是一个事业单位，跟学校的性质比较接近。她反复跟我说，腾讯这样在深圳本土成长起来的大企业，应该在深圳的民生领域多做点事，多关注一下老龄化领

---

① 程红兵，中学语文特级教师，上海市建平中学原校长。全国"五一劳动奖章"获得者，享受国务院政府特殊津贴。从 2013 年开始，任深圳明德实验学校校长。
② 陈一丹，腾讯主要创办人之一，腾讯公益慈善基金会发起人兼荣誉理事长，深圳明德实验学校校董会荣誉主席。

域，所以她总是不断地建议我再去游说一下郭理事长。我虽然嘴上答应了她，但一直也没再推动过这事。

我态度的改变源于当年暑假的美国之行。那一年7月，我们一家人去美国度假，在一个高中同学所住的美国小镇上，待了将近一个月。孩子们去参加夏令营了，我们夫妻俩没什么事可干，就去社区图书馆。那次美国之行让我对美国的社区有了更深刻的理解，对企业社会责任中的社区责任有了全新的认识。你想，小镇上就这么一两家企业，企业与小镇联系非常紧密，所以社区图书馆的主要捐赠者也是小镇上的企业。

此外，就是改变了我对养老事业的态度。我英文不好，在社区图书馆看不了英文杂志，只能看中文的，那个社区图书馆里只有一种台湾出版的中文杂志《远见》。杂志中，大量文章都在讨论台湾老龄化、台湾的银发潮。因此，被关在小镇上的我，被迫去研究人口老龄化问题。以前我们绝大部分同龄人觉得这个议题离自己好遥远，但是一去关注，就会发现，老龄化是人类有史以来面临的一个从来没有出现过的挑战！老龄化不只是中国面临的挑战，它其实也是世界的挑战，欧洲的衰落、日本的衰落背后都有这个深层次的人口结构的原因。

在美国期间，我有一个思考，就是我们现在不为老龄化做准备，等我们老了之后这个情况不会变得更好，只会变得更差。所以我还是决定趁我们还能够动员一些资源的时候，为我们的未来，几十年后的老龄化探一条路，做一些准备。

所以从美国回来以后，我去找郭理事长汇报，我跟他讲了我在美国的一些思考，认为随着老龄化的到来，大量的失能失智老人的照护将是一个严重的社会问题。当一个老人不能照顾自己的时候，就不仅仅是个人或家庭问题，而且是一个社会问题，因为只要一个家里一位老人躺下，这个家就没有办法正常运转了。我提出的失能失智老人带来的社会问题，引起了郭理事长的关注，因为他的父亲卧床将近10年，他深有同感。所以他也转变了对养老这个事情的态度，他建议我继续和政府沟通，他去和马化腾先生汇报，争取获得马总的支持。

在这种情况下，我就跟侯局长汇报，原则上咱们这个事可以接着往前走，咱们一起商量改革方案。

五　深圳市养老护理院改革之路

（一）重新激活深圳市老龄事业发展基金会

2015 年，我开始跟深圳市民政局具体沟通深圳市养老护理院的改革方案，当年 9 月，我们提了第一稿方案，基本上是参照明德实验学校的方案，腾讯公益基金会发起成立一家养老基金会，民政局将养老护理院委托给该基金会管理。这个方案需要先上民政局局务会讨论，结果上会的时候，侯局长去国外学习，局务会上凌冲①局长表达了不同意见，方案没有通过。

我知道以后，就趁一次开会期间，专门找凌局长汇报了一次。凌局长说他反对的原因是觉得腾讯参与养老不靠谱，于是我就把这个事情的前因后果跟他讲了，也讲了我决定推动腾讯公益基金会来参与这次改革的初衷。凌局长听后也很认同，因为他也有切身之痛，他当过市老龄办主任，熟悉老龄工作，也对公办养老机构的管理质量和服务质量的不到位深有同感。

所以，他对于我要为我们的未来做一些探索和尝试的工作，表示支持，同时他说，不用再新成立一个基金会，现在局里有一个现成的基金会，他还当过秘书长，有几十年历史了，现在处于"僵尸"状态，再不管它就死了，你拿去激活它！因此，我就着手重组激活深圳市老龄事业发展基金会，没有再去注册新的基金会了。

深圳市老龄事业发展基金会历史非常悠久，它是深圳市民政局主管的一个有着几十年历史的基金会。它是 20 世纪 90 年代初在深圳市注册的，那时候基金会的注册还归中国人民银行管理，基金会的原始基金由老龄办找了一些企业捐赠，最后凑了 667 万元。后来基金会从中国人民银行又归到民政部门管，深圳市老龄事业发展基金会又改到广东省民政厅登记注册。

深圳市老龄事业发展基金会成立以后一直是按照老龄办下属的事业单位来管理的，老龄办的主任，就兼任基金会的秘书长，基金会基本上没有

---

① 凌冲，时任深圳市民政局党委委员、市社会组织管理局局长。

专职人员，采用的也是事业单位的财务会计制度。

我和凌冲局长商议了深圳市老龄事业发展基金会的重组方案，采取改组理事会、增加原始基金的重组方式。我走访了公益圈，联合对老龄事业关注的北师大中国公益研究院、中国社工联合会、老牛基金会、爱德基金会、腾讯公益基金会一起作为发起单位，重组了理事会，将原始基金由677万元增到1000万元。

2016年3月，我就开始担任深圳市老龄事业发展基金会的副理事长兼秘书长，正式开启了我的养老改革之路。

（二）深圳市养老护理院改革方案的确定

深圳市老龄事业发展基金会的重组相对比较顺利，但深圳市养老护理院的改革比我想象的复杂、艰难和曲折，可以说是内忧外患，让我心力交瘁，一度认为推动不下去了。

最初，侯局长的乐观影响了我，我错误地以为深圳市养老护理院的改革会比较顺利，因此在接手深圳市老龄事业发展基金会之后，我就逐渐退出了明德实验学校的改革项目，把工作重心都放在深圳市养老护理院的改革上，结果发现自己走上了一条仿佛看不到终点和结果的改革之路。

明德实验学校的改革方案的确定，我们和福田区教育局沟通了大约一年时间，而深圳市养老护理院的改革方案，前前后后谈了超过三年时间，市民政局换了三任分管副局长、两任局长；分管副市长也换了三任，连市长也换了两任。

其中最难的是确定改革的具体方案，当时占据主流的观点是推动公立养老院的公建民营或者政府和社会资本合作，国务院的文件以及主流的声音都是这个方向。我本人是不建议公建民营的，原因在于公建民营的本质就是政府扔包袱，政府建的公办养老机构通过租赁和承包的方式交给营利性企业来经营。我认为政府首先要明确在养老服务领域哪些是政府应该提供的公共服务，哪些属于市场可以提供的服务，对于政府应该提供的公共服务，政府是不可能把包袱扔了的，否则就会产生严重的社会问题。我认为从全世界老龄化程度比较高的发达国家的经验来看，失能失智老人的照护就是政府必须提供的公共服务，公立养老院应该承担起这个服务的供给。

公建民营的背后也有商业的力量在推动，2016 年前后，国内掀起一股养老热，各路资本纷纷涌入养老产业，许多房地产公司、保险公司投入巨资布局养老产业，公办养老机构被它们认为是轻资本介入养老的一条捷径，因此各路产业资本八仙过海，纷纷希望能够涉足，向政府推销其方案。

这导致深圳市养老护理院的运营管理方案一直无法顺利出台，陷入僵局。事情出现转机是时任市民政局法规处处长王辉球接手运营管理方案的拟定工作之后，我们经过沟通，他迅速理解了我的改革想法和意图。他曾经在市民政局很多处室工作过，对于民政工作以及政府的公共服务的特点有非常透彻的了解。他非常认同在养老这个领域，政府公共服务的重点应该是对失能失智老人的照护，也就是随着中国老龄化程度的提高，传统的民政托底保障工作的重点将转为对失能失智老人的照护。他也认为改革的重点不应该是将公办养老机构民营化，而是在公办养老机构性质不改变的基础上提升其管理和运营效率，所以他在民政局内部做了积极的推动，逐渐获得了局领导的认同。

最终改革路径的突破，源于 2017 年 9 月深圳市出台的《关于规范管理事业单位、社会团体及企业等组织利用国有资产举办事业单位的意见》的文件精神。我们在和市编办沟通的时候，了解到市里即将出台这个文件，我们根据这个文件的精神，最后修改了整体的改革方案。我们选择不走当年的明德实验学校的公办事业单位委托管理的改革模式，而是决定把它改成新型事业单位，就是由其他组织举办的事业单位这样一个改革方案。

整个改革项目在过程中曾得到了多位市领导的关注，2017 年 10 月，市政府办公会正式批复了市民政局报送的深圳市养老护理院的运营管理方案，明确深圳市养老护理院作为其他组织利用国有资产举办的事业单位，举办单位为深圳市社会福利中心和深圳市老龄事业发展基金会，去行政化、没有编制、不定级别，实行企业化运营管理、社会化用人，建立以理事会为核心的法人治理机构，政府采取以事定费等方式购买其提供的基本公共服务项目，定位在失能半失能老人的生活照顾、护理、医疗、康复、临终关怀等服务，并希望未来对全市形成整体示范。

根据运营管理办法，理事会会同市民政局一起通过公开招标产生一个管理服务公司来提供运营管理团队服务，向理事会推荐院长、副院长等运营管理团队人员，经理事会聘任后和养老护理院签约，由运营管理团队具体招聘员工，采取合同制、契约化管理。

2017年10月到2018年，深圳市养老护理院做开业前的准备工作，包括固定资产的购置，运营管理团队的组建。2018年6月，我们完成了院长、副院长的招聘，并于10月前到岗。2018年底，深圳市养老护理院正式开业，2019年3月开始收第一批老人，目前在院老人50多位，全部是重度失能失智老人。

深圳市养老护理院作为公办、保基本、保民生的养老机构，入住老人采取的是统一轮候制度，即老人在政府统一的轮候平台中轮候，由政府指定的医院进行身体状况评估，根据其失能失智情况进行排序，也就是根据其需要专门护理的迫切度来打分排序后将符合入住条件的老人资料提供给养老护理院，养老护理院再安排家访评估，进行入院的安排。

（三）深圳市养老护理院改革的难点

深圳市养老护理院新型事业单位改革的方案经市政府批复以后，我本来以为改革的核心部分已经完成了，但没有想到其实最难啃的骨头还在后面。

最难的是什么呢？就是政府财政的资金怎么下拨给它。在我的观念里，它还是一个政府公办的养老护理院，承担着政府的托底保障的公共服务，只是它没有了编制和行政级别，管理模式进行了改革，政府按照给其他公立养老院的标准给它拨款即可。但实际上不是这样，传统的事业单位中比较大额的经费是人员经费，采取的是先核编。市编办根据其行政级别等，核定其编制和人数，然后市财政根据编制和人数来核定其人员预算。深圳市养老护理院新型事业单位改革以后，不再有行政级别和编制，就没有办法核编和定员；再加上当时市政府批复的它的经费来源是经费自理，市财政认为不能给它进行财政资助。

明德实验学校当时的财政资金，创造性地按照福田区公立学校大生均经费的方式，确定了按照学生人数来拨付大生均经费给学校，由学校按照财务管理办法来具体使用的改革方案，并经区委常委会定下来后在委托管理协议中约定。但深圳市养老护理院是一家市属机构，财政经费的确定和拨付要经过市财委来确定。

传统的公办养老院一般采取的是收支两条线的资金管理办法，它按照发改委确定的公办养老院的收费标准来收费，它的收费是远远弥补不了它的床位运营成本的，政府通过财政资助，进行了床位的补贴。

如果财政不给予资助，是否可以通过价格提升来解决呢？公办民营之后，发改委就不再干预公办民营养老院的定价，可以采取市场化定价的方式来解决。我们当时也提出深圳市养老护理院能否推动准成本定价或者市场化定价，因为国务院关于公办养老机构的改革措施里也是希望能够逐步推动准成本定价，但相关市领导出于种种考虑，没有采纳。

我本人是倾向于准成本定价的，政府变补贴养老机构为补贴老人个人，即根据老人的情况来决定是否享受政府补贴，以及享受多少。传统公办养老院的床位定价较低，会导致两个问题，一方面会存在一个寻租空间，因为床位的成本可能一年是 10 万元，老人实际支付的不到一半，这就意味着他入住进来就享受了国家的额外补助，所以就会有人想各种办法先住进来占据床位。另一方面，公办养老机构床位定价过低导致养老市场价格扭曲，就会出现公办养老院和民办养老院之间巨大的价格鸿沟，民办养老机构没有竞争优势，导致大量老人选择等候公办床位，而不选择民办养老机构，民办养老机构入住率较低，生存和发展困难，从而出现市场失灵。公办养老机构准成本定价，公办养老院和民办养老院的床位价格比较接近。在一个养老院的运行成本中，理论上 65% 到 70% 是人力成本。公办养老院准成本定价之后，它和民办养老院的成本只有百分之二三十的差距，构不成本质上的差别了。民办养老院就存在市场空间，公办养老院和民办养老院之间有了更多的竞争可能，比如民办养老院可以通过质量和效率进行差异化竞争，这样也能够让民办养老院健康发展。

深圳市养老护理院开业半年多了，老人也已经入住了，市财政的资金仍然没有确定如何拨付。后来，市政府办公会确定了市养老护理院的经费来源改为财政资助，并批复了第一年的财政预算资金，同时建议市养老护理院拿出暂时没有入住的床位进行市场化改革，面向非轮候老人，按照准成本定价的机制来收住。这和我之前调研香港公办养老机构的做法比较接近，香港特区政府通过集中买位的方式购买养老床位，对通过政府轮候平台入住的老人收取象征性的价格，其余部分由政府补贴；非轮候老人按照市场化价格入住。

在政府财政资金没有到位之前，主要靠腾讯公益基金会捐给深圳市老龄事业发展基金会的"市养老护理院专项改革基金"来支持，包括开业筹备、相关团队的必要支出；深圳市老龄事业发展基金会作为市养老护理院的共同举办方，在市养老护理院登记注册的同时，到位了500万元的注册资金，后来就从这个资金里进行支出。

市养老护理院的改革和明德实验学校的改革，在资金来源上是相似的，基金会的资金主要用于做增量改革。即在政府不缺位、不扔包袱的基础上，通过引入基金会捐赠的改革资金，做出亮点和特色。腾讯公益基金会给深圳市老龄事业发展基金会捐赠的"市养老护理院改革专项基金"主要是希望引入现代国际先进的管理经验、护理和康复技术、人才培养和发展的成功经验，在理事会的领导和专家型院长的带领下组建社会化、职业化的养老护理队伍，加大对养老专业人才的引进和培养力度，提升养老护理服务的专业化水平，以推动运营的规范化和服务的专业化，最终将市养老护理院打造成深圳乃至全国公办养老院改革的一个示范院，向深圳乃至更广区域辐射，为养老服务事业深化改革做出探索，并通过"互联网＋养老"等形式，进一步辐射和支持全市的社区、居家等养老服务。

深圳市老龄事业发展基金会在这个项目中，主要承担的也是改革方案的设计、推动和资助的角色。我们希望能够推动政府，改变之前公办民营的做法，尝试一种新的改革模式，并推动它的有效和成功实施，也希望这个改革能够为其他的公办养老机构和类似的社会服务改革探出一条路来。

在讨论明德实验学校改革的时候，他们问我怎么看待明德的成功。我的观点一向是，我从不认为明德实验学校已经成功了。明德实验学校最大的价值是我们探索了一个不一样的公办学校的管理模式。通过这种改革路径的探索，我们去对比各种改革方案，才知道哪条路径是有效的，哪些是值得检讨和反思的。目前我的看法是，教育改革这条路还是比较难的，像香港的政府资助学校，英国的独立学校，美国的特许学校，都有一些问题。

我反而更看好养老院等政府民生公共服务领域的改革，它在本质上是一个民生服务，这个服务是收费的，所以未来理清楚定价机制，理清楚服务对象，是可以靠服务收费来实现可持续发展的。在这种公共服务的供给中，引入公益性的社会资金来做一个增量改革，我认为是可以复制的，并且会取得比较好的社会效果。

在做这些改革项目中，我们其实并不想露出腾讯的品牌。市养老护理院里几乎看不到腾讯和这个项目的关系。明德实验学校在品牌上和腾讯捆绑得有点紧，其实对于改革项目的资助方来说，我们并不希望这样。明德实验学校改革源于福田区政府的想法，我们帮助去探索改革方案，提供改革资金，但在舆论上明德实验学校的运作管理和腾讯的品牌关联度太高，就变成了一把双刃剑。因为，从本质上来讲，明德实验学校仅仅是腾讯公益基金会资助的一个公立学校的改革试点项目，它是福田区政府的一个公立学校，不是腾讯管理的学校，作为一个改革的资助者，学校运行管理的事情我们是管控不了的。

六 基金会参与公共服务供给侧改革的一些思考

（一）公益性社会资本参与公共服务供给侧改革的可行性

在公共服务领域，这几年政府一直希望能够引入更多的社会资本参与，这几年是养老，前几年则是教育、医疗等领域。在讨论引入社会资本参与的时候，我发现有一个误区，即政府的视角默认引入的是营利性社会资本或者说商业资本，而很少考虑非营利性社会资本，或者说公益性社会资本。资本是有其先天属性的，营利性社会资本就一定要考虑投入和产出，要考虑财务收益和回报。目前教育、医疗、养老，包括其他一些民生项目，无论是采取公办民营还是政府和社会资本合作的方式，吸引的都是营利性社会资本的参与。并且更有趣的事情是，政府往往还规定这些营利性社会资本不得营利，比如教育、医疗、养老领域，政府往往要求这些机构注册成非营利机构，就是我们说的民办非企业单位。但只要这背后的资本是营利性社会资本，无论它注册成什么性质，它最后一定都会要拿回它的回报。政府这样的一个要求，最终逼得这些资本阳奉阴违，导致中国可能90%的以民办非企业单位注册的机构，背后都是营利性社会资本控制，目的都是赚钱，这是一件非常讽刺的事情。

我认为改革开放40年，很多人在认识上有一个误区，认为市场在配置资源的时候是万能的，（但实际上）在很多领域，尤其是在公共产品和服务的供给这个领域，市场其实是失效的。市场有效运转的前提是市场交换的主体，通过市场充分竞争，交换双方没有信息壁垒从而能够实现等价交换。但公共产品和服务，许多并不具备这样的一个属性，比如医疗服务，医患处于严重的信息不对称，医疗服务的供给并不是一个市场竞争行为，患者和医疗服务提供方是不可能平等议价、平等交换的——幼儿园也很典型。这几年，我们在社会福利、公共服务领域，许多市场化的改革有巨大的后遗症，学校的公办民营、医院的公办民营总体上来说都是失败的尝试。

政府的很多官员习惯了市场化的语境，忘记市场在进行资源配置的有效性是有前提的，市场是不能完全替代政府和社会组织来提供公共产品和服务的，市场关注的是效率，政府关注的应该是公平。政府存在的一个很重要的前提，就是要解决市场失效问题，即通过提供公共产品和服务来解决社会公平问题，解决弱势人群的平等权、受教育权、医疗权。公共服务也面临着供给侧改革，供给侧改革的路径当然是要推动多元参与机制，其中社会的参与，特别是社会中非营利性资本的参与和推动，就变得非常重要。

改革开放40年，中国有一大批人先富起来了，一大批的优秀企业成长起来了，《基金会管理条例》和《慈善法》颁布以后，越来越多先富起来的个人以及优秀的企业设立基金会，社会上已经有大量的公益性社会资本。这些基金会资助的很多项目，还属于传统的扶危济困项目，有很多甚至找不到很好的项目。长远来看，在民生这个领域中，在公共服务的供给侧改革领域，如何能够让更多的公益性资本或者是公益基金会真正参与进来，给它们一些实质性的鼓励性政策和通道，我认为这对中国未来的社会治理和社会创新有非常重大的意义。

明德实验学校、深圳市养老护理院，都是率先引入基金会公益性社会资本参与的改革试制。深圳市养老护理院是第一个由基金会这样一个社会组织作为举办者，参与到新型事业单位的举办中的试点，深圳市编办和中央编办都认为这是一个创新，希望我们探索出一条道路以后，能成为国家事业单位改革的一个范例。

深圳市养老护理院的改革中引入了 3000 万元的改革资金，这个改革资金是社会资本，但它是纯粹的公益性社会资本，它是不要任何回报的，所以比引入其他的需要回报的社会资本来说，它的资金成本要低很多。同时通过建立理事会领导下的院长负责制及社会化用人机制，它会比传统公办养老机构的效率高，质量好。因为社会化用人之后，能有效激发人的积极性和动力机制。所以这个改革，理论上一定会比公办民营的方式有优势。

中国改革开放的路径其实就是政府不断地向民间让渡权利的过程，一开始让渡的对象主要是企业，主要是理顺政府和企业在市场这一块的关系。党的十九大以后，政府面临着一个新的课题，就是创新社会治理，如何让更多的社会力量参与到社会治理创新中去。特别是事业单位，是中国非常独特的一种组织形式，事业单位的性质就是要提供公共服务和公共产品；事业单位和非营利组织的区别，其实只有资金来源的不同。我们当下的困境是，一方面，我们越来越多的非营利组织实际上是挂着非营利组织之名的企业；另一方面，我们的事业单位又变成了挂着事业单位之名的准政府。我们政府一直以来的惯性是长于管控短于服务，那么公共产品和服务的提供，尤其是教育、医疗、养老以及环保、公园管理这些公共产品和服务，原来一直由事业单位这样一种组织形式来提供，无论是服务质量还是服务效率，不令人满意，并且很难动员公众来参与。

我也注意到深圳在这个领域做了许多改革和突破。除了腾讯公益基金会推动的明德实验学校和市养老护理院改革以外，红树林基金会推动的市政公园管理的改革也是一个很好的案例。我的体会是，红树林基金会管理的公园与政府管理的公园最大的区别是，红树林基金会管理公园之后，动员了越来越多的社会力量加入进来，组织了大量的公众参与环境保护活动。

在服务型政府的构建过程中，基金会等社会组织如何参与到公共服务的供给侧改革中，是政府和社会组织面临的共同挑战。随着社会的发展，公众要求政府提供越来越多、越来越细的公共产品和服务，而同时政府又规定财政供养人员越来越少，这样就形成了一个需求和供给的矛盾，这个矛盾只能通过公共服务领域的供给侧改革来解决。

未来，在公共服务供给侧改革中，政府和以基金会为代表的社会组织，要携手探索，如何让真正的非营利的、公益性的社会资本有一个很好的参与途径，并且通过公益性资本的参与，能够把公众的参与积极性调动起来。十九大提出构建共建、共治、共享的社会治理格局，共建、共治、共享的核心其实是参与，特别是公众的参与，未来公共服务的供给，不是所有的责任都推到政府那里。

作为改革之城，深圳市政府在公共服务领域的供给侧改革中，始终走在全国的前面，深圳各级政府都有创新的意愿、改革的意愿、尝试的意愿，愿意和社会一起来探索一些新的改革模式和路径。我们做的明德实验学校的改革、市养老护理院的改革，包括红树林基金会管理公园的改革，以及公办医院的改革、南方科技大学等大学的改革，都是深圳市率先进行公共服务领域供给侧改革的体现。

（二）探索社会组织与政府之间的良性互动模式

在推动明德实验学校和市养老护理院的改革过程中，我一直觉得，改革是否能够有效推进，改革能否成功，一个关键点在于，基金会等社会组织能否建立与政府之间的信任机制以及良性互动的模式。

在提供公共产品和服务的过程中，社会组织是政府先天的盟友和伙伴。公共产品和服务的供给侧改革是政府面临的迫切问题，如何选择改革的合作伙伴，如何具体推动改革，政府有比较大的压力和动力。在这个过程中，社会组织如何能够取得政府的信任，并建立和政府的良性互动模式，就很关键。

很多改革项目的实施和推动，政府内部也面临很大的阻力，比如明德实验学校，最初也不是腾讯公益基金会希望改革，而是福田区政府希望改革，但因为有了我们的参与，政府的改革想法就有了一个社会参与平台，我们可以帮助政府一起往前推动。中国各级政府中有许多很有改革精神的领导，但很多时候，单靠他们在政府内部去推动改革，也是很难推动的。当然只依靠基金会和社会组织的力量，更是很难推动改革。如果基金会能够与政府建立信任机制以及良性互动机制，就可以形成推动改革的合力。

建立和政府的信任机制以及良性互动机制，对于社会组织来说，也是一种能力。绝大多数社会组织不太具备这个能力，很难与政府进行有效的沟通和对话。我的职业生涯早年是做政府关系的，代表公司在北京和各部委领导沟通交流，所以相对熟悉政府的运作机制及其视角。我们在推动改革的时候，也尽量选择从政府视角上来看风险相对最低的改革方案。我一贯的态度是不能让改革者冒太大风险，要尽量确保改革的成功，从改革方案的设计角度，一定让推动改革、支持改革的人最终能从改革中不说能"受益"吧，起码不要"受累"。所以在项目推动过程中，我们的出发点都是要把这个事做好，好事要办好，要创造条件保证改革取得预期的效果，尽量不让支持我们改革的领导有压力，有负担。因为改革本就是支持一个有风险的东西，他们已经背了一些压力，我们要考虑如何通过方案的设计，尽可能减少政府在改革上面临的阻力。

我说过，我不喜欢社会企业这个概念，但喜欢社会企业家这个概念。社会企业家代表的是一种精神和能力，无论你是作为公务员，还是在企业，还是在社会组织，你要有一种能力，就是能够创造性地整合资源，去协调各种各样的关系，最终把你觉得有价值的事推动解决了。这个是很重要的一种精神和能力。社会组织的从业人员要有社会企业家精神，要学会与政府良性互动，建立与政府的信任关系，要学会站在政府的角度考虑这个事要不要干，怎么干。从明德实验学校到市养老护理院，在项目推动的过程中，我们不断和政府去碰撞改革方案，去了解政府的视角。在这个过程中，可能我们政府的领导不断地调整，对接的人也是不停地换，所以要不断地去讲你的改革思路、你的初心、你的想法、你在这个改革后面的一些考虑，让他接受你的改革方案，最终能一起推动改革项目的实施。

在这背后，政府的信任也很关键，政府领导和工作人员对机构的信任，对你本人的信任，都很重要。我在公益圈里也反复说，我们这些大的基金会，企业背景的基金会，应该努力去尝试和政府一起做一些开创性的改革项目。政府其实是愿意尝试和基金会一起来推动改革的，但可能政府不敢和一些小的社会组织合作，这里有一个信任成本的问题，但对我们这些大的机构、品牌，政府的信任度比较高，政府比较放心，合作起来应该有比较大的空间。

深圳有一大批知名企业的基金会，像招商局基金会、平安基金会、万科基金会这些一流大企业的基金会，以及像壹基金、红树林基金会这样一批优秀的企业家参与管理的基金会，如何能够利用好这些公益性社会资本来推动深圳城市治理和城市创新？如何能够为它们提供更好的参与机制，在公共产品和服务的供给侧改革中和政府一起来探索？现在这些基金会的项目大多还是到偏远的地方做精准扶贫；精准扶贫当然要做，但能不能在深圳的社会治理创新、公共服务供给侧改革中也做一些事情?！我觉得这条路更值得去尝试。我们如何在新形势下，在十九大提出的这样一个需求和供给矛盾变化的情况下，找到中国的社会组织和基金会独特的价值所在，如何在这样的一个社会治理架构下，真正找到基金会和社会组织的运作空间，可能是我们这一代社会组织负责人面临的独特议题。

我还是认为，未来中国的基金会和社会组织，应该致力于扎根城乡社区，进入城乡的基层，在创新型社会治理中，发挥出人际连接器、信任催化剂、公共产品和服务的创新型供给者等独特价值和作用。

访谈印象

窦瑞刚先生是一个极好的访谈对象，他会知无不言、言无不尽地跟你讲述整个事情的来龙去脉，最大限度地真实展示过程和全貌。也正因如此，他本人的经历以及腾讯公益基金会的主要业务和明德实验学校的改革都先后在不同媒体全貌呈现。

作为腾讯公益基金会的秘书长，窦瑞刚是"互联网＋公益"的启蒙者。

他曾说："'互联网＋公益'的本质，就是用移动互联网和科技去连接、激发亿万网友的爱心和信任。公益最大的社会价值是连接信任！"的确，腾讯公益基金会所搭建的公益网络平台已经深刻地改变了中国的公益生态和公众参与公益的模式。

在此次访谈中，窦瑞刚用更多的篇幅分享了腾讯公益基金会参与深圳两项事业单位改革的来龙去脉。尽管这些不是腾讯公益基金会的主要业务，但可以看作腾讯人持续创新的企业家精神的浓缩体现。社会组织不仅可以成为公共服务的提供者，还可以扮演探路者的角色，为政府的改革提供试验样本，这也是社会组织在社会创新领域的价值体现。

窦瑞刚秘书长早年公共关系的从业经历，让他善于从多元共赢的角度思考问题，他熟悉政府的话语体系，了解政府的改革诉求，既要推动改革前行，又要确保风险可控，正如他所说，不要让改革者因改革而"受累"。腾讯公益基金会雄厚的公益性资本和开拓创新的宗旨使命，加上窦秘书长锐意改革的勇气、乐于探索实践的精神以及多方共赢的理念，成就了公益性资本参与公共服务供给侧改革的探索可能！

关于窦瑞刚先生的个人经历及腾讯公益基金会的发展脉络，可参见善达网的访谈：中国基金会秘书长访谈录 | 窦瑞刚：公益最大的社会价值是连接信任，访问地址为 http://www.chinadevelopmentbrief.org.cn/news -21460.html。

关于明德实验学校改革的故事，可参见《为生活重塑教育——中国的教育创新》一书中的"遇见自由：深圳市明德实验学校"，访问地址为 http://www.360doc.com/content/16/1123/20/31390495_608884211.shtml。

李亚平：深圳社会组织等级
评估的起步与完善

【人物及机构简介】

李亚平，清华大学公共管理硕士，2000年来到深圳，2001年加入深圳市企业评价协会。现任深圳市企业评价协会常务副会长兼秘书长、深圳市鼎诚技术经济评价中心理事长、深圳市汇贤公共服务促进中心理事长。深圳市委决策咨询委员会第五届智库建设与公共咨询组专家、深圳市社会组织总会监事、深圳市新的社会阶层人士联合会社会组织分会副会长、深圳市社会科学专家联谊会秘书长、深圳市福田区社会组织建设改革创新工作顾问、深圳市龙岗区社会组织专家委员会专家。李亚平从业19年，在社会组织评估标准制定和规范化建设、行业协会发展政策研究、企业评价、公共政策及政府投资项目评估等领域积累了丰富经验。

深圳市企业评价协会于1992年经市政府批准注册成立，是深圳市唯一一家在民政局注册的有对企业进行评价和发布资质的专业社团组织。深圳市鼎诚技术经济评价中心成立于2008年6月，是深圳市企业评价协会发起成立的深圳首家专业从事技术经济类评价的民办非企业单位。深圳市汇贤公共服务促进中心成立于2014年7月，是一家致力于推动社会建设与社会创新的组织，在公共领域的政策制定和公共服务方面积累了大量的一手素材和实践经验。

一　走进深圳，走进社会组织

我是 2000 年 7 月来到深圳的。大学毕业后我在内地气象局工作，因有一颗对世界充满好奇的心，想换一个工作环境。当时我姐姐已经来到深圳工作。家里觉得到陌生的环境里面，一个人不放心，如果要出去只能去亲人的身边，可以相互照顾，因此我选择来深圳。我的第一份工作是在美标洁具的中国总代理公司合同部，主要负责审查工程合同、跟进合同履约等事项。工作了大约一年的时间，每天周而复始的工作，一个合同几个月反复做相关的沟通、协调工作，我认为自己在这个行业未来发展的空间也有限，觉得个人成长和可塑性不大。通过这份工作，我在思考个人的职业方向，后来发现自己比较喜欢新颖的事物，对新生事物和方法比较有兴趣。后来一个机缘，我经朋友推荐来到深圳市企业评价协会。当时也不清楚这个机构具体做什么项目，只知道是一个比较多元的平台，接触的领域非常广泛。

深圳市企业评价协会是 1992 年成立的。我听前辈说，发起单位是市委政研室和市统计局，由市统计局出资注册登记。第一任会长是时任副市长朱悦宁，秘书长是市委政研室的张思平[①]，业务主管单位是市统计局。企业评价协会是深圳市唯一一家有对企业进行评价和发布资质的专业社团。2001年我来协会的时候，主要开展的工作有深圳行业十强、深圳科技 50 强、深圳最具影响力企业、深圳名牌战略与品牌研究等评价研究工作，在全市是很有影响力的。

2004 年成立行业协会服务署后，全市开始推行行业协会脱钩工作，深圳市企业评价协会的业务主管单位就变为行业协会服务署。这个变化我个人感觉对协会影响还是挺大的：因为以前是与职能部门相关，所做的工作也是服务于职能部门；归到行业协会服务署后，业务对口的连接性没有以前那么强，与业务主管单位的关系没有那么紧密，关联度不强。可以说，与原业务主管单位的脱钩，确实让协会的影响力下降了。因为我们以前的侧重点是服务政府，就是收集相关信息和数据进行分析，得出结论，做政策推动和政策优化。脱钩后，造成政府部门资源的锐减。虽然我们的会员是企业，只要参与过相关评价的，都可以自愿加入协会，但为了保持评价的客观公正，我们与市场主体接触的规则性就很强。这就不同于其他的商

---

① 张思平，时任深圳市委政研室副主任。曾担任深圳市体制改革办公室主任、党组书记，广东省经济体制改革委员会主任、党组书记，广东省政府第一副秘书长，深圳市副市长。2010 年 6 月起任深圳市委常委、统战部部长。2014 年 11 月退休。

协会组织：它们本身就是为了它的市场主体的利益提供服务。所以，我们与企业会员的黏性与其他商协会是有所不同的。企业评价协会与原业务主管单位脱钩后，也一直在摸索新的服务模式，也尝试做一些市场性的自主策划项目，如诚信联盟、企业社会责任评价等，但总体上社会影响力不是特别大。

二 深圳社会组织等级评估的先行者

2006 年，民政部委托深圳市做公益性社团评估试点工作。当时的民管办①问我们协会的负责人，协会是否有能力承接这项工作。当时，社会上的机构要么对社会组织的认知很少，要么虽然有了解，但没做过评估。我们做过企业的评价，熟悉评估的理论和方法，同时自身也是社会组织，相对于其他类型的组织，我们熟悉社会组织运营的特点和评估工作的方法，于是承接了这项工作。

在市民政局的指导下，我们顺利完成了这项试点工作。民政部做总结会的时候，还单独点名表扬，从指标体系的完整性、适用性、可操作性和试点工作的整体安排、经验总结和政策建议等方面，都给予了高度认可。因为当年的几个试点城市取得了比较好的效果，民政部决定把社会组织评估作为常态性的工作。因为这个工作试点的机缘，2008 年我们筹建了深圳市鼎诚技术经济评价中心（以下简称"鼎诚中心"）。

筹建鼎诚中心是协会领导层的集体决策。因为我们单位的名称是深圳市企业评价协会，组织的定位是以企业评价为业务核心的枢纽型组织，而社会组织与企业是不同的主体。领导层共同讨论决定新筹建一个组织来推动社会组织评估工作。这样对于组织的定位会比较清晰，更有利于两个组织的生存与发展。可以说，鼎诚中心就是为了专业性地做与社会组织评估、研究等相关工作而成立的。

但你可能会问，为什么鼎诚中心并没有叫社会组织评估中心这类的名

---

① 民管办，即深圳市民政局民间组织管理办公室。2007 年，深圳市民政局民间组织管理办公室与"深圳市行业协会服务署"合并为"深圳市民间组织管理局"。

称，这也是一个前瞻性的考虑。我们把评估作为一种专业性的工作来看待，希望鼎诚中心的定位是一个专业性的评估机构，而不仅仅对社会组织评估，也可以是项目的、技术的。同时，当时成立民办非企业单位必须要有业务主管单位，民政局不同意企业评价协会既做登记管理机关，又做业务主管单位。当时我们向科技局递交申请，希望请科技局做业务主管单位。一方面考虑到与科技局业务的相关性，另一方面也考虑到未来业务的可拓展性，最后确定以技术经济为服务领域，叫作鼎诚技术经济评价中心。现在来看，这具有一定的前瞻性。因为毕竟社会组织的规模比较小，事项比较少，而技术经济可以拓展到更多的行业和领域，组织的生存和发展空间更广阔。

2008 年，鼎诚中心成立之后就开始全面参与社会组织等级评估工作了。最初是从行业协会开始评估，这不是民政部的要求，而是深圳根据本地社会组织发展的优势、特点而做出的主动选择。从行业协会入手，出于两方面考虑：一是基于行业协会对社会、对经济发展的重要性，行业协会与市场主体接触密切，评估工作会引起政府职能部门、企业、个人等多元主体的关注，提升公众对社会组织的认知和了解；二是从过去调研的情况看，行业协会的社会活跃度比较高，人员队伍、组织规模等比其他类别的社会组织要好一些，可以说当时行业协会在所有的社会组织中是发展最好的，也是最规范、最成熟的，它可以带动其他类别的社会组织良性发展。当时的等级评估没有什么奖励政策，也没什么社会知晓度，主要由登记管理机关做工作，鼓励组织自主申报，这种自愿性是来自组织本身规范运作、健康发展的需求。

当时鼎诚中心的工作内容包括制定管理办法、构建指标体系、组建专家团队、讲解政策信息、宣讲培训等。社会组织评估指标体系的构建是一项全新的工作，评估主体类型差异大、评估内容涉及领域广、评估指标构建的工作量很大。当时，民政部为全国各地提供了一个评估框架，指标内容仅到第三级指标。民政部给的工作要求是，框架性的内容要符合民政部统一要求，但涉及的具体指标均可以按照地方特点进行调整。民政部构建的社会组织评估指标体系，一级指标是组织的趋同性指标，二级指标是可以加入部分地方特色的指标，三级指标灵活度比较大，四级指标完全是地方特色；在实践过程中要权衡通过哪些具体论据来支撑地方管理要求，建立符合地方组织发展特色的内容指标。记得我们当时设计的指标体系中，比较有前瞻性的一点就是党建，例如党组织和党员活动的情况等，都纳入指标之中，对党建民政部是没有要求的。

在构建指标体系的过程中，民政局的相关领导和负责人与我们一起开过不计其数的项目会议。一方面，跟登记管理机关座谈，了解它们的管理需求，哪些指标与规范管理的要求吻合，指标设计要体现政府对规范性的要求；还与业务相关的政府职能部门进行座谈，了解它们对社会组织开展的服务领域、服务内容、服务方式等工作有哪些想法，怎样激发社会组织更好地发挥作用？另一方面，我们也组织了多次针对不同规模、不同服务领域、不同服务内容的社会组织座谈会。在组织规模上，我们会选择一批整体发展水平和影响力较好的行业协会，了解它们在发挥什么作用，它们做的事情带来的影响力在哪里，通过什么方式，如何佐证？同时也组织一批发展水平一般以及没有专职人员的、比较"僵尸"的协会来座谈。也就是说，好、中、差，我们全部选择了样本来座谈。在服务主体和服务内容上，我们会问它们在服务政府方面做了哪些工作。例如参与政策制定、行业调研、建言献策等事项有哪些工作成果？取得了哪些政府部门的认可？在服务产业或行业方面做了哪些工作和服务，例如参与行业标准编制、产业规划编制，举办或承办产业或行业展会？等等。也问它们在服务企业方面做了哪些工作。例如是否举办过经济、法律、金融等不同内容的讲座或沙龙？是否有公开的会员交流平台、渠道？是否为企业提供经营、管理、资源整合等方面的服务？我们从不同类别的社会组织涉及的服务主体、服务领域、服务内容、组织影响等方面综合考虑多重因素，主要是基于社会组织运营过程中的现实性，必须了解现实中这些组织在服务谁，服务什么，产生什么服务价值，产生了什么影响力。这样就从整体上全面了解了行业协会的服务情况。我们从中既选取了一些共性的内容，同时也保留了一些个性的内容。比如，个别的协会所独有的特色或者是说未来可能对整个行业协会发挥引领性的指标，像举办展会这个指标，当时行业协会组织的展会是比较少的，但我们坚持把展会作为指标之一，因为我们考虑到举办展会对于推动整个产业发展的影响面广泛，有利于产业链的生态营造和发展。这体现了指标设计的前瞻性。总体来说，我觉得制定这套指标体系，运用了我们做企业评价时的评估经验和方法，我认为是做到了理论和实践的结合、共性和个性的结合、现实性与前瞻性的结合、政府管理与服务企业的结合。

特别值得一提的是，深圳是最早以独立第三方的形式开展社会组织等级评估的。深圳一直很强调发挥民间的作用，强调独立、客观的第三方主体发挥专业作用。记得2013年的时候，民政部在贵阳召开了一个全国性的评估工作会议。当时我代表深圳参会，当时参会的其实大部分还是民政部门的工作人员或是下属单位的职员，要么是现有政府职能部门的人直接组织实施这项工作，要么又筹建了一个事业单位，组织开展具体的评估工作。然而，深圳从一开始就是以政府购买服务的方式，由第三方机构组织实施。

从全国来看，等级评估工作我们算是最早的，很多地方2008年还没有启动。我们的指标体系都是网上公开的。后来，我无意中在网上看到其他城市借鉴了我们的指标体系，有的甚至直接全部照搬了。这也说明，我们这套指标体系的构建从完整性、科学性、合理性、可操作性等方面得到了充分认可。

2010年之后，鼎诚中心才开始构建其他类别组织的指标，比如专业类社团、学术性社团、职业类社团、联合类社团，等等。整个社会组织等级评估的工作，我觉得是在2013年前后，社会组织参与的数量才慢慢开始增加的。前期大家也不明白这是一个什么事，也没看明白这个结果到底能带来什么好处。因为毕竟这是一个自愿性的评估，这就造成推进的进度比较缓慢。到2013年前后，前面一批的评估有效期5年到期了。在这期间，参评组织所获得的收益，包括组织的运营能力、服务能力、影响力、知名度等都有所提高，也给其他组织带来了良好的示范作用。

2013年的评估，还有一个变化，就是引入了另外两家机构参与评估，它们是现代公益组织评估与研究中心[1]和恩派[2]。这一点也与深圳政府的思

---

[1] 深圳市现代公益组织评估与研究中心。
[2] 深圳市恩派非营利组织发展中心。

路有关。民政局作为一个委托单位，并不是说评估这个事情，鼎诚中心是唯一的机构。民政局的负责人曾经讲，最初是因为别人做不了，你们有专业能力做，所以选择给你们。但是从培育评估市场的角度来讲，不可能只给你一个组织做，需要培育更多的专业主体供给市场选择。当时，我们是带着其他两家来做的，等于说我们前期做的大量工作成果直接拿出来分享给它们，没有任何隐藏。之后我们三家分别进行社团、民办非企业单位、基金会的评估。我觉得，从民政局本身来讲，当时的这个思路是比较先进的，是从整个第三方评估市场的培育方面来考虑的。作为我们本身来讲，因为专业自信，也理解政府管理部门在这项工作上的想法和做法，所以我们也非常支持和配合。

虽然后来我们没有直接参与市级社会组织等级评估了，但是我们在这个项目上所积累的经验和成果，为这个领域的专业能力奠定了坚实的基础，是目前市场上其他机构不可能有的。例如，2016 年，鼎诚中心承接了福田区企业发展服务中心委托的商协会引导支持评估①项目，就是社会组织等级评估的升级版。主要差异是：首先，我们原来的等级评估集中在规范性要求，而活力评估是把规范性要求的内容和权重减少，集中在服务能力和影响力。活力评估更注重的是协会的专业服务、能力、社会效益、影响等内容。同时，活力评估还与福田区的地域性结合，衡量该协会所做的事情给福田区的经济、社会、环境等方面带来的影响。其次，是在整个操作流程上的专业性差异，因为活力评估不同于等级评估，等级评估主要是组织专家去现场审查资料。对活力评估，我们设计了相关利益主体的满意度调查，包括会员企业、相关政府部门等，就是围绕着协会紧密联系的服务群体，获取相关服务成效的信息和数据。从更多维度来评测他"优"的能力，这对专业性、可操作性的要求更高。所以，活力评估是一项综合服务能力择优的评估。同时，活力评估是有真金白银奖励的，大家对指标构建的科学性、合理性，评估操作合规性和结果的公信力有更高的期待和要求，这也

---

① 福田区企业发展服务中心根据《深圳市福田区支持商协会发展若干政策》，通过"辖区商协会活力评估"工作，以评促建，目的在于提升商协会服务会员、服务经济、服务社会的活力，激励商协会在市场经济治理实践中发挥积极作用。

需要有更高的专业能力。

我们与钟表行业协会、智能穿戴研究院合作的"合·智"智能穿戴＋创新设计大赛，也可以说是这几年评估工作的一个更大扩展。这个大赛是智能穿戴研究院邀请我们一起联合承办的。为什么邀请我们一起承办呢？可能是基于它们作为评估对象，参与等级评估的感受，对鼎诚中心专业性的认知。他们觉得，大赛要对产业推动和发展负责，他们的行业资源加上我们的专业性，就是 1＋1＞2，共同齐心协力举办大赛，可以取得更好的社会效果。所以，我们双方进行了详细的洽谈以后才进入实质性合作。鼎诚中心主要负责的是整个大赛的规则设计、构建评委会架构、制定评价的指标、与相关高校资源进行联动，等等。钟表行业协会和智能穿戴研究院更多的是在产业、行业、企业的专业服务和趋势发展方面发挥优势。大赛从2016 年开始，已经连续办了三届，也算是我们与另外一个产业类社会组织共同来做的一个新尝试。双方的资源匹配性高，分工合作协调也很到位，取得了良好的社会效果和经济效益。

三 探索公共政策评估

从 2010 年开始，我到清华读在职 MPA。这个学习的经历，让我对整个公共管理、公共政策的理解能力提高了，改变了我的思维体系。当时我对公共政策出台的前期研究、风险评估等内容很感兴趣。后来正好深圳市筹建社会组织孵化基地，新成立的社会组织可以入驻孵化基地，也就是说，社会组织成立的门槛降低了，孵化基地可以提供空间。同时，在大环境方面，政府开门问政，更加注重科学决策，注重政策推行之前的调研论证，等等。于是，我就想单独成立一家社会组织，专门做公共政策风险和绩效的评估，抓住科学决策这个大的趋势。所以 2014 年，与几所知名高校的学者商议后，我们就筹建了深圳市汇贤公共服务促进中心（以下简称"汇贤中心"），

汇贤中心成立后，主要基于开门问政的背景进行公共政策领域的评估工作。我们合作的单位有市民局、市委政法委、市妇联、光明区政府等。

所做的工作大都基于我们对某一领域或者是某一类政策的专业知识，先从政府体系中了解基本情况，然后以第三方机构的身份独立搜集信息进行分析，并整合更多主体参与政策构建。这样出台的政策，有利于取得更好的执行效果。

我们给光明区做公共政策实施前的社会稳定风险评估，有卫计部门的，也有教育部门的。例如，光明区为了满足当地青少年接受教育的需求和产业用工紧缺的需求，计划把两所区级成人教育学校改制为区级职业技术学校，面对辖区居民招生。这个政策在实施前，就是我们做的风险评估。我们进行了充分的调研，论证这样做对原有学生，对光明区的教育、产业和经济发展可能会带来的影响。通过对相关人群的调研，了解他们对政策带来的变化有哪些期望、担忧，有哪些诉求，通过获取的信息和数据对学校变更可能带来的招生对象、教学内容等情况的正反两方面的变化进行论证和评测——不仅仅是简单出一个可能带来好处或者坏处的结论。我觉得当时光明区的政府部门认为这个评估非常重要，而且我们做得非常专业。

再例如光明区为提升区级医疗队伍的服务水平和服务能力，引进了两批医疗人才。卫计部门想知道引入的人才发挥的作用如何，是否实现了引进的预期目标，就邀请我们进行政策绩效评估。这个项目评估的难度还是非常大的，我们执行了 6 个月的时间。我们采取 360 度的评估方法，构建个人绩效指标体系，与院长、科室主任、科员以及相关的关键人逐一交流。从最初的人才政策制定情况，到政策实施和执行过程，以及人才到了相应的工作单位和岗位之后是否发挥了作用等，一一调研；还要再回到政策本身，评估哪些地方是需要优化的，下一步实施这些政策有何建议，等等。

我们的很多项目是和一个部门持续的合作，委托方对我们的满意度比较高，双方建立了较高的信任关系。我一直和团队成员讲：第一点，我们做项目一定要基于我们的专业性。需求方在提需求的时候，他对这个东西可能还没有理清楚，那我们在交流的过程当中，要把我们所有的专业认知与对方充分交流。第二点，我们要知道政府体系的操作流程，要学会站在公共政策制定者的角度系统地考虑问题。第三点，我们要建立完备的工作流程，对整个项目要有全面的考虑，在不同的环节做什么都要到位。

虽然做社会组织会面临很大的生存压力，但我们并没有选择什么项目都承接。比如市编办打算让我们做一个项目，但我们考虑到专业匹配度和时间档期的因素，没有承接。我们也及时向委托方说明缘由，他们非常认可我们的做法。我们在选择的时候，会首先考虑我们对这个项目的专业程度达到一个什么样的水平；其次是考虑我们的资源匹配度，是否能够支撑这个项目；最后考虑我们工作的档期能不能吻合。我们承接项目时既考虑到委托方对成果交付的要求，也考虑我们自身能力的范围，该项目的执行若不能如期交付可能会有哪些风险和不良影响。这些都是我们做任何一个项目能够高质量完成的保证，这也是委托方认为我们口碑好的原因。我们坚信术业有专攻，我们要对自己的专业成长和客户的信任负责。

四　从普通员工到三家社会组织负责人

2006 年，我在企业评价协会时，全程参与了民政部的公益性社团的评估。2008 年，我参与组建成立鼎诚中心，并担任理事，是社会组织等级评估项目的主要负责人。2014 年，汇贤中心的正式牌照拿下来之后，我当时准备从企业评价协会和鼎诚中心离职。恰好 2014 年中组部发布了关于退（离）休领导干部不再兼任社会组织职务的文件①，这一纸公文下来，我们单位的领导层就必须根据文件要求进行调整。企业评价协会从成立之初，主要领导层一直都是在职和退休的干部，前几任会长、秘书长都是在职或退休的领导。2014 年的这个文件就让企业评价协会和鼎诚中心面临着老领导、老干部要全部退出机构的局面。完全脱钩后，就只剩下我们年轻的工作团队，估计领导觉得我还算是年轻团队中工作时间久的，集体讨论后决定由我挑大梁，全面负责两个机构的运作和管理。从那开始，我就担任了鼎诚中心的法人、理事长、主任，企业评价协会的常务副会长兼秘书长，同时也是汇贤中心的法人、理事长、主任，一下子成了三个社会组织的负责人。我觉得肩上的担子很重，但前辈们给予了我很多鼓励，让我们年轻

---

① 2014 年 6 月 25 日《中共中央组织部关于规范退（离）休领导干部在社会团体兼职问题的通知》（中组发〔2014〕11 号）。

的团队大胆地按照自己的想法和能力开拓未来。

我在深圳从事社会组织工作有 18 年了，由一个员工变成了三家社会组织的负责人，这三个组织的组建背景、发展历程是整个深圳在社会组织制度改革、管理创新等方面发生变革的缩影。像企业评价协会是官办背景出身，它的成立背景是政府需要科学决策，需要第三方提供前期数据和信息，在制定公共政策前有客观数据做支撑，同时，也服务于产业政策，指引经济发展。鼎诚中心的成立，是我们在社会组织评估领域开创先河的一个里程碑，对社会组织的规范运作、能力提升等方面发挥了重要作用。而汇贤中心是在深圳率先执行政府"开门问政"的背景下成立的，所做的工作也是基于政府对第三方的充分信任。所以说，这三个组织之所以能成立和发展，与深圳政府的包容、开放、创新密不可分。我们在实践中，努力抓住了政府改革所带来的发展机遇，也是深圳地方政府改革创新的直接受益者。

我大学时学习的是法律和经济两个专业，来到协会后，所做的工作与这两个专业也有一定的相关度。但是，随着工作的接触面越来越广，我也想继续深造。我是在网上看到 MPA 的相关信息，以前也不知道什么是公共管理，我就把这个想法和钟表行业协会的副秘书长杨景雯讲了，她说她也有这个想法。我们商量后就共同研究清华大学 MPA 招生的相关信息和要求。后面了解到王名老师是国内最早研究社会组织的学者，我们俩就决定，一起去清华读 MPA。

在清华的学习让我了解到，对公共管理部门体系的内容我们真的认知太少。通过这个学习之后，我对这些有了比较全面的了解，看到的风景和形态与过去是不一样的。坦率地讲，在学习之前对政府要出台的文件，你也不清楚为什么要出台，而在学习之后则会从政策出台的背景去分析，对文件的内容去解读这一条是要干什么，那一条是要干什么，条款之间的逻辑关系是什么，这整套政策是要解决什么问题。再比如，对我们社会组织来讲也是一样的。以前，可能你就知道自己是个社会团体，至于说外面有多少不同类型的社会团体，可能只是开会时知道，但是不知道实质性的内容。去读了非营利组织管理的课程才知道，原来行业协会是互益性组织，还有公益性组织。幼儿园虽然注册为非营利组织，但它的属性特点跟我们是完全不一样的。这个视野就更开阔了。同时，我们又一直在实操层面做这些工作，并不是只会停留在理论层面，而是注重理论和实践相结合。刚才说了，在清华对公共管理专业的系统学习是促使我成立汇贤中心的最重要原因，我希望自己可以服务于公共管理领域的需求。

从 2017 年开始，我又参加了麻省理工斯隆管理学院与清华大学公益慈善研究院联手打造的"跨界创新型领导力行动学习计划"（IDEA 计划）。这个课程让我了解了"U 型理论"，让我学习和领悟到如何通过创新、跨界合作提升个人和组织的领导力。U 型理论紧密联系我们现在社会形态的趋势，它的核心是"共创"理论。在学习的过程中，我们在北京怀柔、三亚保亭、杭州西湖、麻省理工基隆管理学院、清华校园等留下了足迹，同时我的思维也发生了一次次裂变、重组、新生。我个人认为，社会未来发展阶段必将是一个共创的模式，就是要与和你有共同理念的人、有相同认知的人来共同做事情，不是单单由你一个人去执行、完成，而是召集一群有共同志向、共同目标、共同事业的人一起去做，在一个集体中把个人智慧集结、提炼、锤打成共同的智慧结晶。U 型理论学习班的同学来自政府、企业、社会组织的多个领域，大家在日常工作中涉及了多方面的专业，大家一起共同学习、讨论、案例诊断。这段学习丰富了我对组织管理，甚至是对整个社会形态的认知，我在观察事物的视角和能力等方面都有了极速提升。

五　社会组织的困难与问题

社会组织的工作特点要求个人的综合能力比较强，既要有多学科知识背景，又要具有专业技能。社会组织行业面临着很多困难。

首先，缺乏职业化人才体系，人才梯队建设与培养艰难。因为人才是第一生产力，不能吸引高、精、尖的人才进入该领域，它根本不可能发展起来，更不可能辉煌。我们这个领域的组织大部分是无法直接从市场上选拔使用现成的人才的，只能找一些相关专业的人，然后自己培养。我们对个体的综合素质要求高，但所给的薪资待遇水平无法与市场的回报相匹配。可以这么说，选择做这份职业，与其他职业相比，可能更辛苦，但是获得的酬劳更低。每一位在社会组织工作的人坚持到今天都很不容易，但也都会有自己的缘由。我自己比较喜欢的一点是这个职业可以给予很多新视野和学习机会。在一个大的平台，能够看到很多崭新的事物，可以与多元的主体交流、互动，比如不同的政府部门、医疗企业、智能制造企业、律师事务所、会计师事务所等，接触到不同的行业和群体。如果有心，可以得到迅速锻炼和成长。但发展瓶颈也是这个领域从业人员的困惑之处：他们成长后，我们又无法给他们更高的回报，在期望与回报不成正比的时候，根本无法留住人才，培养人才的成本又非常高，这导致在人才发展上面越来越恶化。如果说提建议的话，希望政府借鉴支持企业紧缺型人才的做法，直接拨付培训经费，这是最实在的。建议政府允许紧缺型人才根据需求自主选择培训内容，现在政府提供的培训虽然不少，但共性的东西多，不能满足个性化的需求。我们希望提供经费，然后自己选择个性化的培训。

其次，社会组织承担了大量公共事务性工作，有点吃不消。因为社会组织，特别是我们这样接触面比较广的社会组织，具有上通下联的优势，经常被要求参加一些调研、座谈等。虽然这也是政府对我们的重视，但我们确实有苦衷。参与到这些公共政策、事务的过程当中，社会组织本身是付出了时间、人力、交通、通信等成本的。例如，政府部门需要收集了解一些信息，或是希望通过我们这个渠道把信息传达过去，但是我们搜集信息、传播信息，也是有成本的。但在整个过程中，往往是没有人付费的，是被零消费的。虽然我们是社会组织，但我们的生存和运营，我们所付出的成本与企业主体是一样的。但面对政府一些公共事务方面的要求，又无法直接拒绝。大家都认为这是你们的职能，一句职能就把你套住了。但是，谁给我的职能，谁又给我经费呢？同时，政府对我们社会组织与对企业的品质要求是一样的，并没有因为我们是社会组织而给我们任何特殊的政策，甚至有一些要求比对企业的更高，而且社会组织在提供服务的时候，又没有市场议价的能力，生存能力弱、竞争能力更弱。

最后，人才和住房政策惠及范围较少。目前，社会组织的人才规模在不断壮大，从原来的几千人到现在的十几万人。队伍的专业化、年轻化程度逐渐在提升，这与目前鼓励社会组织健康发展的政策导向一致，支撑了我们逐步往职业化的方向发展。但对于职业化，还需要我们通过不同的方式肯定他的职业身份，让从业人员看到发展前景，而且真正受惠。现阶段，我感觉我们社会组织的人才还是被边缘化的。到目前为止，对我们这类人才，没有专属特有的政策。比如，企业有人才房，体制内的有类似的廉租房，但是我们没有，社会组织的人才之前是被忽视的。2017 年，福田区打破了企业人才房的限制，率先给社会组织人才配租人才房，开了这么一个先河。福田区做到了，从配租的主体、房源、方式上都考虑到社会组织，给了社会组织很大的信心和鼓舞。企业评价协会和鼎诚中心，因为注册地点在福田，都得到了人才房。这在社会组织人才紧缺的情况下，给我们的人才队伍建设提供了很大的帮助。但从全市来看，其他区域还没有把社会组织人才作为人才体系的一部分，将其纳入住房保障和人才政策中。

访谈印象

跟亚平姐是老朋友了，因为同为王名老师的学生，算起来她是我的师妹。记得 2014 年深圳市社会组织孵化基地评审入驻机构时，刚成立的汇贤中心提交了入驻申请，当时作为评委的我，还挺不理解她为什么这么爱"折腾"，要自己创业成立组织！2015 年，我从美国访学回来，看到亚平姐已经成了三家机构的负责人，不仅自己创办的汇贤中心已步入正轨，老领导也将另外两家老机构的接力棒交给了她，我不禁暗自佩服她的能力和能量。

做评估，需要多方面的专业能力，为保证科学权威，不同维度的评估需要不同领域的专业人士。在我的印象中，亚平姐总能够连接到各种资源，政府官员、律师、会计师、学者、企业家等，这些专家是她实施各种项目的强大后盾，保障了评估的专业性。无论是做社会组织及项目评估，还是公共政策评价，我都能感受到亚平姐及其团队"服务者"的角色，服务政府，服务企业和社会组织，服务专家学者，低调踏实的作风和专业水准的服务，让他们赢得了多方信任。

孙亚华：深圳社会工作推动
社区服务创新

【人物及机构简介】

　　孙亚华，内蒙古人，2001年来深圳，2007年担任深圳市社联社工服务中心总干事，2011年创办深圳市阳光家庭综合服务中心，任理事长、总干事。曾获得2012年度中国优秀社工人物、2014年度中国十大社工人物、深圳市社会工作行业典范人物等荣誉。孙亚华担任多项社会职务，是中国社会工作联合会理事、广东省民政厅社会工作人才队伍建设专家委员会委员、深圳市政协委员、深圳市南山区人大代表、深圳市政府重大行政决策咨询专家库入库专家、南京大学社会工作硕士（MSW）教育中心实习督导、深圳大学心理与社会学院校外导师等。

　　深圳市阳光家庭综合服务中心是深圳市社会工作试点阶段（2008—2011年）由深圳市民政局和深圳市妇联精心打造的最具影响力的社工项目品牌，为顺应《深圳市社区服务"十二五"规划》推动社区服务发展要求，"阳光家庭综合服务中心"项目在深圳市民政局、深圳市妇联指导下完成项目向实体机构运营的转型，并经深圳市民政局批准登记注册为专业社会工作服务机构。阳光家庭综合服务中心坚持走专业特色发展之路，以"家庭成长的陪伴者和社区治理的践行者"为愿景，秉承"专注家庭服务，推动社区发展，促进社会共融"的使命，坚持通过"规范化建制、专业化服务、多元化整合、品牌化运营"的发展思路，着力打造成为一个具有社工服务、培训督导、培育孵化、理论研究功能的综合类社会工作服务机构。

一　因女儿与深圳结缘

　　我来深圳并不是因为我自己的职业发展，而是因为孩子。

2001 年，当时深圳高级中学初中部在全国优选尖子生，我知道了这个消息后就想让孩子也试试。由于内蒙古那边小学是五年制，深圳这边是六年制，所以当时并没有抱什么希望，但后来通知我们孩子被录取了，因此我和爱人决定来深圳。

确实在我们内蒙古那边，因为地处偏远，孩子的见识也比较少。作为家长，我觉得不一定要让孩子考什么特别好的学校，但一定要有见识。那么现在既然考上了深圳这边的学校，而且是一个比较好的学校，那就选择在深圳读书。

我的女儿是独生女，来深圳读书的一个关键问题就是要不要陪伴。我和我爱人都觉得把她一个人放在深圳读书不合适，虽然这边有小姨、大姨在，但总觉得不能把孩子扔给她们不管。我自己 10 岁那年失去父母，深知母爱、父爱对孩子成长的重要性，所以更觉得父母应该陪伴在孩子身边。说老实话，那个时候我并不太喜欢深圳这个地方，这里和内蒙古的生活方式不一样，感觉这里人情比较淡漠，但是为了孩子有个好的未来，那也只能说来就来吧。我跟我爱人原来在内蒙古同一个单位工作，我在单位负责人事管理，因此我就让她留在深圳照顾孩子，我回去给她办理了停薪留职手续。

孩子到深圳读书首先遇到的是适应和融入的问题，这对我来说，当时也是相当矛盾。我女儿在内蒙古读小学的时候，我们单位子弟学校她们那一届有 1400 多个孩子，她小学毕业考试是考前十名的水平。而在深圳高级中学她们这一届只有 240 人，开学后的模拟考试她考 230 多名，这个落差特别大，所以我当时又担心这样的选择可能会毁了孩子。知儿莫过于父母，我女儿是属于那种别人追赶她可以，你让她追赶别人她绝对不会去追的。我对来不来深圳和让不让孩子继续留在深圳犹豫了一段时间，为此还和我爱人产生了挺大的矛盾，但后来我们都冷静下来，选择征求孩子的意见。当时孩子的表态是留在深圳，愿意努力学习追赶上去，当时的学校领导也希望能让孩子留下，因此我决定来深圳。随后通过深圳一家公司商调来到深圳，当时我和我爱人都已经 40 岁出头，这个年龄对于来深圳闯荡的人来说着实是大了些，难怪当时在内蒙古原单位的同事朋友看来，我们两个人疯了，不正常了。

刚来深圳的时候还是蛮艰难的，我没有到之前商调的那家公司上班，先是选择在一家私企打工。这时才突然发现，因为刚从内地来，而且人到中年，特区这里的理念和价值观与我这个来自内地偏远地区的人冲突太大，比如对老板在很多经营管理方面的行为我就看不惯，也没法接受，因此我干了不到一年就选择了离开。

之后我又进入一家做通信设备的家族式私企，老板两口子都很信任我，公司内部管理方面的业务他们都交给我来打理，就这样持续了两年半的时间。其实这两年半的时间对我来说十分压抑，因为企业主的强势和武断，特别是有些对雇员伤及人格的言行让我不能接受，我后来还是决定离开。

两段经历让我意识到，我这样的年龄在企业里打工，虽然有些管理上的经验，但因为没有技术上的专长，而很多企业需要的是年轻人，40多岁年纪的人好像已是穷途末路。想想还是自己创业，于是开始和一个朋友一起创业，从做一个电子产品的代加工厂起步。其中的艰难不易，我想每一个创业者都深有体会，而我内心也觉察到这也不是我想要的东西，完全是一种生活所迫。

二　意外进入社会工作领域

2006年孩子顺利升入大学，作为家长觉得孩子没辜负家长的一片苦心，未来的路该她自己去走，我就想着怎么能够做点自己喜欢的事情。

这时候一个朋友给我介绍了一个人，就是现在深圳市社联社工服务中心（以下简称"社联"）严书翔董事长。2007年6月的一天，严总约我聊起深圳要发展社会工作，问我是否愿意一起做这件事。说实话，当时我不知道社会工作是个什么概念，因此没有马上答复他是否愿意，当天晚上我在百度上查找了有关社会工作的资料信息，突然感觉到这就是我冥冥之中想要的一份工作，既是一份职业，又能帮助到人，而且还有专业的空间。

前面说过，因为我自己生活上的经历，10岁父母去世，由姐姐带大，在成长过程中得到过很多好心人的帮助和关心，所以一直希望以后自己有能力了，不管是体力上还是财力上，就是想能帮帮其他人，回报社会、回报好心人。我觉得社会工作就是个帮人的事业，社工是个帮人的职业，因此我觉得这个事可以做。

尤其是在百度上看到国外发展社会工作几十年、上百年，到现还在不断地探索，我觉得这个事业是有生命力的。另外，还有点小兴奋，当时查了很多资料后发现，基本查不到我们国内原来是怎么做的，因此初步判断，社会工作这个提法和做法至少在新中国是前无古人的，而能赶上一个写入历史的新兴职业真的不容易，也不是每个人都能有这样的机会。第二天我答应严总一起干这事儿。经过权衡，向合伙办企业的朋友做了解释和说明就退出来了，开始全身心投入社会工作这个事业。

在社联我做了整整四年，见证了机构从无到有的过程。社联属于深圳最资深的三个社工机构之一，其他还有鹏星、公益慈善网两家，是深圳市民政局培育出来的第一批市级社工机构。

这四年的整个过程太艰难了，因为整个行业的运作机制没有建立和完善起来，政府购买服务也不是很正常，公开招投标还流于形式，经费拨付机制不健全也不及时，给一个刚刚起步的社会组织带来诸多困惑。特别是作为一个管理者，面对那些为专业情怀投入社会工作事业的学生，如何帮他们树立信心、克服困难，如何带领他们开创这份事业，这都是要好好想认真做的。而现实情况是创业阶段的各种问题都需要去面对，这些刚刚走出校门的社工都是年轻人，基本上是外地人，在深圳举目无亲，遇到工作和生活上的问题和困难，都要帮他们处理——大家的共识就是留下这一批火种。我曾经历过这样一件事：因为没有及时给社工发放工资，社工付不了房租被房东把东西全都搬出出租屋，要求退房，社工在出租屋门口哭着给我打电话，我跑到楼下拿自己的银行卡取了钱交给房东，再帮社工把他的东西搬进房间去。

四年后，我有了创办一家属于自己的机构的想法，于是我离开了相伴四年的社联，开始规划自己的事业。

有些事情似乎是命中注定，我从社联离开，尚未走出那幢大楼，就接到市妇联宣教部陈和香①博士的电话，约我有时间尽快来市妇联谈事。于是

---

① 陈和香，时任深圳市妇联宣教部副调研员，现任深圳市委党校哲学与文史教研部负责人。

我立即赶到市妇联。在市妇联同时见到蔡立①和蔡巧玉②两位主席，几位领导开门见山，问我有没有兴趣把妇联阳光家庭这个项目接过去做个机构。问题来得太突然，我一时有些发蒙，转而变成一种兴奋，但当时考虑要投入资金，答应回家商量一下尽快答复几位领导。

我爱人对我能找到一份自己喜欢的工作，还是很支持的，就这样我决定创办这家机构。后来得知，当时的市民政局刘润华局长、社工处骆冰处长，对市妇联选我接手项目转型也都非常认可。因此在市妇联阳光家庭项目向机构转型的过程中，市民政局和社会组织管理局（当时为民间组织管理局）在机构开办手续方面给予了很大的支持。2011年6月15日，深圳市阳光家庭综合服务中心正式登记成立。

我常和朋友讲，我坐在电梯上没着地的时候，天上掉下一个馅饼砸到了我，让我接手了一个优秀的社工品牌。说真的，开办阳光家庭综合服务中心这个机构最大的优势在于我不需要从头开始白手起家，在深圳社会工作试点的四年时间里，市民政局和市妇联已经把阳光家庭这个项目基础筑得非常牢，品牌打得非常响，机构一起步就有项目，所以这与行业内其他机构相比是非常幸运的。

从意外地走进社会工作这个领域到现在13年的时间，我似乎一直有贵人相助、友人相扶，总体上还是顺风顺水。在这13年里也做了一些很好的尝试，无论成与不成这13年的经历我都没有后悔，而且这13年的经历如果从职业生涯整个过程来看，应该也是最有成就感的，或者说最忙碌也是最充实的这样一个职业经历。我从参加工作到现在41年，其中大约1/3的时间是在做社会工作，我觉得是蛮有意义的，特别是找到了自己最想干的事，这个真的是很不容易。

三　围绕社区服务的创新实践

在机构成立之前，市妇联已经在全市各区建立了8个阳光家庭综合服务

---

① 蔡立，时任深圳市妇联主席，现任深圳市委统战部副部长、市工商联党组书记。
② 蔡巧玉，时任深圳市妇联副主席，现任深圳市人大常委会委员。

中心项目点，当时还有两个点在筹建。花果山社区就是市妇联阳光家庭项目的一个服务站点。

确定创办机构以后开始办理登记注册的相关手续，2011 年 6 月 13 日下午，招商街道党工委书记黄立新①约我到花果山社区谈阳光家庭项目转型的事。

初见黄立新书记就感觉他是个特别想干事的基层领导，我们之前从来没有过任何交集，但坐下来交流了也就是半个小时的时间，满满碰撞的都是火花，让我看到了项目转型以后机构发展的希望。

这次交流有一个重要的信息，或者说是马上就要执行的工作。2011 年深圳承办世界大学生运动会，8 月 12 日开幕，时任中共中央总书记胡锦涛将在出席开幕式之后视察深圳。招商街道花果山社区是改革开放 30 年比较有标志性意义的地方，要尽快把花果山社区服务中心装修一新，我们要尽快将原来的市妇联花果山阳光家庭综合服务中心转型为花果山社区服务中心。因此，那段时间一面筹建社区服务中心，一面等机构注册的审批结果。6 月 20 日我就拿到市民政局的批复和登记证书，从筹办到批复，让我第一次体验到深圳速度。

按照深圳市建设社区服务中心的标准，花果山社区服务中心这个项目实际上是一个"4 + 2 模式"（即 4 名社工、2 名行政辅助人员）的社区服务中心。唯一跟别的社区服务中心不同的地方，就是按照当时市民政局《深圳市社区服务中心设置运营标准（试行）》文件精神，原团市委的"青春家园"项目品牌和原市妇联"阳光家庭"品牌可以冠名，比如"花果山社区服务中心"允许冠名为"阳光家庭花果山社区服务中心"，同时可以使用"阳光家庭"的标识，所以这也是当时给阳光家庭这个服务品牌的一个特殊政策。

面对这样一个"特殊政策"，我就在想，既然允许我们使用与其他运营机构不同的服务标识，那我们就应该要有既属于自己又与众不同的服务内容。因此当时在跟黄立新书记交流项目的时候，当他问到我有什么想法

---

① 黄立新，时任深圳市南山区招商街道党工委书记，曾任深圳市南山区人大常委会副主任，现任深圳市城市管理和综合执法局副局长。

时，我就提出希望街道或社区能够让渡更多的服务空间，做出"一加一大于二"的服务效果，计划推进基层改革创新的黄立新书记给予我这个观点极大的认可，也为接下来我们参与招商街道基层改革创新埋下伏笔。记得当时我向黄立新书记提出把社区工作站的政务服务窗口交给我们来做的时候，很多人质疑我这个想法——把基层政务服务交给社会组织做，其中风险令人担忧，这可以理解。还好街道党工委同意了我们的方案，决定交给我们来尝试一下。现在看，这一个小小的决定对于招商街道的基层治理创新有着标志性意义。

决定这样来做，但其实困难还是很多，首先就是制度上的制约。按照当时的规定，10 万元以上的项目就意味着要招投标，而招投标从立项、审批、招标一系列流程需要时间，而且可能难以获批。如果我们想直接承接的话，就只能把项目预算控制在 10 万元以下，所以后来我们把项目的预算控制在 10 万元以下，承接了这个项目。原社区政务服务窗口的 2 名工作人员转移到机构所属并签订了劳动关系，我们对他们的岗位职责和服务规范提出具体标准和要求，而他们的工作状态也开始有了明显的改变，居民的服务满意度开始有了明显的提高。

为什么满意度会提高？首先老百姓的评价就是我们的生命，我们常说"质量就是生命"，作为窗口人员，你是项目的执行者，既然跟我签劳动合同，你有责任有义务把这份工作干好，原来你是劳务派遣，但现在不是，现在是项目人员，你和机构有劳动关系和项目责任，我们都是一条船上的人，道理很简单，你做好了一荣俱荣，你做不好一损俱损，大家的利益是捆绑在一起的。而且你之前工资不足 2000 元，现在工资是 3500 元，工资多拿了，理应就要干多和干好。实际上我们之间就是合同约束，我们有这个约定，如果满意度低于 85%，那我们随时跟他们解除劳动合同，所以他们也有压力，这个不用说什么大道理。我跟他们讲，窗口服务不需要什么专业理论，就需要态度认真、服务诚恳，就是让来这里的服务对象感觉到方便、舒服。换位思考，假如在柜台外面的是你，你希望里面的工作人员提供什么样的服务你就怎么做。比如，我们提出的窗口服务"一次告知"，即如果他要办一个什么事情，材料不够，你就把所有材料看完一次性告知清楚了，让他只跑一次，不能这一页告诉了给别人扔出去，下一页不对了再来，又不对又跑回去，如果这样你就是失职，就是服务不合格。还有就是电话预约服务，比如有些双职工下班回来比较晚，社区该下班了，那我们就想能不能电话预约，能不能上门取件之类的，改善传统的窗口服务模式。这些服务都是我们说的满意度会提高的原因。

我们的社区服务中心项目转型运营之后，迎来当时的民政部部长到社区视察调研。街道黄立新书记在向部长介绍情况时，专门提到社区体制改革创新，并通过引入社会组织提升公共服务品质。部长饶有兴致地问道：你们引入社会组织干什么？除了购买社工以外还干什么？当黄立新书记介绍把社区政务服务窗口的职能转移给社会组织来做的时候，部长就特别感兴趣地驻足在社区政务服务窗口前问这问那，听了介绍后他就说了一句："这是比较典型的政府职能转移服务项目，就是社会组织能做的政府可以转移给社会组织做了，而且相信他们能做好。"部长赞许说你这个街道书记是第一个吃螃蟹的人，就是要支持社会组织发展。

部长等领导的肯定对招商街道推动的基层改革创新是极大的鼓舞，也坚定了招商街道办事处继续推动基层深化改革的决心，所以部长走后，黄立新书记就开始谋划新的改革举措。站在社会组织的角度来思考，我当时对社区体制创新已经考虑了很长时间，深刻体会到社区的很多工作是在以行政思维为导向，因此我更趋向于将社区工作站撤掉，在社区党委"一核"领导下，发挥社区"多元"功能，把服务类的业务交给专业的社会服务机构来做，执法类的业务由街道业务科室收回去，同时执法类的前期宣传倡导交由社区来做，涉及执法的业务由政府执法部门处理就行。

为有序推进基层治理改革创新，招商街道专门成立了由黄立新书记挂帅、相关科室负责人参加的工作小组，开始逐项梳理社区工作业务，设计新模式下的岗位设置，测算人力成本，制定现有人员的安置方案，这个过程大概用了四个月的时间，方案基本确定后提交街道党工委专题讨论。因为是书记工程，尽管还有些不同意见，但最终还是通过了。

当时正好与此同步进行的是花果山社区家园网建设，这是全市第一个社区门户网站，属于市委"织网工程"① 的一个重要环节。时任市委副书记王穗明②十分重视花果山社区家园网的建设，并亲临社区听汇报、看方案，其间对街道准备推进基层体制改革的想法也非常支持，并表示可以用两年的时间进行大胆探索。这是街道能够推进基层改革创新的一个非常重要的因素，街道就此开始紧锣密鼓地实施这项工作。

在确定购买服务方式的时候又碰到与之前社区政务服务窗口项目一样的问题，就是超过 10 万元就要招投标，而如果走招投标这个程序就一定要通过区采购中心，而且要主管区领导签字同意，这个周期有多长谁也无法确定。无奈之下街道再次采用社区政务服务窗口项目的方法，把社区需要转移的所有服务职能按照业务分类组成 15 个项目包，每个项目都不超过 10 万元，包括网格管理、安全生产、计划生育、公共文化、社区家园网等一共 15 个合同，从 2012 年 4 月 1 日开始实施这个项目。

15 个项目合同总金额实际上大概是 148 万元，这比过去社区工作站的工作经费少了差不多一半。过去模式下，社区工作人员是 26 个人，其中 9 人是财政供养人员，17 人是劳务公司派遣。新的模式，我们按照工作量来设计岗位，当时社区有 6 个网格，我们的想法是按照 1∶1 的配比，即一个网格员和一个社工进行配置，网格员做社区公共服务那一块，社工就做居民服务这一块，这样一个网格就有 A、B 两个角色，一些公共信息由网格员来处理，网格员发现了居民需求，就由社工来处理。按照这样的设计，等于我们需要 12 个人，由于社区服务中心本身配置了 4 个社工，那也就是说，我实际上需要 8 个人，也就是需要 2 个社工加 6 个网格员就可以了，与之前相比，就是一个人要干两个人的活——肯定要让他们拿到与之相对应的收入。街道非常支持这个方案，所以我们就是用原来 17 个人的经费，配置了6 个网格员和 2 个社工，薪资水平也就随之平均提高了将近 1 倍。对于街道来说，职能转移服务的经费是 150 万元，相比原来旧模式下每年将近 300 万

---

① 织网工程，是深圳于 2013 年年底开始的一项社会建设举措。详见《中共深圳市委办公厅 深圳市人民政府办公厅关于印发〈关于全面推进社会建设"织网工程"的实施方案（试行）〉的通知》。

② 王穗明，时任深圳市委副书记，后曾任深圳市政协主席、党组书记。

元的经费节省了一半，但节流减员之后工作效率反而提高了，这是项目带来的最直接的改变。通常劳务派遣模式对于相应的劳务派遣公司来说只是与派遣人员签个劳动合同，到时发工资，于是就造成合同单位不管他，管他的单位又没有合同，考核无从下手，这是目前整个社区工作人员待遇低和不好管理的最大的制度障碍。

我们的窗口项目从2011年8月1日开始运行，到2012年每个月都有不同的评价反馈，满意率基本可以超过99%，甚至达到100%。居民能够明显看到这个窗口在变化，所以街道非常认可我们的服务。于是，街道又交给我们一个重要的创新服务项目。记得当时黄立新书记问我，如果把街道行政服务办事大厅交给你们，你们能不能接？我说能接，因为十八大提出政府可以向社会组织转移服务职能，而且公共服务社会化也是一种趋势。就这样，2012年10月，街道的行政服务办事大厅就交给我们运营，实际上等于我们在一年多的时间里，在招商街道就滚动发展出将近300万元的项目。

一般的机构刚成立就能拿到这么多而且是比较前沿的项目是不太可能的。我们做到了，这得益于阳光家庭这个品牌。虽然阳光家庭是一个民间组织，是一个民办非企业单位，但是在很多人的眼里，阳光家庭是深圳市妇联培育起来的社会组织，也就是说妇联给我们做了一个信用保障。这可是其他机构没有的优势，所以我们第一年就获得了这样大的项目，机构从一开始我一个人单枪匹马，一年以后就兵强马壮，有了几十个人的规模。

2012年12月20日，《人民日报》以《十八大·一线探落实：政府放权　民间接棒》为题，专门报道了"花果山"这个项目。后来，清华大学的王名老师，华东理工大学的徐永祥①老师都来过花果山社区。记得那天王名老师和徐永祥老师在花果山社区是不期而遇：王名老师是区里面陪同来社区调研的，徐永祥老师是我带他来社区调研的，两位大家在这儿碰上了。花果山社区这个项目实施后，我向徐永祥老师介绍过，他表达了对招商街道领导勇于改革创新的敬佩之意。记得王名老师在跟徐永祥老师相遇时说

①　徐永祥，中国社会工作教育协会会长，国际社会工作教育联盟委员，上海高校智库"社会工作与社会政策研究院"院长，华东理工大学社会学与社会工作学科的奠基人，二级教授、博士生导师。

了这样一句话："这个探索也许可以成为未来中国社区的发展模式。"徐永祥老师也表示，这个探索意义深远。后来徐永祥老师让他的 7 个硕士研究生、2 个博士研究生专门实地深入社区研究这个项目。

从我个人来讲，我觉得这个项目也给其他的社会组织争取了空间，对社会组织在社区里面发展是有意义的，同时感觉这种参与对整个社区的发展产生了积极的效果。比如说居民对社区事务的参与度，从冷漠、不关心，到愿意参与、愿意表达，这是一个非常积极的变化。还有原来社区的运转是自上而下指令性的工作，注重的是社区管理，现在开始考虑到居民的需求，关注到居民的服务，开始以服务为导向。形成了社区党委协调统筹、社区服务中心平台提供服务、居民委员会进行监督这样一种机制，所以这使整个社区基本上被带动起来，有了活力，居民有了自己的表达渠道和途径，因此也就愿意参与社区事务了。这在花果山社区有几个典型案例，有一个小区居民住宅单元装电梯，就是居民自我协商，自己设计，找政府主管部门来审批，最后自己招标，自己就建起来了。还有一个典型例子，就是政府穿衣戴帽工程，居民有不同意见表达出来，"如果仅仅穿衣戴帽，我们不需要，我们需要的是实质性的功能性的改造"，最后政府听了居民的意见就做了一些改造。

在花果山社区，我得到了居民的厚爱和认可，我是社区居民推选出来的区人大代表。有些服务，比如社区食堂，由于各种原因，最后没办下去，我一直深怀歉意，觉得对不住社区的居民，特别是那些社区长者。

四　围绕妇女、儿童、家庭服务的创新实践

在承接花果山社区服务的同时，我们也在对原来市妇联已经建好的阳光家庭项目进行转型。当然这个转型的难度是非常大的，这期间市妇联领导带我到各个区去游说。因为每个区推动社区服务中心的力度不一样，方法也不一样，所以原来的项目点转型的方式也各不一样，我们基本上是在 2014 年才完成几个项目点的过渡，也完成了从项目到实体机构的过渡和从妇联项目向社区服务中心的过渡。当然过渡最好的就是花果山社区，所以

从 2014 年开始我们就跟其他机构一样，通过政府招投标的方式来运转了，基本上阳光家庭就步入正轨了吧。

后来社区服务中心的运营采用招投标机制，我们现在除了花果山社区保留以外，其他的社区服务中心都不再运营了。当然也有我们自己的原因，因为转型后人的观念也要转变才行。我们原来那些员工更偏重于服务妇女和儿童，而转成社区服务中心后，老人的服务要做，青少年要做，残障也要做，就不太适应，甚至有一些排斥，所以这样也导致评估中会出现一些问题。另外就是 2016 年转为社区党群服务中心以后，组织部就不再允许挂其他单位的牌子了，阳光家庭这个品牌的光环也没有了，因为原来有光环的时候，大家就觉得用"阳光家庭"去运营好像理所应当，现在没有了这个光环，就重新回到一个起跑线上。当然我们也承接运营了其他的社区服务中心，现在一共有 16 家社区党群服务中心，这一块的业务收入占机构业务的 40% 左右。参与审计评估的会计曾告诉我说，目前在各机构业务收入中，我们这一块的业务比例是最低的，这也说明我们的财务结构比较均衡。

社会组织的能力体现在哪些方面？现在社工机构的能力，普遍就是看你拿到政府购买服务项目的能力。但这实际上等于把命运交给别人，愿意就带你玩儿，不愿意可能分分钟就不行了。当然深圳跟一般的城市还不太一样，这又得说到深圳市民政局在早期社工发展的规则制定上有远见，允许机构留一部分管理费，这使机构可以有一定的自身发展空间。当然如果机构仅靠政府购买服务，没有自我造血或多渠道输血的能力，那发展也是十分艰难的。

谈到自我造血，实际上我们想了很多办法，也做了很多尝试。比如我们跟懿米阳光①合作，希望帮助困难家庭的妇女就业。我们设立报刊亭，预期每个报刊亭每年能给我们多少回报，我们就用这些回报来做我们的项目——这是一种投资方式。我们在龙华区弄了 5 个报刊亭，实际效果都挺好。当时最偏远的一个，人家那个单亲妈妈还不愿意接，我们给她们投了大概 5 万元，帮她们建起来。但在后来我们发现社会组织做企业先天不足，

---

① 罗湖区懿米阳光公益发展中心。

就是心太软。比如，我们跟她们制定规则，总把她们当弱势群体，我们作为强势的一方这样帮她们，到最后我们都不好意思张嘴跟她们谈分成。责任我们都担了，风险也担了，但是你跟她们谈分成的时候她们马上翻脸；翻脸了，你突然又觉得自己不道德了。还有老人服务、社区食堂等，都由于各种各样的原因不太成功。我觉得这里面最大的一个障碍是什么呢？是社工自身的认识，就是公益和商业究竟是一种什么关系弄不清。有的时候我鼓励社工去做的时候，他们会把这些问题提出来，我一想也确实是，他们也在替我着想，出了事怎么办？可是反过头来他们想这些事的时候我又开始出现这样那样的担心，就是互相有点消极的东西一直在影响着。所以说我们现在说的这个造血还是一个试水阶段，但试水阶段已经碰到了那么多自己迈不过去的坎儿。

这些年我们一直在坚持做一些公益创投项目，比如龙华园区女工关爱服务、青少年的护蕾行动、反校园欺凌、青少年的抗逆力，等等。阳光家庭本身是在妇女、儿童、家庭这方面比较擅长的机构，那么它就更可能专注于这个领域的需求或者说这个领域的问题。我们从妇联把这个项目转移过来的时候，就一直把妇女、儿童和家庭作为我们的特色，也是我们的专长和能力，所以我们在这方面也确确实实投入了更多的精力去寻找需求。比如说在龙华区有那么多外来女工，特别是我们介入富士康事件之后，发现在工厂里面很多外来女工的问题得不到关注。比如劳动权益问题、安全问题、职业保障问题、婚恋问题等等。我们选择从她们的健康和婚恋这个层面去切入，首先让她们感觉到在深圳这座城市是有人关心她们的。比如我们做一个关爱女工的项目，先跟妇联合作，找一个固定的场所，把这个场域的女工动员起来，发现需求之后再不断地提炼服务内容。比如，有女工下了班之后，生活比较单调，这是普遍性的问题。那我们就可能开一些兴趣班，让她们慢慢地能够聚在一起，大家有交流，帮助她们搭建人际支持网络，慢慢会发现她们有很多需求。比如结过婚的就考虑孩子的问题，在深圳的就是孩子上学的问题，在家里面的就是留守的老人怎么照顾。我们把这些需求梳理出来，再去找妇联、找资源，争取更多的财政支持。

在这个过程中，我们的服务也在慢慢聚焦。比如，我们在工业区开展正确引导婚恋观这样的性教育。我们发现，工业区务工人员的性关系非常复杂，而且涉事者的年龄都不大，在富士康我们就见到一个还不到 18 岁的女工短短几个月人工流产好几次了，这种情况在工业区并不少见。针对这些问题，我们就开设热线，有些女工晚上十一二点了还会通过微信或者电话咨询；我们也推送一些文章，再开展一些活动去引导她们。慢慢地就有越来越多的女工组织和越来越多的女工开始关心这件事，甚至有一些孩子会偷偷找社工去咨询自己遇到的问题。我们也把一些比较典型的案例，比如说未婚先孕，企业把她开除了，家庭把她抛弃了，男朋友也把她抛弃了等案例编成短剧到工业区里面去演，演出是参与式的，就是同样一个问题，如果是你会怎么处理，她要怎么处理，就是一个情节有十几种演法，我觉得这种参与式的剧场表演对她们的影响特别大。其他的，比如三四十岁的女工，我们就以《女工足迹》为主题把她们在深圳的经历编成画册，帮她去回忆来深圳打工走来的每一段记忆。再比如社区里的全职妈妈的能力成长，家庭关系的营造，等等。

还有一个聚焦的群体就是流动儿童，我们更关注这些孩子城市融入的问题。城市融入有他们自身的问题，也有我们制度的问题。我们除了提供服务，有机会的话还要给政府提建议，特别像我这个身份，同时是市政协委员和南山区人大代表，会提一些这样的提案，建议我们社会福利政策要淡化户籍概念，推行均等化的社会福利政策。

再比如，我们发现校园欺凌是普遍现象。但基本上大家都停留在"打"才叫校园欺凌的层面，我们觉得要做社会引导，因为欺凌在我们日常生活中时时刻刻都在发生，也不仅存在于学校，家庭里面的欺凌也很严重。我们发现，无论是家庭、社区、学校都有这方面的服务需求。比如，老师从来不认为自己有欺凌行为，但实际上老师的一句话，可能就是语言欺凌。我们有一个案例，有个小学二年级的孩子两天没交作业，老师就说同学们以后可以叫他"老油条"了。这个孩子不知道"老油条"是什么意思，就回家查了字典，一看"老油条"是什么，就是"二流子"，这个孩子哭了一晚上，第二天说什么都不去上学了。我们总结多年经验，编了一套针对学校的绘本教材，小学低年级、高年级和初中、高中，共 4 本。针对家庭和社区的绘本教材，目前在跟出版社谈。我们现在争取把它作为非授课式的教材，就是学校读本进学校。这个需求特别大，如果每个学生能够人手一本的话，不用说全国，就是深圳都已经很可观了。所以这件事如果做成，各地教育部门愿意接受这个教材的话，应该说对项目是非常关键的。我们有版税收入，这样的话我们就可以用收入再去资助这个项目。目前护蕾这个项目的研发，来自政府的支持很少，实际上我们都是在每一个项目里稍稍挤出一点资金，或者从管理经费里面抽出一点点来做研发。我还在深圳市慈善会开设了护蕾专项基金。比如前几天做了一个厌学孩子的个案，我就跟他爸爸说，收费我们是肯定要收的，但不一定真金白银让你交到机构的银行账户里头，我说我们专门有一个平台，你可以带着儿子做一次公益，把这个钱捐到这个平台上来。你等于是捐款，我可以给你出捐赠发票。你又做了公益，又让孩子有一些社会责任。另外，我们还有专门针对戒手机网瘾的项目，一些父母都愿意付费，这个实际上是有蛮大的市场需求。

目前来说，社工的专业性实际上是一个挺尴尬的词。现在看社工的专业空间并不大，很多时候政府可能并不需要你有多专业，需要的其实是个帮手，因为现在属于公共服务的初级阶段，就是你能把基础工作做好就行了，没有太强的专业性。这样的话，机构也就只是一个很平庸的服务提供者，没有什么专业核心的东西在里面。那真正能体现专业的，要往专业上发展的，可能就是我们要在服务的过程中去发现那种可能不被公共服务所覆盖的这一类服务。

五 非社工专业的高屋建瓴和敏锐视角

我是非社工专业的，学的是行政立法，当然跟公共政策还是有一点相关。在做这个工作的时候，我觉得更多的是凭着我自己的人生阅历，靠自己的悟性。2008 年我就考了初级社工证，但中级我没考。我个人觉得考了初级的意思就是我入了门，即使我拿到中级证书，可能我还是个外行。

我说我是外行，指的是在运用社会工作技巧做具体的服务过程中，我可能不是一个专业的社工，当然我的角色定位也决定了不会去做这个具体的工作，那我的专业要体现在什么地方呢？依我看就是应该体现在对组织的管理和运营方面，比如组织的规范运营，项目的研究开发，问题的观察视角，对社会问题的敏锐度，这些可能就是需要我具备的。另外，整个机构的宏观规划是需要我做的。具体来说，可能是我发现了问题，我可以要求专业的社工去把它变成可实施的项目或专业的服务。

还有像现在我们做的精准扶贫项目，当时也谈不上精准，就是市妇联对口帮扶的扶贫点有一些留守儿童，需要为他们提供一些服务。市妇联当作任务让我们来做，我们就在市妇联的支持下把留守儿童的服务做起来。现在已经做了三四年，送走了好几批学生。我们通过知识帮扶，为留守儿童提供图书、阅读等服务，项目越来越聚焦，越来越精准。我们做花果山社区这个项目也是这样，实际上那个时候还没有社会治理的概念，我们当时就是希望把只注重社会管理向管理和服务并重转变，树立管理也是一种服务、服务也是一种管理的理念，我们和街道的共识就叫社区管理与服务创新。十八届三中全会提出社会治理这个概念，它所包含的内容就是我们在实际工作中做的实践和探索。所以站在我的角度上讲，我可能更多的就是从宏观上把握住一些需求，然后把它转化成一种理念或者概念，通过专业的手法把它设计成一种专业的项目。至于说让我去做一个社工的个案，我觉得可能挺难的。

六　整体看深圳社会工作发展

对于深圳的社会工作发展，应该说我们辉煌过。2007 年深圳在全国率先推出社会工作实务，政府向社工机构购买社工岗位服务，这确实给中国的社会工作带来一缕春风。在这十多年当中深圳作为先行者率先出发，对中国社会工作的发展有很好的示范作用：包括深圳社会工作人才队伍建设的"1+7"文件，在国家层面和地方层面都有很强的示范性；包括政府购买社工岗位和社工项目服务，从一开始的不规范到逐步规范，扎扎实实地把社会工作从制度层面建立起来了。

另外，在培养社会工作人才这一块，深圳真的是做到了聚才，把当时社会工作最好的人才都聚集到深圳，通过政策环境培养了一批又一批社会工作实务人才，这些人才又像种子一样散播到全国各地。有人说深圳是社会工作人才的"黄埔军校"，我觉得是当之无愧的：从深圳走出去的社工人才确实像火种一样为全国的社会工作发展起到了十分重要的作用。

在这个过程中，我们看到积极一面的同时，也看到了消极的一面，就是这些年从事社工的人才质量逐渐下降，离开社工行业的流失比例越来越高。这说明这个行业的生态还是有问题的，不利于很多人把一生的职业放在这个领域里。

从解决这些问题的角度看，深圳有这样的需要，也有这样的基础。就目前各地社会工作发展的情况看，深圳依然是国内社会工作发展环境最好的城市，所以从某种意义上讲，深圳的社会工作发展的示范意义大于操作意义，因为各地可能没有这么好的发展经验，没有这么大的财政支持，没有这么开放的思维。就像民政部领导曾经讲的，中国社会工作的起步在上海，发展在深圳。大家平心静气地观察，在社工的工作环境、制度的规范性和可持续性方面，深圳还是最好的。尽管我们处在这个行业里，对发展有更高的要求，总觉得还有很多的不足，但这种不足基本上属于发展中的不足，需要不断改进，但是整体上从环境来讲，深圳在全国来说还是领先的。

另外，深圳在社会工作的发展上还有一个重要的短板，就是智库、高校的资源太少了。这个资源太少导致的就是整个行业在发展过程中没有一个理论层面或者学界的引导。现实中我们特别希望有学界的指导和交流，也希望学界能以专家身份在行业发展政策方面影响到政府决策，这一点，上海、北京、广州都比深圳有明显的优势。以广州为例，广州在社会工作立法方面走在深圳前面，这里面实际上有学界的功劳。深圳当务之急是积极推动社会工作立法，目前社会工作发展依赖于领导的重视程度，这不是一个好现象，所以说从制度上把它规范下来，这个是眼下最迫切的。这几年我在市政协层面多次提出社会工作立法的提案建议还没有结果，深圳需要加油。一个"1+7"政策十二年不改，这本身就说明深圳已经滞后了。

访谈印象

我是第一次听孙总讲述来深圳的缘由，竟是如此与众不同。他是为了女儿来深圳读初中才放弃了内地的金饭碗，从中可看出孙总骨子中敢闯敢试的深圳精神。我不禁感叹，深圳对人才的吸引真是全方位的，从博士生到初中生，全面引进；再看看今天深圳紧张的中学学位，更不禁感叹深圳的发展实在是太快太快。

阳光家庭综合服务中心在深圳的社工机构中不是规模最大的，也不是成立时间最早的，但确实是最富有创新精神的社工机构之一。从社区服务改革到校园欺凌项目开发，从女工服务到老年食堂，孙总带领着阳光家庭一直在尝试，考虑如何把服务做好、如何让服务对象真正受益，其间有成功的喜悦，也有失败的困惑。

在孙总的讲述中，我们也从侧面感受到深圳基层领导的魄力和勇气，他们有强烈的事业心，他们做事不是为了自己的政绩，而是为了如何让社会变得更加美好。正是因为深圳有一些这样的政府官员，社会组织才有了更大的发展空间和更多的发展机会。

刘海军：需求导向下的社会创新

【人物简介】

　　刘海军，澳门城市大学 MBA。长期在现代新兴产业、公益慈善、社会建设等跨界领域探索实践。2003年来到深圳加入残友集团，曾作为残友集团总经理运营多家科技型社会企业，主持成立众多社会组织及深圳首家民间基金会，荣膺国际（英国）首届社会企业金奖、中国首届社会创新奖、深圳首届鹏城改革创新奖。曾任"中国社会企业奖"标准制定委员会委员，深圳家族办公室促进会创始副会长和慈善专委会主任。曾受邀到哈佛大学、香港大学、北京大学、清华大学、深圳国际公益学院等院校，以及国际社企论坛、"公益星火"暨中国慈善公益领袖人才培育计划、中国公益金融发展论坛、APEC企业家峰会、国际社会影响力投资高峰论坛等做主题分享嘉宾。

　　现专注"产业＋金融＋科技"的深度融合，推动社会需求的有效解决。担任深圳物联网协会联合执行会长、蜂群物联网公益基金会发起人，成立深圳智能辅具协会并出任执行会长，以物联网等创新科技与公益金融为支撑，促进老龄、残障等特需群体实现对美好生活的向往。

一　残友的创新实践

　　我是学中医的，2002 年在河北医科大学毕业，毕业以后自己就回家乡开门诊。当时年轻，还是想看看外面的世界，于是申请了一个哈佛大学公共管理硕士（MPA）的奖学金，比较幸运，我最终成功入选。当时我是一边申请一边继续开门诊，本来我想开门诊先赚一些钱，等拿到入学通知后就去美国读书。但正好赶上 SARS，门诊又开不了了。去哈佛大学之前还有半年，正好我在网上搜到了郑卫宁①先生开的"中华残疾人服务网"，我就给郑先生打电话，希望去美国读书之前到深圳待半年。

后来，我就到了郑先生这里，当时有五个人，主要做 IT，我连打字都不会，郑先生说："海军，你就给大家做保健，能做什么就做什么。"那半年我就做一些周边的辅助工作。那一年阴差阳错，我的奖学金出了意外，我就没走成。但既然来了深圳我就不想回去，虽然回去自己开门诊，各个方面的收入肯定蛮稳定的。但是觉得深圳才是属于我自己的未来发展方向，所以我就留在了郑先生这里，主要负责协调工作。

2005 年 1 月 9 日，我参与成立了残友的第一个机构——深圳市信息无障碍研究会，主要做盲人朋友的信息无障碍推广工作。2005 年的时候，社团类社会组织是非常难注册的，这在别的城市可能连想都不要想。所以深圳市信息无障碍研究会的成立，对于我们来说应该算是一个很大的突破。当时注册社会组织要有业务主管单位，信息无障碍研究会的业务主管单位是科协。因为当时互联网刚兴起，虽然残联是做我们残疾朋友工作的，但我们毕竟是做信息研究，于是残联帮忙牵头找了科协，科协非常支持。

信息无障碍研究会成立之后，我担任第一任秘书长，从那个时候开始我正式介入社会组织的工作。我们做的项目主要是免费培训盲人使用电脑。我们有很多义工朋友，用市民捐赠的旧电脑，为盲人培训。户籍、非户籍的盲人，甚至一些流浪的盲人都过来。从这个项目中，我第一次感受到深圳的义工文化。很多义工朋友白天、工作日上班非常辛苦，到了晚上、周末，不休息，就过来培训。

2007 年，残友成立第一家社会企业——残友软件，之后残友进入了一个高速发展期。因为我是非技术出身，所以我就负责各个机构的公共事务。我在残友的十九年里，成立了 20 家左右的社会企业，还成立了包括 1 家基金会在内的 9 家社会组织。郑卫宁慈善基金会是"部市协议"后深圳批复的首家慈善基金会，是 001 号基金会。这个基金会的成立具有很大的里程碑意义。郑卫宁慈善基金会为什么能成为 001 号？是因为在国家文件还没下来

---

① 郑卫宁，残友集团创始人。

之前，我们已经把成立基金会的所有材料准备好了，而且这些材料深圳市民政局已经审核过了。当时领导的意思是先行先试，有重大问题才汇报，其他的事情就放开手脚去做。

后来，残友也成立了自己的残友社工服务社，它是深圳最早的一批社工机构之一。残友社工服务社为什么会出现？刚开始确实是因为后勤管理。一开始我们是招个家政给大家做做饭，洗洗衣服。但是人越来越多，从 5 个人变成 40 多人，又变成 200 多人，就发现有问题了。靠单纯的后勤管理，解决不了规模化和专业化问题。所以我们就把后勤单独拿出来，放在信息无障碍研究会，但发现其实并不合适。那个时候内地社工发展还不普遍，我们就专门派人到香港学习，学习了整个社工服务的所有规则条例。后来，内地社会服务开始发展，可以考社工证，我们就要求内部核心的行政人员全部考试，到最后连我们的司机都考。考了社工证以后，又发现了信息无障碍研究会不是服务机构，应该成立一家社工机构，于是我们就专门成立了残友社工服务社，把所有的后勤服务从信息无障碍研究会转到社工服务社。再后来，我们发现社工还是要分类的，要更细化。我们大部分是在服务庞大的社会企业内部需求，我们称之为痛点需求和高频需求，如果不精细化，那么痛点需求和高频需求就满足不了。残友的社工在与企业员工的对接过程中，不得不把自己的东西做精做细，于是出现了一些残友非常有特色的东西。第一个是专注，专注于肢体残疾人；专注于企业社工，因为它服务的人是员工，不是一般的残疾人，是已经就业的残疾人。第二个是细分，细分到管后勤的、管心理的、管出行的，甚至是协助企业管理的。企业里面又有党建，所以又出现党员社工。

这些机构最大的特点，就是核心围绕着残疾朋友。社会企业主要是做 8 小时之内的，就是就业方面，所有的社会组织是基于 8 小时之外的，就是跟他生活相关的。这些机构让我和我的同事都有了特殊的经历，就是你能想到的所有的组织形态，我们基本全经历过，企业、社团、民非、基金会……同时，我们非常注重加强党团的建设，我们残友集团有党委，党委下面还有各个党支部；我们还有团委，是全国一百个团建示范单位。我们的工会、妇联，都运行比较好，各个组织协作，比单独一个组织更有效率。

很多人说残友有很多创新。如果我总结，我把残友的创新总结为"三个创新"——集成创新、应用创新和协同创新。

集成创新，是指我们会把各个机构中已经成熟的东西自然地运用到其他组织中。我们会把其他组织，比如说企业里一些非常优秀的管理方式，很自然地平移到社会组织里面，也会把基金会里的一些募捐方式应用到企业的市场行为中。在我们这里，没有跨界，因为跨界是你离开这个界别到了另一个界别，而对于我们来说，是同时在不同的维度里，所以我们把它称为集成创新。

应用创新，是指我们有"十八般武艺"，当我们为了解决某个问题的时候，我们自然而然地知道我们需要什么工具，用什么方式。我们做这件事情，基金会是最有优势的，那就用基金会这个平台；我们做那件事情，企业是最有优势的，那么就用企业。

协同创新，就是所有的部门、所有的人一起来做。比如讲到后勤，一般企业会把后勤放在公司的行政部门，但是对于我们来说，我们都是残疾朋友，后勤管理有特殊性。作为高科技企业的总经理，脑子里天天要想着如何研发、如何去市场获得利润，后勤这块就不是他的擅长，而且他的员工又是特殊员工，怎么办？我们就让社工服务社去钻研不同的后勤服务。

残友有点像残障机构孵化器，像龙华雨燕的张莹莹①就是从残友出去的。现在不只深圳，包括内地很多残障机构，都跟残友有联系，机构负责人要么就是在残友学习过的，要么就是残友培养出来的。全国确实有好多地方的残疾人机构，运营模式与残友类似：残友集团负责 8 小时以内的生产，公益机构负责公司 8 小时以外的管理和服务。模式的输出是残友最大的贡献。2012 年，英国社会企业联盟（Social Enterprise UK）将首届国际社会企业大奖的桂冠颁发给深圳残友集团。颁奖词说残友具有巨大的启迪意义。他们用的是"启迪"这个词语，说明残友的意义是通过探索，给其他人提供了一个启迪的思路。

---

① 张莹莹，小儿麻痹症患者。创办深圳市雨燕残疾人关爱事业发展中心。2018 年，张莹莹和龙华区残联在民治街道创办龙华区残障者就业创业孵化基地项目，以"龙华区 IC 爱创空间"命名，为 2000 多名重度残障者提供就业岗位。

二　用社会影响力投资解决社会问题

我从残友出来，第一个原因是残友稳定了，我们前面都是在探索，残友稳定了，我的学习历程和历史使命就完成了。残友的各个机构发展得很好，2016年残友有两个社会企业已经挂了新三板，进入了主流企业的交易平台。第二个原因是我个人也需要调整了。我从残友出来了以后，聚焦在两个方向。第一个方向是康复辅具。原来我在残友做的主要是残疾人就业。残疾人就业要么是在家里，要么就是集中就业。我希望能够通过智能辅助器具，让残疾朋友从家庭走出来，走上道路，走进我们的公共服务空间。这里的公共服务空间包括我们的图书馆、音乐厅这种政府的公共服务业，也包括各种商业综合体，希望让大家真正能成为具有社会属性的人。第二个方向是成立产业基金会。产业基金会把不同领域的企业家集中起来，通过产品解决社会问题。蜂群物联网公益基金会，是一个纯产业基金会，这个基金会平时参与的是各种高峰论坛，各种的技术人才对接，也就是在它平时做的工作中，你看不到所谓传统慈善的影子，但是它整合所有资源，最后达成的结果是什么呢？是解决一个重大的社会问题。

现在很多企业不缺钱，不缺技术，不缺人，但是这些企业不知道怎么把这三个要素变成一个产品，变成企业发展的动力，企业找不到新的市场。我们传统的市场已经变成红海，但同时他身边的社会需求里又蕴含了巨大的市场，这个市场需要技术，需要资金。我们现在变成中间的连接者，把企业的资源与需求的资源整合。企业里面的资产是什么？是优秀的人才、资金、技术。需求里面的资产是什么？是巨大的需求人群。如何把这两个资产进行整合，最后变成某种业态？我们就是在做连接的工作。我们重点做三个方向，食品安全、智能体育和智能辅具，这三个方向都与全民健康相关。

十九大提出，我国社会的主要矛盾是人民日益增长的美好生活需要和不平衡不充分的发展之间的矛盾。人们日益增长的美好生活的需要，它代表了对某种服务、某种产品的需求；不平衡不充分，就是供给不够不协调，并不代表群众没有需求，而是供给不够。在解决这一矛盾的过程中，就衍生了我们称之为"互益论"驱动的状态。一个企业发展越好，它的社会效益越大，经济效益就越好，是并行的、双轮驱动的，我们也希望把它作为社会影响力投资实践的一个探索模式。对于企业，不需要过度强化捐多少钱，而是让它看到这是一个非常好的市场机会，这个市场只要它投入进去，就能推动企业持续发展。反过来，由于互益，当企业持续发展的时候，就能够很好地解决某个社会问题。就像残友一样，残友并不强化简单的捐赠，因为残友集团组成人员大多是残疾人，公司挣的钱越多，员工的福利越好，本身就是天然的慈善。所以徐永光[①]老师就讲，别人讲慈善，你们不用讲，你们只要把企业做好了，残疾兄弟们的生活就改善了。

举一个很简单的例子，公交车对残疾人和老人都免费，但问题是我上不去。也就是说免费这个行为其实并不是一个慈善的核心需求，慈善行为就是应该帮助到弱势群体，去解决他的痛点需求。但问题是虽然免费，但残疾人上不去，也就是为什么平时你在公交车上看不见坐轮椅的人，也很少看到拄拐杖的人。而残疾人真正需要的是一种可以有升降功能的设备，所以说我们是通过产业去引导着企业家去生产产品，用这个产品去解决这个问题，最终用商业的方式来解决社会问题。

智能辅具跟中国 8500 万残疾人、2.02 亿 65 岁以上老人、每年 2000 万孕妇、每年几千万的阶段性损伤的人，都有关系。所谓阶段性损伤，就是骨伤或者中风等慢性疾病的人，现在的状态是基本就在家里养病，生活质量迅速降低。我们如何让一个人在阶段性损伤的情况下，还能重新拥有他原有的生活状态？以老年人为例，我们原来一直在强化"养老"的概念，但其实有点狭隘，据我了解，真正需要"养"的完全失能的老人不超过 20%，也就是说有超过 80% 的老人，是不需要全陪"养老"的。现在很多 70 岁的老人在外面跳广场舞，还出去旅游。以深圳为例，当年来深圳的最有闯劲、最有激情活力、最有探索精神的那批人，当年都是二三十岁，现在过了 40 年这些人六七十岁。这些老人是我们传统意义上那些退休以后就

---

① 徐永光，南都公益基金会理事长，国务院参事室特约研究员，第九届、第十届全国政协委员，联合国可持续金融顾问委员会委员。曾创建中国青少年发展基金会，创立希望工程。

只在家里看看孩子，背着手在路边看人下象棋吗？不是的。他们的心态和我们一样，也想去旅游，因为他原来的生活是那样的，激情四射的。你看看现在七八十岁的老人和 20 年前七八十岁老人是完全不一样的，因为他是在信息化时代变成老人的，他有他的需求，这些需求怎么办？第一个是他的需求和以前不一样，第二个也是最重要的，由于儿女们没有那么多，儿女们也不在身边。那么在这种情况下，这些老人的生活质量怎么提高？原来他 60 岁的时候还跑马拉松，但到了 70 岁跑不了马拉松了；原来 60 岁他还坐公交车，到了 70 岁坐不了公交车了。怎么办？同时，他现在并不需要躺在床上有一个专门的护工照顾他。这个中间状态是非常尴尬的，这才是老人群体的巨大的需求。这个需求除了有儿女的陪伴以外，我们希望有一系列的辅具能帮助他，能保持他原有的生活质量。比如说年轻人有摩拜，老年人现在骑不了摩拜了，那我们能不能提供可以适合老人的摩拜。年轻人有瑜伽，老年人没有了，能不能提供老人的瑜伽？老年人自己冲凉的时候，怎么能让他不滑倒？甚至如果他真的中风了，怎么能让他在没有别人的帮忙下有尊严地生活？其实很简单，我们把基于老年人的身体状态和原有的产业一结合，就好了！

我是学中医的，我非常注重动态的系统性。我们任何一个社会问题，都不是单一存在的，是多元因素集聚碰撞最后到了某个时间点出现的社会问题。那么这个社会问题的解决，也需要各种维度的社会要素去持续性地解决。

我们以社会影响力投资和前沿科技为双轮驱动去解决社会需求。我们把前沿科技总结为 ABCDE：A 就是 AI，人工智能；B 就是 blockchain，区块链；C 就是 cloud computing，云计算；D 就是 data，大数据；E 就是 Everyting is connected，物联网。我们把社会需求、产业生态与金融资本深度融合，投资者在这里有收益，而且可能市场空间相对更大。我们让投资者产生更好的利益，让一个新兴产业去实现社会价值，当所有参与者都获取所需的时候，这个事情才可持续，最终我们的社会问题才可能得以永久性解决。

三　对深圳义工发展变化的认识和思考

我们一直在强化不忘初心，牢记使命，那这个初心是什么？近期遇到一些事情，感觉就不是很好。我举一个很简单的例子，有一次我自己从机场出来，滚着轮椅，机场出站口有个很高的坡，一群志愿者在那里，我不能说他是志愿者，我只能说穿着志愿者服的人站在机场工作站旁，看着我，都没有一个人下来扶我。还有一次，我自己滚着轮椅走到中信广场，那里有几个台阶我上不去，我对旁边服务站里的义工说，你帮我抬一下。结果那个人说，我也抬不动。这些让我感觉不好，这不是我认识的深圳义工。我自豪与骄傲的深圳义工是什么？我们真正的义工是在路上看到你遇到困难，就主动过来了。

我2003年来的时候感觉99%的朋友是义工。你会发现，本来你去谈一个项目，结果发现这个总经理是某个组的义工；甚至你跟某个司机聊天，突然他告诉你，"我也是义工"。你能体会到那种文化。深圳义工很有意思，每个义工有一个编号，他会以编号为荣。就像企业里面，比如说在腾讯或者华为，你是几号员工，这很荣耀，我们义工也是。你是个位数的义工，那是恐龙级的，两位数的都已经很受人崇敬了。走在大街上你别说你的名字，你说你是两位数的义工，那不得了了，三四位的都不得了。这代表了一种荣耀！这是把义工服务当成自己的一种生活方式。他不认为是在帮你，他会认为这就是我的生活方式。很多人甚至为了完成这个义工活动，请假被公司扣出勤奖！很多义工开自己的车，把自己家里的所有人带来，东西也带来，就好像这里才是他的生活方式，其他的一切都是为这个服务的，你能感觉出那种温度，你看义工的眼神都能看出来。

其实深圳的义工文化有它的基因。白岩松老师曾经说过，深圳的义工文化是不可复制的。为什么不可复制？他当时的原话是这样说的，他说深圳是来自四面八方的人，在这里大家没有自己的亲情网络，没有同学圈子，只能靠一双双陌生人的手互相搀扶，这是深圳的根基。但是发展了几十年以后，现在有些年轻人在深圳，有了自己的圈子，义工只是作为他的一种社会活动，而不像原来的义工是找一种归宿。比如说在 20 世纪八九十年代来的人，他是一个人来的，也没有可投靠的亲戚，所以他那个时候只能参加义工活动，和陌生人在一起。但是到了四五十岁，他的孩子长大了，他在这个地方有了自己亲密的朋友。同时当他自己落脚稳定了，可能会把亲戚们带过来，再加上各种同学、老乡，这样就形成了他的熟人圈子。所以深圳人群结构的变化可能是义工文化变化非常重要的原因。

我再从另一个角度来分析，原来我到很多地方分享深圳义工，那个时候我是带着自豪的情绪去讲的。深圳的义工有两个自由，即来去自由和选择自由。当时的义工是怎么组建团队呢？是基于每个人的个人需求。比如说你特别喜欢环保，深圳的一群热爱环保的人自然形成一个小组，成立义工联下面的环保组；有些人说我是当过老师的，那就形成一起成长组，专门帮那些贫困家庭的孩子辅导功课；也有一些人就服务残疾人、服务老人。不像内地很多地方一到学雷锋日了，大家就全民统一地干一件事。所以，深圳义工第一个好就是选择自由，有十几个大组，每个人根据需求去选择。第二个好是当他选择的时候，他是带着激情去的。现在我们的一些义工把服务变成了某种工作项目，但实际上他在做这件事的时候并没有激情。我经常说，无论是做事业还是做义工，必须要符合两个要素，才能做好。就是必须有热恋般的激情和虔诚的信仰。热恋般的激情，代表着如果你没有这种激情，你肯定不能调动所有资源把这个事做好；而如果没有虔诚的信仰，这个事情就做不持久。

我觉得深圳成熟的义工文化应该是城市的一笔遗产。我们如何传承这笔遗产？这里面有些东西是可以跨越人群结构的。这就是刚刚我说的选择自由和来去自由。不管社会如何变化，总有人有参与社会的需求。过去做义工有很多优势。义工给很多人成长锻炼的机会。我认识很多义工，原来是做保安的，在工厂打工的，但是在义工服务中得到新的锻炼，个人成长得特别好。我认识的不少朋友从普通的保安、普通的一线员工，最后变成了企业的创始人，自己的事业做得特别好。为什么呢？因为他的管理能力、协调能力被挖掘出来了，得到了极大的提升。假如他是一个组长，要管 500 人，而他平时就是一个普通的保安，但是在义工这里他要管这么多人，而这些人不是靠工资的黏合，你要想尽一切办法管理好这么多人。义工服务应该与个人的工作生活是融合在一起的，深圳义工文化这个遗产很需要传承和弘扬下去。

四　如何理解深圳的创新

我们很幸运能在这个城市。我经常用一个词叫"保驾护航"，反正我在深圳每个阶段所做的事情，各级领导和各界朋友觉得的是好事，他知道你这件事要么为了深圳的社会创新，要么是服务一个弱势群体，反正所有人都帮你。我们的很多机构都是深圳的第一家，我们成立的过程中，感受到主管部门的领导真的是希望这个行业能够发展起来，很多主管部门的领导还提供了一些非常有帮助的指导，很多领导是专家级领导。在深圳登记注册组织第一个是快捷，第二个是注册过程中的完善性、专业性。残友的大部分机构，包括企业，赶上了黄金期，企业正好赶上了整个深圳市的商事改革。

2013 年，国务委员王勇来深圳，短暂视察残友集团。我坐着电动轮椅去路边接他们，王勇同志一下车就问了我一句话。他说，小刘你用一句话总结一下，深圳的创新和别的地方的创新有什么不同。我和他一边进办公室，一边说，创新是深圳的基因，是基于它的血脉，它有别于其他任何地方的东西。其他地方可能是一种口号，可能是一种方式。但是对于深圳的人来说，他脑子里的实践就是创新，其实很多人的脑子里没有想过创新，他们想的是如何用更有效率的方法去解决问题，当他们找到了这种方法的时候，他们的方法反而就是一个创新。

我们引用当年深圳的那最著名的口号：时间就是金钱，效率就是生命！金钱，当然不要把它简单地狭义地理解成货币，我觉得它应该是价值的代表。时间，如何用最少的时间、最高的效率来实现更大的价值。我觉得，残友的创新是我们探索之后的总结。其实刚开始做的时候，脑子里没有想要做一个创新的机构，只是想要探索一个方式，能够让这些残疾朋友有更高的价值，有更好的就业环境，接受更好的服务。经过十几年的积累，到最后有一些成功，大家反过来总结。所以我认为大部分社会创新应该是后置的，它和技术创新不一样，技术创新是前置，在实验室跑通了，就可以变成产品拿到市场上去销售，而我们的社会创新不是的，社会创新是你的服务对象和服务需求反复碰撞，最后你有一部分成功了，当然还有很多不成功。成功的这部分被总结说这是创新。所以我觉得深圳之所以有这样的创新，是因为深圳是一个特别讲究实干和效率的城市。我正好和改革开放同龄，在我出生五个小时之后，中国出了一篇社论，非常知名，就是《实践是检验真理的唯一标准》。所以，我觉得如果说创新是深圳的基因的话，注重实践、注重结果是深圳作为改革开放桥头堡的一个非常重要的特质，很多人在这里没有被思维框架限制住。

访谈印象

我一直挺佩服海军老师。小时候在电视上、书本上看到身残志坚的故事，总觉得离自己挺远；工作后，因研究需要结识了不同的残障朋友，常常被他们的经历所感动——海军老师就是其中之一，是我身边的榜样。

他常常滚着轮椅，活跃在各种论坛沙龙上，讲无障碍环境建设，讲社会企业，讲社会影响力投资，讲智能辅具……身体的局限绝没有禁锢住思想的驰骋，他对各领域的问题都常有深刻的洞察和独到的见解，在新的事业领域依然传承了"残友"一以贯之的风格，以创新满足社会需求。他好像是天生的演说家，他的发言既有丰富的思想内涵，又有生动有趣的故事，启迪心灵，引发思考。之所以有这样的演讲效果，是因为他所讲所思源于他在各种类型组织实战中的摸爬滚打，来自他抱着解决社会问题的初心一步步创新性的尝试，源于他自己作为一名残障人士的切身感受。我常常想，应该让海军老师这样的优秀党员多讲讲党课，他们的事迹本身就是最鲜活的党建案例。

从开设中医诊所，到担任残友集团高层管理者，再到致力于智能辅具的开发，这估计是很多身体健全的人也难以做到的跨越。不忘初心，砥砺前行，海军老师给出了最佳的诠释！

李弘：人人公益的实现路径

【人物及机构简介】

    李弘，全职从事公益事业18年，曾供职于香港乐施会及阿拉善SEE基金会，现任壹基金秘书长。2011年因加入壹基金而来到深圳，在基金会项目战略设计与资助管理、灾害管理、自然资源管理与社区发展等领域拥有丰富的经验。

    壹基金是李连杰先生2007年4月创立的创新型公益组织，2010年12月，深圳壹基金公益基金会在深圳市民政局的大力支持下正式注册成立为公募基金会。深圳壹基金公益基金会注册原始基金为5000万元，发起机构为上海李连杰壹基金公益基金会、老牛基金会、腾讯公益慈善基金会、万通公益基金会和万科公益基金会，每家发起机构出资1000万元。壹基金以"尽我所能，人人公益"为愿景，搭建专业透明的公益平台，专注于灾害救助、儿童关怀与发展、公益支持与创新三大领域，致力于成为中国公益的开拓者、创新者和推动者。

一　因壹基金而来到深圳

    我从来没想过会来到深圳。我从一开始工作就从事环境保护，都是在生物多样性或者生态脆弱的地方，基本上是西部。后来做相关社区发展和自然资源管理类的项目，都是在国际机构。之后我就到了阿拉善SEE生态协会、乐施会，始终在做跟乡村社区发展相关的项目，后来我又回到阿拉善北京的基金会做全国环保组织的资助工作。所以我基本上就是跟青年人、社区发展、资助组织这些打交道。

    我以前一直觉得大部分解决问题的组织是在靠近环境问题的现场，至少是云贵川、陕甘宁等西部地区，我想我的工作可能也始终会在这些地方。没想到壹基金注册到了深圳，我是因为壹基金来的深圳，我当时是被挖过来的，也是想尝试一下公募基金会的工作，因为非公募基金会和国际机构我都做过了。2011年来的时候，我们当时机构租了个临时的库房当办公室，用的是大排档的那种方塑料凳子和二手的桌子办公。在旁边小区里，租了一个房子给我们四个外地来的员工当宿舍。我来得最晚，三间卧室没了，只剩一个榻榻米，就比这个客厅的地板高了大约10厘米，榻榻米上啥也没有，我就铺了个凉席。那个房间大概5平方米，没有空调，我是2011年8月1日在北京入职，2日来到深圳，深圳的夏天湿热，每天晚上被热醒。睡那个凉席，出汗以后皮肤就挤到凉席的竹条缝隙里，挤进去时间久了，一道一道的，压出纹路。出汗和挤压，把皮肤都弄破了。当时说我这是为了什么来到深圳的？我们把租的房叫民工之家，我真觉得自己是外来务工人员。比之前到乡村做项目还苦。乡村就是卫生条件不太好，吃住不会这么难受。来深圳这么多年，我现在还是适应不了夏天的这个热、这个湿。

二 壹基金的公益理念：人人公益

李（连杰）先生创办壹基金的时候，他想做的就是让更多人参与公益。他希望每一个人都好，每一个人好了，每个人都关心他人，这个社会、国家才能更好。这个其实是很符合我们现代社会治理理论的。每一个人关心公共事务，每一个人积极参与公共事务，积累的社会资本越高，信任度越高，融合度就越高。他为了把这个理念落地，为了促进人人公益这个方向，做了一个重要的贡献，就是推动捐赠行为从去银行填汇款单走向了线上。

线上捐款有三个方式：第一个就是2008年"5·12"地震，壹基金和淘宝（在地震前一年就已经达成战略合作了）、腾讯合作，那会儿还是PC时代，在电脑上插U盾来付款，在这两个平台各筹了2000多万元。之前他们也有一些试验性的项目，通过网络零星的为公益项目捐款，但是在"5·12"时跟壹基金合作把这个事上了规模，探索了大规模的互联网筹款的可行性，这是历史性的。第二个是跟招商银行合作，马行长①当时支持办了联名卡，刷卡就捐赠，自动扣费，每月固定捐赠，这个是在国外已经普及了多少年的东西，在中国也是第一次实现。不论是自动扣费，还是积分捐赠，这些都是这个联名卡带来的。第三个就是在 2006 年年底开通了短信捐款，发一个短信编码，自动捐款。互联网、银行卡、电信，它们真的解决了过去我们要线下去银行填汇款单的问题。坐在家里，坐在办公室，就随时随地可以完成捐款。这看似是一小步，实际上确实是行业的一大步。有了招行联名卡这个模式以后，现在很多银行与很多公益机构都有联名卡。互联网筹款更是不用说，而且是远远超过其他发达国家的。

这些公众参与的创新方式极大地推动了公众捐赠。通过公众捐赠，把更多的公众引入参与公益的第一步中来。对广大的生活在城市里的人来讲，参与公益无非是两种形式，要么当志愿者，要么当捐赠人。所以在这个过程里，壹基金的基因从第一天就不一样，它希望更多的人参与。怎么参与？就是先解决最容易的 1 元钱或者哪里可以当志愿者的问题。因为壹基金是一个基金会，没有大量直接组织的线下公益活动，所以没有那么多机会招志愿者，就选择了促进普通人便捷地捐赠来参与公益。

壹基金下一步的"人人公益"要让公众对社会议题有更深的理解和参与，这就比捐钱、当志愿者还要深入的。因为更多公众的意识和行为的改变更重要，公众改变了，社会的能力就提升了，对这些公共议题就会有很大的促进作用。我们把"人人公益"不断深化，为每个人搭建参与公益的平台，这始终是我们的使命。我们要做的，就是通过方法论和项目，把人人公益一以贯之。理论上李（连杰）先生发起成立这个组织，是想实现人人公益。如果只是想达到捐赠目的的话，壹基金已经作为重要参与方之一推动了互联网筹款，这个组织的使命就完成了。但是我们还可以做更深入的人人公益，更广更多角度的人人公益。所以壹基金的战略在不断演变，核心目的还是实现"人人公益"的愿景。我们选了灾害救助、儿童关怀与发展、公益支持与创新这三个领域，我们就要在这三个领域里，让人人公

---

① 马蔚华，时任招商银行行长。

益扎根更深。

我们有一个方法论，叫四环理论，是我和团队一起实践摸索总结出来的，也是壹基金特有的。第一环是受益人，第二环是社会组织，第三环是政策，最后一环是公众。我们壹基金做的所有的事，尤其是灾害和心智障碍这两个议题，都是运用这个理论。受益人很重要，要解决受益人的问题，就要有更多的公益组织出现并进入这个领域，才能有更多的人受益。但组织再多，也需要公共政策的变化。对防灾减灾和安全领域来讲，每个人会自救，能互救，这是最重要的。消防队来，可能是十分钟以后的事情。在这十分钟里，你可能已经跑不出去了。对自闭症群体，除了国家财政资金提供上学，提供训练费，更重要的是别人不歧视、不排斥，这些全是公众的问题。一个好的包容和接纳的环境，不是说通过立法有了政策就能解决问题，还需要整个公众的认知和行为改变。所以这四环一环套一环，是壹基金"人人公益"背后更深刻的东西，是一个社会问题的生态。用我的话说，就叫每个人都会防灾减灾，这就是灾害议题上的人人公益。每个人接纳、包容自闭症人群，就是这个议题的人人公益。最后要在这个议题上，沉淀社会资本，形成社会的应对能力和人与人互相的信任和关心，社会才会变得更好。

三 壹基金的公益策略：联合行动，
联合筹款，联合倡导

壹基金在深圳注册后，行业面临的社会环境有变化，社交媒体出现了。2010 年已经有微博了，进入了自媒体时代，很多公众自发参与公益的事情出现了。有了微博打拐，免费午餐，各种意见领袖、关键人物，发起了各种各样的公益行动。我们落地深圳后，重新做了战略。要赢得公众的信任，不只是"壹基金"这三个字，不只是靠品牌，还要靠公募基金会做出有影响力的事，也就是项目。中国公众目前还是更信任看得见的项目，不像国际上传统的大型慈善组织通过银行自动扣款来做月捐，它是信任机构的性质，我每月有简报、每年有年报。而中国目前更多人，还是出于一些原因，希望看到钱到哪儿了，中国公众更关注财务的透明度。慈善事业发展历史悠久的国家和地区也经历过一些不信任的阶段，但最终对慈善组织的信任度都变高了。因为有较完善的法律体系，例如税务局等相关部门有年审、年检、抽查等机制，公益组织既然是拿了免税资格，就有非常严格的来自政府部门、监事会及社会的监督，有非常靠谱的审计机构，所以公众不会花太多心思在质疑上，不会考虑你的基础底线问题——这些问题有成熟的社会运行机制和监督力量去解决，而更多会考虑你的专业性，你的公益领域是不是我喜欢的。而我们现在的很多捐赠人更多在考虑底线问题、合法线以下的问题的阶段。所以当时我们就想，这个互联网时代，网友还是要看你做什么。果不其然，后来的移动互联网时代的公众捐赠诉求，也证明了我们当时的判断。所以当时 2011 年壹基金的战略规划就决定，壹基金一定要靠过硬的项目，赢得老百姓进一步的信任和支持。

壹基金从第一天开始就不是定位为操作型机构，而是定位为做平台，要做资助型机构。一边是公众 1 元 1 元地捐赠，另一边是那些钱通过壹基金这个平台来支持公益组织。这个战略设定得非常早。中国当时几乎没有公募基金会能拿资金出来做资助。当时大量的公募基金会，看不懂这个事情，也很少想到这个事情，只是把基金会当作募集资金解决社会问题的一种形式，并没有深刻地来看基金会本身这种组织形态在公益生态里面的角色。李（连杰）先生认识这个事比较早。而壹基金定位自己为平台型组织，也是符合国家治理目标的。从 2004 年十六届四中全会提出要健全"党委领导、政府负责、社会协同、公众参与"的社会管理格局，到十九届四中全会提出的"党委领导、政府负责、民主协商、社会协同、公众参与、法治保障、科技支撑的社会治理体系"，都提出了社会协同和公众参与作为国家治理体系和治理能力现代化的重要部分。在社会协同中，社会组织必然是一个重要的协同参与治理的部分，而且社会组织还能根据自己的小、快、灵的特点广泛地联动公众参与。

在移动互联网筹款时代，公募基金会开始与小型社会组织合作。目前很多公募基金会做互联网公募筹款，但还是很少资助公益生态里下游的小的公益组织，而是通过认领小伙伴的项目帮助上线筹款，然后小伙伴为这个项目发动劝募并执行这个项目，这种状态其实是一种类似租赁公募权、收管理费的运营模式。这也是一个新的特点，公益行业里虽然一直在谈资助型基金会太少，但很多公募基金会还是很难一下子转变理念和模式。这个说大一点是政策问题，本来这些小组织为了解决某个社会问题而需要筹款，但我们的制度安排是没有给它们公募权，要挂靠公募基金会。为什么非要过一道公募基金会？公募基金会不论收3%、5%还是8%的管理费，很可能就是小组织一两个员工几个月的工资，这样行业生态里本来需要更多基金会筹款支持小组织，但有点反过来，养了一批靠收管理费过日子的公募基金会。这样的基金会，可能在使命和价值方面还是要明确战略，如何发挥基金会该发挥的作用，当然，公募权我认为也是个历史阶段的产物，以后肯定会优化。

壹基金确立了平台和资助型的战略后，就有了"典范工程"，当时是通过设立奖金资助环保、教育、健康、救灾、扶贫这五个领域的标杆机构。深圳市自闭症研究会就是最早一批的典范工程。之后聚焦救灾和儿童两个领域，经过落地深圳以后的战略不断演进，现在我们常年支持合作的、直接能拿到我们项目支持的市县区域以下的公益组织有1000多家，算上参与的志愿者组织，超过2000家。从这个角度来讲，在中国历史上没有哪个基金会这么大规模地支持县域的公益组织。这是我们从2011年开始定下来的战略。一线城市需不需要基金会的支持？需要。二线城市、省会城市需不需要？也需要。但是相比起来，我们认为不管是公益议题还是整个公益生态，我们觉得县域组织更需要，尤其是中西部、东北三省每个省域内的社会组织之间协同发展的生态。我们先从中西部和东北三省开始建立联合救灾网络，通过每一个省的网络，不断地带动当地更多县域公益团队成长。支持中国公益生态最重要的一环，是让处于社会问题一线的当地公益组织能够就近就便响应。现在这些县域公益团队在项目管理、财务管理、自主筹资上都有了重要的发展。作为一个公募基金会，拿公众捐赠的钱来做资助，是非常难的。传统的筹款执行项目这种方式相对简单，但公众很难理解把款捐给你为什么还要再让别的组织去做，这就是前面说的生态的重要性，只有当地的组织解决当地的问题才是最优的。所以我们变通方式，实际上是拿项目来做资助的。因为对一个资金量在一定规模的基金会来说，如果被资助组织的资金使用能力还没有达到一定规模，那这个模式是有挑战的。假设我们一年筹款 3 亿元，一个项目 20 万~200 万元，我们得支持多少项目，得招多少人？这个运行和资助成本是很高的，不适合壹基金这样的公募基金会。而我们既要支持公益组织，又要筹款——筹款需要设计公众看得懂的项目，所以得把行业里专业的东西，转化成公众看得懂且愿意参与的项目形式，还要通过一系列的设计，最后培训和支持伙伴能在县里离受益人最近的地方高效地落地，这是很复杂的转化过程。这样既用捐赠人的爱心帮助了受益人，又同时带动了当地公益团队的发展，这就实现了资金的效益最大化，同样的捐款，壹基金的项目模式可以带来更多社会效益。

我们资助的策略是联合公益模式，分为四个部分："联合治理，联合行动，联合筹款，联合倡导。"伙伴成员对这个议题要有想法，大家对三年、五年内要干的事要有共识，网络成员要共同参与治理，网络成员要联合行动联合筹款，最终目的是进行联合倡导带动更多的公众持续参与。比如我们支持的 20 个省级联合救灾网络，它们都有自己的议题和目标。成员们为什么在一起，大家要承担什么角色和什么义务，有网络的规划、网络的章程、网络的治理。根据壹基金支持的"掌握规律、提前备灾、联合行动、快速救援"的救灾策略，我们支持它们在当地设立备灾仓库，同时省内社会组织之间建立协同救灾的日常预案和机制，每年都进行能力建设培训和相关演练。当地社会力量有了相应能力后，也成为当地灾害治理体系中大备灾体系的一部分。这样当灾害来临的时候，市县组织在壹基金和省协调机构的支持下开展行动，一般的灾害壹基金不会派人去，多数救灾是省协调机构指导市县组织就近就便响应。除了备灾和应急方面的工作，壹基金还将议题延伸到日常常态减灾，联动各省市县公益伙伴在学校开展"儿童平安小课堂"、在城乡社区开展"安全家园"两个品牌项目，以提升学校和社区的减灾能力，这样就从灾前的减灾备灾，灾时的应急响应，到灾后的恢复重建的灾害全链条业务打通，让当地社会组织可以在持续工作中提升能力，成为当地社会在应对灾害中社会协同的一支重要力量。除了灾害类项目，我们还支持它们在当地实施壹乐园、净水计划、儿童服务站、洗手计划、厕所计划等乡村儿童健康和发展类项目，提升它们在儿童议题方面的专业能力。通过这样的支持，确确实实支持起来了一批枢纽型、支持型的组织，而我们又和这些省内的枢纽组织一起带动了当地公益生态的发展和完善，让更多县域的公益组织可以成为社会治理的重要角色，它们在灾害救助和乡村儿童领域发挥了巨大作用。

我们支持当地社会组织建立协同网络的意义和价值就在于，尽量通过一些标准化项目的支持，让刚入行的小组织能快速成长，跨越它们自己摸索的阶段。让这些组织在项目实施过程中提升它们的能力，既完成了公众捐款的项目的实施，又提升了组织自身的能力，最后还对推动当地某个社会问题的解决有长期贡献价值。壹基金通过标准化项目来资助伙伴，同时又给执行伙伴留有了空间，它们可以在标准化项目的基础上，做自己的加减乘除，在当地可以发展出自己的优势。这个标准化体现在解决问题的项目设计方面，要解决什么问题是清楚的，基本流程是清楚的，基本的财务管理是清楚的，怎么传播、怎么倡导、怎么筹款是清楚的。这些项目带动了当地组织的能力提升以后，它们会设计自己的项目，自发进行筹款，会自己再迭代设计新的公益项目。所以现在很多组织成长起来以后，都会自己上互联网筹款，自己设计新的项目，参与当地政府购买社会组织的服务。所以很多县里的组织，市里的组织，就是这么培育发展起来的。

壹基金实施一个项目有含十几个表格、十几套流程的规范性文件，你把这个流程操作下来，组织的专业化程度就会变得不一样。伙伴们刚开始会抱怨，壹基金的项目管理太细、太烦琐，结果他再去申请中央财政的项目，发现轻轻松松就做下来了。做完壹基金的项目，再做别的就没有什么难度。因为财务和项目管理规范，流程周期非常到位，一个小的志愿者组织跟着壹基金做了一点项目，发了发温暖包，发了发救灾物资，就会变得不一样。所以我们从一开始讲，不是说这些伙伴替壹基金干活。我们的模式是联合筹款，联合行动来解决社会问题，伙伴在一线行动，我们在后方发挥壹基金的平台协调资源和支持角色。从第一年"99公益日"开始，我们的筹款排名在第20名开外。因为我们的目的不是筹多少钱，也不是认领伙伴上线的筹款项目，等它们筹的资金从我们这儿过账我们收点管理费。上述做法对基金会通过一系列专业的持续的项目，实现解决社会问题的使命，帮助并不大，还会增加我们的财务、项目人员的工作负担，增加我们的风险。这就是我们这么多年原则上不认领小伙伴公募项目的原因。但如果是我们议题领域内通过联合公益方法论和伙伴共同设计出来的，是我们一起想做的，那我们就把双方共同的成本设计到项目预算里面，我们不是收你的钱，我们是共同来解决这个问题，合理地列支客观成本。同时，我们不但不收你的管理费，我还给你配套项目和工作经费。

我们长期与议题网络中的小伙伴们合作，也是以解决问题为导向。我们学习国际经验，都是要以权益为本，以解决问题为导向。你看到这100个孩子的需求，实际上它背后可能是1万个孩子的共同存在的权益问题。这100个孩子的需求好满足，但是它背后有1万个、10万个孩子的要求，我们要解决的是这个人群整体的权益问题。我们说要有问题意识，不仅仅是需求意识。公益行业的很多组织比较多谈需求，任何一个群体都有很大的需求，比如一个自闭症孩子从训练到融合教育，到就医，到就业，都需要大量的钱，靠我们自己民间筹资，公众捐赠，想解决一个巨大的社会问题，这是不可能的。我们只有基于这些共性的问题与整个行业一起，不断地推动政府的政策完善，推动公众的社会意识和行为的改变，才能深层次和持续地解决这些社会问题。目前我们多数公益组织还是起步于简单的公益活动，筹点钱把这个活动做了，把这个需求满足了，还没有学会用逻辑框架，深刻、持续、系统地分析如何解决这个群体的共性问题。任何一个社会问题都是长期的，没有个三年五年的时间，很难有效果。但资助社会组织的项目往往是短期的，当年做完，就会变成公益活动。深圳实施的"民生微实事"项目，我认为这是深圳了不得的一个成就，一个社区200万元，这下了多大的成本办实事！但我们需要考虑机制更加完善的问题，如何协助社区长远规划？让社区可以利用每年的200万元做更持续解决问题的事情，而不仅是看当年200万元的活动或服务项目。如果社区发现一些重要的问题，可以做三年、五年的计划，后面几年可以长期花这个钱。要协助社区有这个能力，否则每年拼凑一些活动，把当年这个200万元花了，而没有用三年、五年的时间构建一套能力机制，那么很难让社区在某一方面发生变化。

四 壹基金的价值与意义

对于壹基金来讲，它虽然在深圳注册，但是其实从李（连杰）先生创办它那一天起，就不仅是一个地方性的公益组织。它扎根深圳，面向全国。从国家治理角度来看，除了经济发展，慈善组织的第三次分配写进了党的十九大报告，这确实是先富地区带动后富地区的一个新渠道、一种新探索，它就是把深圳的制度优势转化成具体的试验，也是深圳早早就开始做的事情。

从概念和定义上来讲，看一个组织是哪里的有几个角度。第一个是社会组织登记注册，必须冠以地名；第二个是钱从哪儿来；第三个是钱用到哪儿了。我觉得，从这三个角度来讲，深圳的很多组织虽然扎根在深圳，但它们不只是深圳的组织，因为钱很多不用在深圳。壹基金注册在深圳，但借助互联网从全国筹资，支持深圳和全国。10 年前，改革开放 30 年，深圳建市 30 年左右，深圳已经开始了社会治理方面的探索，并不是中央明确提出国家治理体系和治理能力现代化以后才开始做，深圳早走了十多年。壹基金的注册就是最明显的一个标志。就是作为深圳主管社会组织的政府部门和有担当的领导，愿意冒这个险，做这个试验。当然背后是有合法性的，就是"部市协议"的配套改革。但是为什么民政部和深圳签协议，而不是和其他城市签？就是深圳确实在这方面已经做好了一定的准备。不论是主观还是客观，不论是因为需求倒逼还是因为领导的前瞻，深圳市委、市政府已经看到了在经济发展的同时，如果没有社会组织参与社会治理，没有社会提供公共服务，城市的发展是不协调不平衡的。

从全国来看，这样一个特殊的政策窗口，是壹基金来当了试点，对于壹基金来讲，也算个政策红利。反过来讲，壹基金可以回馈什么？在 2017 年，壹基金成立十年的时候①，我们内部讨论过，十年筹资十三四亿元，拿

——————————

① 从 2007 年壹基金设立专项基金算起。

这个钱，修广深沿海高速，修深圳地铁，修不了几公里。但是我们从一个专业公益基金会的专业方法论来做我们的战略规划，我们用这十几亿元，不仅推动了深圳一些社会组织的发展，而且更重要的是在全国通过推动不同的议题网络，在20个省建了联合救灾网络，在自闭症等心智障碍群体和家长组织的社会组织协同网络建设层面，产生了更大的社会效应。

打个比方，壹基金先摘政策红利的桃子。那这个桃子如何跟大家分享呢？我想我们不但没把桃子独吞了，还把这个桃子种成了桃树，不断地种到了更多的县，让这些地方有了桃子，更多人吃到了桃子。我想这可能是壹基金和深圳这个城市共同的基因和角色。先富带动后富，支持创新，帮助贫困，同时在自己的领域还要引领行业。

先富的地区，怎么样能够机制化地带动后富地区？通过社会治理也罢，通过慈善活动第三次分配也罢，不管从哪个角度，我觉得壹基金这样的实践都是重要的体现，都是国家公平的一种重要探索。当然中央财政转移支付是国家最大的先富带动后富的一个措施。但是你作为民间组织，也有你的渠道和角色，那么怎么体现这个角色的价值呢？壹基金的资金将近一半来自阿里系的网友捐赠，所以我们的捐赠人和支付宝的用户，或者说与"双11"的消费主力者的省份是相当吻合的，江苏、浙江、上海、北京、广东，这是五大捐赠人的省份。我们的公益伙伴来自中西部、东北三省的多。从2011年到现在，我们在很多县支持了公益团队。中国有2800多个县级行政区，我们的项目到了超过全国一半的县，我们让这些县里有一个真正的公益团队。从一个献爱心、学雷锋、好人好事的个人行为，或者叫志愿者行为，变成了一个注册的、职业化的、专业化的、组织化的行为。我想，这是我们对社会治理更大层面的贡献。这个贡献也是因为有了深圳的政策，反过来讲，也完全可以理解为，是深圳对全国的贡献。比如深圳对口援建的喀什，壹基金早就自己主动在那里做了多年的公益项目。当时《深圳特区报》的记者，去喀什采访当地的公益项目，他们发现壹基金在当地已经做了项目。这不是我们给政府报的材料，而是记者自己在当地采访到的。这就是深圳的价值！

我们知道自己的角色，我们是含着金钥匙出生的。我说的金钥匙，就是这个公募资质的政策红利，深圳批了这个事，更不要说我们这些理事会的阵容。如果仅仅做一个和其他公募基金会一样筹钱花钱的基金会，那就不需要壹基金。李（连杰）先生自己就讲了，如果壹基金做得和其他基金会一样，那就不要做了。为什么？不需要多你一个，给你捐的钱，捐给其他基金会得了。这是行业里大家考虑生态位比较少的问题，如果都在做同样的事，那很多组织确实就不需要了。在市场领域，如果在某个品类、在某个行业里，没有人做，那么总有企业来填补这个空白。公益组织也应该是这样，你要有你的专长、特长，来促进解决社会问题。所以组织的基因里，愿景、使命、价值观是非常重要的。我们相信每一个人，我们相信社会的改变不是少数人做了很多，而是多数人做了一点点。这就是一个基本条件，是靠多数人的改变整体水准才会提升，不是靠少数人做了很多的改变。少数大慈善家解决不了所有社会问题，解决社会问题在很大程度上要靠公众的广泛参与。

五　壹基金与深圳

壹基金既然落地深圳，一定要跟深圳的市民有更多的互动。当年一落地我们就做了"大爱压岁"的活动，就是联合志愿者上街头募捐，给孤儿筹压岁钱过冬。还有每年冬天的"为爱奔跑"项目，每次有成千上万人参加。这两个行动都是当初一落地深圳，马上就想着如何赶快和深圳市民互动，更好地激发深圳这个城市的公益热情。到2013年，我们又开发了"为爱同行"项目，现在它已经变成深圳一个重要的活动，很多市民连续参加了六七年。壹基金通过这样持续不断的公益活动，汇聚深圳市民的爱心，体现深圳志愿者不一样的精神。

同时我们在深圳也重点支持了深圳的一个救灾组织，原来叫深圳山地救援队，现在叫深圳市公益救援志愿者联合会。无论是每年的台风灾害，还是2015年光明区的坍塌事件，我们都提供资金支持它们开展救灾活动，包括它们每年去外省的一些救灾费用。光明区的坍塌事件后，我们还支持了深圳市社会工作者协会，让社工去安抚家属。善后工作在春节前全处理完了，这和深圳的社工第一时间介入，每个家庭有社工陪伴，有很大的关系。我们当时一手支持救援队，在现场继续参与协助挖掘救援，一手支持社工给家属陪伴服务。我们为什么支持这两个组织，而不是支持其他组织呢？这也是我们的专业积累，我们能看到它们的专业作用和价值。这也是公益生态系统的体现。

后来壹基金支持自闭症研究会、守望协会，在深圳做心智障碍群体保障和发展的试验示范区，也是我们看到伙伴们在这个领域已经有了很强的思考。以前我们支持特教机构，它只是在学前或者最多是小学阶段，对孩子进行行为训练，我们做一些特困家庭的学费支持。到后来我们支持家长组织，支持融合教育，逐步扩展到这个孩子的全生命周期。我们要深刻理解这个议题，找到这个议题的领袖机构一起来推动。我们更多的是做一些重要的资源整合或者在方法论上的一些支持。自闭症研究会在深圳做试验示范区也是有基础的。在深圳这样一个城市，第一有财力，第二对特殊人群，尤其是对心智障碍人群的认知，无论是残联领导，还是教育系统、学校的领导，都更包容接纳，可以看到少数人群的需求，所以才在深圳建这样的试验区。这也是典型的壹基金的思维、壹基金的方法论的体现。我们认为，重要的不是简单的救助帮扶，我筹多少钱，帮多少个孩子，发多少的物资，简单地做多少陪伴，做多少个个案。不是这种简单的模式，而是想从深层次、可持续的模式，系统地考虑这个问题的解决。这也是专业公益、科学公益和普通公益活动的分界。最终你要有一个系统性的解决问题的路径。

我们很感谢深圳，让我们落地深圳，还给了我们这个办公室。当年只有深圳才有这样的前瞻性和魄力。壹基金注册到深圳后，理事中有马蔚华、王石、马化腾等在全球有影响力的企业家，还有深圳市民和企业的广泛参与，有主管单位的指导监督。壹基金另一个不一样的基因，就是因为理事大多是企业家，所以马蔚华理事长在 2014 年上任后，就提出了企业化管理的思路，要让组织建立激励约束机制，加强内审外审和信息披露工作，让组织高效地运转。壹基金在深圳注册为公募基金会后，开了一个口子，后来北京、上海的一些基金会陆陆续续从非公募基金会转为公募基金会。

为什么全国这么多的地方民政局来深圳参观，而且都要来看深圳市社会组织总会基地？我觉得深圳还是做出了很多经验，值得学习。志愿者之城、慈展会、中国公益项目大赛、社会企业认定、慈善信托……公益行业里面这些创新的事，深圳都走在前面。我觉得这就体现了深圳在社会治理、公益慈善这个领域里，承担了全国慈善的一个引领创新的特殊角色。深圳对社会组织还是很积极的，包括最近正在做的慈善条例的立法工作，包括推动成立深圳市基金会发展促进会，包括深圳市社会组织总会培训基地举办的各种讲座等，力度还是都很大的，很超前。深圳一直在探索如何让行业自治，自我监督，如何更多地支持引导，先行先试，出了问题再总结问题。我在其他地方看到的可能多数还是担心出问题，一旦担心出问题，很多事就没法做了。下一步，深圳建设先行示范区，更应该拿出好的做法。深圳每做一件事，不光考虑深圳自己，作为先行示范区，还要考虑深圳能为全国带来什么。

深圳是志愿者之城，社工的数量，社会组织的数量，基金会的数量，在不算直辖市的城市里，深圳是最多的。这都说明，在社会协同、公众参与方面，深圳是真正有协同的主体，有参与的渠道。深圳有一个特点，外来人多，年轻人多，大家很热心。比如说"磨坊百公里"这样一个民间组织的活动，能做这么大，做这么多年，是因为有大量这样的人参与！深圳最早学香港的社工，深圳出现公益救援队，这都是深圳与其他城市不一样的地方。年轻、空气好、效率高、环境好，政府也高效、理念开明、观念开放，整个城市方方面面的效率都很高。

一转眼，我来深圳也有八年时间了。如果说有什么具体的建议，我就希望解决公益组织的人才发展问题。全国的公益组织，在各个城市的人才战略都是挑战，就看深圳在这方面怎么样走在前面。例如基金会平均工资不能超社会平均工资两倍这样的政策非常制约慈善组织招募更好的人才；没有人才，一切事业的发展都会受到制约。基金会的工资都上不去，你让社工，让这些草根组织的工资怎么上去？希望深圳加大对公益组织人才的支持力度，为公益组织打造更好的环境，让深圳的慈善组织更好地发展，最终更好地服务于社会治理和公共服务，让深圳变得更和谐、更幸福。

访谈印象

从访谈李弘秘书长一开始，我就抛出一个问题——很多人觉得，壹基金不是一家深圳的基金会，您对此怎么看？于是整个访谈就围绕着这个话题展开。

李弘秘书长从壹基金的基因和深圳的基因出发，回答了为什么是壹基金而不是其他的组织，为什么是在深圳而不是其他城市。深圳选择了壹基金，壹基金选择了深圳。壹基金不仅仅是深圳的壹基金，壹基金是含着深圳的金钥匙、开启全国公益组织大门的壹基金。

李弘秘书长关于壹基金价值与意义的阐述，让我眼前一亮。坦率地说，在此之前，我还真的从未想过，深圳的政策、深圳的社会组织可以用这样一种方式，先行示范，辐射全国；从未想过，这也是一种先富地区带动后富地区的方式。

在本书的访谈中，有几位受访者谈及壹基金。王振耀院长介绍了壹基金在深圳落地的来龙去脉，罗海岳作为壹基金的资深员工讲述了他的直观感受，而李弘秘书长则勾勒了壹基金整体的公益理念与战略定位，这些让我们从不同角度看到壹基金在深圳发展的概貌。

感恩这个时代，感恩这座城市，让想法变为一个个现实。

陈行甲：大病救助的民间道路

【人物及机构简介】

陈行甲，清华大学公共管理硕士、美国芝加哥大学经济系访问学者。曾任湖北省宜都市市长、巴东县委书记。作为原全国优秀县委书记，陈行甲于2016年底任职届满辞去公职，人生下半场专职从事公益。2017年5月发起成立深圳市恒晖儿童公益基金会，担任理事长兼秘书长，同时担任深圳市基金会发展促进会副会长兼执行会长、深圳国际公益学院研究员、深圳市社会组织总会党委委员、深圳经济特区社会工作学院教授等职务。曾获得北京卫视节目《我是演说家》第五季全国总冠军、2017年度中国十大社会推动者、2018年度中国公益人物等荣誉。

深圳市恒晖儿童公益基金会成立于2017年5月，是在深圳市民政局依法注册登记的非公募基金会，致力于开展公益社会创新、贫困儿童大病救助和贫困儿童教育关怀等方面的公益项目。联爱工程是该基金会重点项目，该项目是一个"儿童癌症综合控制"项目，是与政府部门密切合作、以儿童白血病为试点病种、以广东省河源市和青海省为试点地区且融合了公共卫生、临床医学、社会工作、健康经济、公共政策等多个学科的公益社会创新项目。

一　步入公益

我是自2011年10月起任湖北省恩施州巴东县委书记的，2016年12月辞职。辞职之初，我其实没想到做儿童白血病领域的公益服务。当时我想做乡村平民教育，就想做这个时代的晏阳初①，甚至自己还写了一个"晏阳初计

---

① 晏阳初（1890—1990），别名晏遇春，四川巴中人，中国平民教育家和乡村建设家。

划"——我在向省委书记提交的辞职信里面，附上了我的"晏阳初计划"。

为什么会关注到儿童白血病？为什么会关注到深圳？这是机缘巧合。2016 年 12 月初，当时深圳爆发了"罗尔事件"，成为全国的热点。这个罗尔事件阴差阳错地改变了我的工作方向。我做了一些深度的追踪和调查研究之后，就决定先放下平民教育，我可以把它放到以后再去做，眼下这件事情好像更值得我去做，而且我觉得我也可以做这样的一件事情。儿童白血病暴露在全社会的面前，大家觉得不只穷人怕，原来连这样标准的中产阶层都生不起病，连他们都害怕。

我当巴东县委书记的时候，见了太多的因病致贫的例子。因为那时候我刚好任县委书记的后期，当时国家卫计委、国务院扶贫办发布过一个数据，整个中国因病致贫的比例是 42%①。而巴东县，一家一户数出来的数据是 48.7%，将近一半人。巴东县贫困发生率有多高，高得让人吃惊，50 万人中有 16.7 万人在贫困线以下，这是我 2011 年去的时候。所以这个扶贫的困难程度简直无法想象。这个中间有将近一半的人是因病致贫。不是因为他们懒，不是因为他们土地贫瘠、信息闭塞，这些虽然是原因，但都不是主要原因，主要原因就一个，就是生病。可以说，因病致贫这个社会问题本来我就耿耿于怀，再加上罗尔事件一爆发，就成为我关注的第一个点：就是不只穷人，连中产都怕生病。

2010 年 9 月，国务院总理温家宝同志在天津视察高铁建设，温家宝总理有一个很出名的特点，就是下基层调研不按规定线路走，走到哪里，他想喊停就停，他想指挥司机要怎么临时调整（路线）就怎么调整，所以他会直接发现一些问题。家宝总理那次调研高铁建设，在现场看到了一个中年妇女抱着自己的孩子痛哭，准备放弃治疗得了白血病的孩子。后来，这孩子得救了。但是总理在现场就问了一句：全国这样的孩子还有多少人？这句话当天中午就被传到了卫生部，所以当时卫生部部长陈竺马上安排他的老同事，上海的一个血液病专家顾教授，牵头做一个调研。顾教授带领

---

① 2017 年 10 月 11 日新华网网站刊登了来源于《人民日报》的报道中提到：国务院扶贫办综合司司长、新闻发言人苏国霞介绍，在目前剩余的贫困人口中，家庭成员因病致贫、因病返贫的比例在上升，从两年前的 42% 上升到现在的 44%。

的团队做了两个月的调研，形成了一个报告。2011 年的两会上，陈竺部长就是凭这份报告向全国人民表态的："从今年开始，全国的儿童白血病推进免费治疗。"你现在在互联网上还能看到当时的新闻报道。2011 年上半年，陈竺部长表态之后，卫生部、各个省的卫生厅、市卫生局、县卫生局，层层下文件落实这件事情。但是这件事情在全国范围来说，真的实行不下去，它基本上是个无底洞。儿童白血病的病种极其复杂，现在我能跟你说出 20 多种儿童白血病，儿童白血病跟成人白血病不是一种病。所以一是无底，二是无路，意思就是没有规范的临床治疗。你说一个孩子得白血病，需要多少钱？没有数字，因为它的病种太复杂，分高危、标危、中危、低危，各种不同的区分，太复杂。同样的是儿童白血病，你可能给这个孩子 2 万元，就能解决问题，说不定就治好了，另一个孩子给 50 万元他还是走了。所以就是在救助又无底又无路的时候，推进全国免费治疗，怎么推？在推的过程中就发现困难重重，其实我们国家缺的可能并不是钱，而是这些事情的基本路子不清。

当时我就萌生了一个想法，我要成立一个公益组织，帮国家来探探这个路。我当时的逻辑就是，我们的国家太大了，人口太多了，而这些病种太复杂了，我们国家的医疗保障投入每年以万亿元为单位地往上涨，增长幅度远高于我们 GDP 的增幅。但是我们国家有这么大量的投入，党中央、国务院这么高度重视，为什么就不能解决这些问题呢？所以我当时就有一个想法，想做一下社会实验，我觉得我有基础来做。可能这些事情一般人不敢想，但是我觉得我应该想，我过去学过和经历过的东西，我得到的培养和锻炼，让我觉得我有这个能力。

我当时的想法是为了解决因病致贫的问题，就从儿童白血病入手，我来探路。我的理想是为整个国家医疗保障的进步来做一个小岗村。这个小岗村是个什么概念？小岗村，现在回头看，在整个中国历史上，至少在中国近代史有特别的意义。现在回过头看，小岗村是非常有意义的。他们试一下，失败就失败了，他们都是签了字的；万一失败了，他们去坐牢，他们的孩子由村里面的其他人帮着养大，养到 18 岁。他们试的成本低得多，由他们先试，试了之后在村里面，在县里面总结，最后在省里面总结，推到全国了，到最后短短两年时间在全国推行了。所以我当时想，我们国家医疗保障领域的完善，需要一个小岗村。我觉得罗尔事件爆发的这样一个全国热点，是一个机会，让儿童白血病这个社会痛点、难点无比清晰地呈现在全社会面前。我的想法就是，你看我们国家不是太大了吗？我来找一个"小国家"，打引号的国家，一个贫困地区的地级市，三四百万人口。不是病种太复杂了吗？我去选一个病人不那么多，但是社会痛点足够痛、足够难的，那就是儿童白血病。我们公益组织来牵头，对"小国家"范围内，所有的儿童白血病都免费治疗；大国家里面是不行，"小国家"里面我先免费，把当年部长的表态放到"小国家"里面先去实现。我和当地政府合作，政府能报多少算多少，剩下的由公益组织来报。因为我是在"小国家"范围里，又只针对这一个病种，所以花费并不多，我做了一个测算，担得起，一年8000万元左右就够了。我觉得这对于一个公益组织来说的话，是有可能的。它的巧妙之处就在于这件事情，公益组织能做，而政府不能做。因为地方政府胆敢宣布对某一种病免费治疗，你只要一宣布，你肯定完蛋了，第二天政府大门可能都会被砸。你宣布了儿童白血病免费，成人白血病，我的高血压，我的糖尿病，我的肺癌，我的胃癌……免不免费，我不是人民群众，我不可怜吗？为什么你能治他，不治我？所以政府不能做，但是公益组织来做，这就有区别。公益组织力量有限，我可以单独只做一个，我是社会力量，我不是必需的，我是选择题。

如果我来做这样的事情的话，那么单纯地找社会筹钱，去帮穷人付医药费只占我工作量的10%；我90%的工作，是要在这个地方拿到所有的数据，拿到所有患者相关的数据，我要建立数据库，在这个地方探索规律，争取能够形成可复制的模式，贡献给国家。这就是我最开始的设想。

二　在深圳落地

等我想清楚要做这件事情之后，那么我从哪里开始？我当时筹了一笔钱，1000万元，正好可以开场了。当时也是我辞职后，有人请我去，给我开的是400万元年薪，把我吓坏了，我哪里值那么多钱？那个人说跟我之前并不认识，跟我深谈了一次之后，他说他很感动，说这种理想是很难得的一件事情，他给我 1000 万元，我去做这个事。我和一个朋友说，我决定找一个贫困地区，要去做调研。我要避开嫌疑，就不找恩施，不找湖北的。我找另外一个朋友，去调研了云南的昭通和普洱两个地级市，打算在这两个地方来做试验，当时我已经拿到了昭通和普洱的基础数据。

有了这样一些基础性工作之后，我觉得我可以开始做这个事情，我要找一个地方注册一个公益组织。我想，一方面深圳是最开放、最包容的，另一方面我来深圳是最合情合理的——是罗尔事件激发我想做这个事情。2017 年 2 月，春节过后，我背着一个包来到深圳。我自己先在网上租房子，4000 块钱一个月，也没有人给我发工资，然后自己就跑到深圳来。到深圳的第三天，我到深圳市民政局的窗口去咨询，第一个接待我的是深圳市民政局社会组织管理局登记管理处的一个小姑娘。就这么跟你讲，从我到深圳市民政局的窗口去咨询这件事情，到最后把"深圳市恒晖儿童公益基金会"的执照办好发到我手上，仅仅用了 57 天。这几乎颠覆了我以前对行政效率的所有想象。

在后来的过程中，我认识了锦兴①、窦窦②、王辉球③。我记得当时王辉球给我提的第一个建议。他说："陈老师你这个点子特别好，我们国家挺需要的，你既然想做小岗村这样一个试点的话，我的建议是你干脆选深圳对口扶贫的四个地方之一，就是广东的河源和汕尾、广西的河池和百色，这四个地方是国务院安排的深圳对口扶贫的。第一个是你可以大大地降低行政成本；第二个你做的这些事有意义，将来有可能连接到深圳市的一些政策资源，来配合支持你。"我觉得这个建议很合理，所以我就动了心思。结果没想到只过了三四天，就那个周末，我和新认识的几个"驴友"去爬山。其中一个就是深圳文科园林的董事长李从文④。我们在一整天的爬山过程中间聊天，就聊到说我要做些什么事，我跟他讲我的想法。当时他就说，

---

① 饶锦兴，时任深圳市社会组织研究院执行院长。
② 窦瑞刚，腾讯公益慈善基金会执行秘书长，详见本书访谈。
③ 王辉球，时任深圳市民政局政策法规处处长。
④ 李从文，现任深圳文科园林股份有限公司董事长、万润实业董事、广东省风景园林协会副会长、深圳市风景园林协会副会长、广东湖北商会副会长。

他跟河源市委书记张文①是长江商学院的同学，要不要帮忙引荐一下。我们就在下山的途中现编短信，我说他写。他写的是："张文书记，我给你介绍一个人，他过去是全国优秀县委书记，现在想做公益，想探索因病致贫的解决办法，先从儿童白血病入手，通过对当地的兜底治疗来探路。这是一种更高级的公益，升级版的公益，不是简单的哭穷卖惨去博同情给穷人交费的事情，有政策试验探索的性质，我觉得挺好的，你有没有兴趣？"同时他也把我的个人信息发给张文书记了。

三　在河源探索

李从文的短信发出去之后，第二天张文书记的秘书就打来了电话。他说："陈老师，欢迎你来河源。"然后我就去河源，在河源跟张文书记汇报半个小时，他就说这个思路真的挺好的，很欢迎。我当时跟张文书记说得很简单。我说，第一个，我是个什么理想，我想做这样一个事情，给我们国家来探这个路。第二个，我觉得我做这件事情对你是有用的，我虽然力量不大，但是我能够帮助你至少消灭这个社会痛点。第三个，我说如果万一做成了，这叫河源模式，万一失败，其实跟河源也没有关系，那就是我一个公益人做这件事情。我说不可能失败，最多就是模式没做成，但我至少把这些孩子救助了。所以说对你是有益无害，能完全形成一个补充。张文书记当时是从深圳市委常委、副市长岗位过去的，他非常开明、非常开放。他签字之后，河源市副市长马上来给我们开办公会议，听我们汇报。接着河源市三个政府部门下红头文件，河源市民政局、卫计局、社保局，三个单位联合下红头文件，就关于支持联爱工程在河源做这样一个事情。我说，恐怕中国公益组织中很少有能享受到这个待遇的，一般的公益组织哪能想象这个。我这两年在河源顺风顺水。

今年（2019 年）8 月 17 日，我要在河源举行两周年的纪念活动。我们为 83 个河源籍的儿童白血病患者提供了补充报销，把患儿在医保目录范围

---

① 张文，2016—2017 年任广东省河源市委书记，长江商学院高级管理人员工商管理硕士。

内的医疗费用报销比例提高到90%，总金额接近300万元。83个孩子中，走的只有几个，多数都活下来了。报销医疗费只是联爱工程工作的一小部分，我们希望探索大病救助综合控制的做法。联爱工程包含了医疗卫生技术评估中心、优医中心和肿瘤社工中心：通过医疗卫生技术评估中心的实践，探索出一套科学、透明、有效的评估方法，为政府决策提供有效的证据支持；通过优医中心，支持医生能力建设，实现患者本地化治疗，实现医疗费用的下降；通过肿瘤社工中心，进行病前预防和愈后监测，完善医疗服务模式。

这两年，基金会做的关键的一件事是帮助河源建立了儿童血液科——河源市人民医院挂牌成立儿童血液组，意味着这个拥有360万人口的地级市第一次拥有了治疗儿童白血病的能力。河源的白血病患儿可以在本地治疗，而不用再辛苦地往返于广州或深圳与河源之间。（这样的治疗）以前是没有的，是空白的。对河源儿童血液肿瘤的治疗能力，从0到1，从无到有，是我们公益组织掏的钱，不只是钱，还有连接的资源。让医院提高能力，让孩子能够在本地治疗。在河源建立医疗团队，建立科室，相当于帮他们引进了一些医疗资源和人才。我们整个中国，治疗儿童白血病最权威的三个专家之一，也是我们的顾问，8月17日他又要去给孩子们讲课。我们在当地选择医生，选择护士长，我们掏钱把他们送到广州的医院，今年（2019年）培训了9个月的时间，所有的费用全部是我们掏的。我们又请了专家到河源去挂牌，就是说每两个月到那个地方去一次，就是指导后扶上马，扶上马送一程，这都是用我们公益组织的资源做的事情。

白血病患儿在广州、北京和上海治疗的费用我们都报销，只要是河源的白血病患儿，我们都报销。现在他们能在本地治疗了，我们鼓励他们在本地治疗，因为他们在本地治疗，可以省很多钱。对患这种大病的孩子来说，我跟你讲，如果在本地不能治，必须去北上广。那么他们花在病房里面的费用和花在治病上的费用是1∶1。吃药、打针、做手术要20万元，路费、住宿费，包括吃饭的费用也要20万元。所以说，你看我不只是给孩子报销医药费这么简单，为他们做的这些事情，是在探索模式，现在已经很顺利地在往前进展。

另外，培养本地的肿瘤社工也是整个模式的一部分。社工为患者提供普及知识、亲子活动、心理辅导等社会服务。我们在青海省的项目试点中，还特别在青海当地招聘了一名毕业于青海师范大学社工专业、汉藏双语的肿瘤社工，就是考虑到青海藏族地区存在藏汉语言与文化的差异，且大部分藏族同胞看不懂汉字，听不懂汉话。

四 创新探索不止

接下来，我想把我在河源要做的这些事情，设计成一支社会影响力债券，在深交所去发行。这是一个闭环，我以我的公益项目、公益模式、公益方法和我的团队的公信力，设计了这么一个公益债券，把 5 年内我在河源要花的钱设计成一支债券，1000 万元，这个钱不多，我承诺 5 年后我们基金会来还。因为我每年都能筹 1000 多万元，所以一年 200 万元的压力对我来说并不大。但是很有意义：一个是我把 5 年内在河源的项目，就是优医项目，对医生的知识，医生能力的建设，对重大疾病政策建设的这笔钱，一笔钱筹拢了，这是对我的第一个意义。第二个意义，我通过深交所来公开发行，通过交通银行来托管，通过中德证券来全程监管——确保项目全程透明，每一分钱花到哪儿都能看到，公众都能看到。我觉得这对整个中国公益界都有意义。我想做这样一个事情，凌局长①听的时候就很兴奋，他说安排深圳市慈善会来为我发行这个债券贴息，贴 5% 的利息。他是为了增大这支债券的吸引力，然后深圳市最高的投资担保平台，也是全国最好的担保平台——深圳高新投为我的债券担保。本来高新投是千亿级的大平台，它不在乎签保人的风险，但是它既然支持我这样一个社会创新项目，我又不让它实际承担风险，那么我们就联合设计了一个模式，就是为高新投，为这样一支社会创新的社会影响力债券项目增信，征集增信，其实就是寻求反担保。有一家上市公司过去给我们捐过钱的，它来做增信做反担保。我跟这家上市公司的老总说，从今天开始，我不再需要你给我捐钱，因为

---

① 凌冲，时任深圳市民政局党委委员、市社会组织管理局局长。

你捐了信用，这个闭环就画圆了。所以这将是整个中国第一支真正的社会影响力债券。马蔚华主席讲了这么多年的公益金融，终于有一个中国的例子可以讲，你不用再拿英国的什么坐牢的人去讲了。如果顺利的话，10月我就有可能代表整个中国公益界在深交所敲钟，那就真的是第一了。虽然钱不多，但是它的意义，我觉得应该是整个中国公益界的一次开疆拓土。终于不用苦行来做公益，你终于不用哭穷卖惨了，不用卖情怀了。我们要社会影响力。企业今后做公益的话，除了捐钱，还可以买债券。

五　感恩深圳

我在深圳得到很多的帮助，后来我一直跟凌局长说，说实话，我感到特别感动。深圳市的公务员，深圳市民政局、社会组织管理局的这些公务员，不只是不卡你，不为难你，而且在这个过程中你能明显地感觉到，他们跟你是"一伙儿人"。我在办理登记的过程中，最开始我的一些基础材料不足，有些小问题。我去办的时候，他们的办事员这么跟我说："陈老师你这件事情非常有意义，我们想支持你，我们愿意支持你。但现在有些材料不足，你就这样这样准备一下，怎么补充一下。"我回来就按他说的补充完善，第二天交上去，就给我通过。所以你能想象吗？就是我跟他无缘无故，无亲无戚，他为什么要这样做？不是懒政惰政，也不是揩你的油，简直就是倒过来。公务员跟我们就是一伙人，有点掏心掏肺的感觉了，我非常感动。所以后来我的基金会成立了，我写了一篇文章，那个文章很"刷屏"的，就是《你好，我的下半场》。在那篇文章里面，我最后专门用一段话来感谢深圳。我就说，感谢深圳这个开放包容的城市，张开怀抱，欢迎我们这些公益草根。

不仅仅是官员，企业家也是。刚才说的文科园林的李从文，只爬一趟山，上山的途中在说这个事儿，下山的途中，他帮我连接资源，下到山脚，他跟我说："陈老师，把你的账号告诉我，我表达一下我的尊敬。"第二天他就往账上打了100万元。这件事情跟他没有任何的关系，是不是？在深圳你看这些故事就能发生。包括你看我的视频在媒体报道之后，深圳宝安区的一个小学，校长组织全校孩子六一儿童节开展活动，在校园范围内开街市义卖，孩子们画的好可爱的画，义卖了 2 万多元钱，全部捐赠。这样的事情很多，点点滴滴很多。所以你看我白手起家，一无所有，但是我现在，一年有 8000 万元左右的募资量，主要是靠一些企业家的定向募集。但是目前为止，我还没有向某一个企业家明确地开过口，比如说你给我多少钱。我其实挺怕给企业家这种压力的，不要让人家觉得你是公益人，你来找他就是来要钱的，我很怕的。你跟我交往，你不要有这个压力，我筹钱还比较顺利。其实我最愁的不是说怎么筹钱，而是怎么把项目做好。

要问深圳的生活成本高不高，我感觉深圳的生活成本其实不高。刚开始我自己掏钱租房子，就租了一年零一两个月的时间。后来我就发现，我符合深圳人才房的申请条件，我也没有找任何人，就在网上申请了人才房。不需要户口，因为我过了 45 岁，户口不能迁了，但是因为我在这里创办了公益组织，我的各种条件，什么学历，什么过去经历，做的事情，反正符合条件，所以我就在网上申请了人才。大概只过了 4 个月就通知我去验房，去验房当天 600 多人，中间多数是企业的，也有少数社会组织的，好像有七八个社会组织领域的人才。我的房子，正南，32 楼，虽然只有 50 平方米，但是我两口子住，够了。我把阳台门一打开，面朝大海。我说这真的就是深圳，这种房子怎么能拿来做人才房，这多值钱？这些事情令人不可思议。

我募的钱绝大部分是在深圳募的，但是我募的钱一分没用在深圳，都用在河源。但是你看，深圳还把我们当人才，可以给我们这么多支持。你办手续，支持办手续，你申请人才房，我就给你人才房，是吧？你干什么都给你创造条件。今年（2019 年）6 月，凌局长要准备推动深圳基金会成立自己的行业组织——深圳市基金会发展促进会，邀请我来当执行会长。就为这个事，他请我吃饭，请我来当执行会长，你说你能想象吗？你要做好事儿，他就真有好事来找你。这个方面，深圳特别好，是吧？

访谈印象

行甲老师，是"网红"，认识他之前觉得他是"明星"，遥不可及；但当你见到他本人，才发觉原来他是如此真实，如此亲和。行甲老师，是妥妥的大师兄，他是清华大学公共管理学院的首届 MPA 硕士，在他身上深深体现了清华人"自强不息，厚德载物"的精神。

他极富感染力。不管是面对面地访谈，还是听他在《我是演说家》的演讲，你都能感受到他平和之下铿锵有力的声音，你会被他的情怀、他的行动、他的悲悯所深深感染，会有一种马上撸起袖子跟他干的冲动。

他极富行动力。当他看到问题时，总会寻找到一个可能的突破口，大家都知道因病致贫这个社会难题，别人只会抱怨、感慨，他却说干就干，马上行动。无论是做联爱工程，还是做深圳市基金会发展促进会，他都可以在短时间内从 0 到 1，完成开创性的工作。

他极富创造力。从过去当县委书记时就有无数脑洞大开的创举，到今天做公益，也时时走在创新的前沿，将过去只在讲堂上的理论模型付诸实践，变为现实。

他极富乐观主义精神。他总能够看到事物光明的一面，当大家都在抱怨深圳生活成本高时，他会因为得到了一间 50 平方米的公租房而欣喜不已。别人看到的是困难，是挑战，他却总可以发现黑暗中的一线光芒。

他极富感恩精神。不管是读他的文章，还是听他的讲述，你总能感觉到他对过去生命中遇到的一切充满感激，对母亲，对大学，对百姓，对深圳政府，对深圳企业家，对深圳市民的感恩。满满的感恩带给他无限的力量。

他极富探究精神。他在一个社会热点事件中找问题，找线索，找原因。在行动中找到有效的解决方案，实施科学的评估机制。解决社会问题，不仅需要情怀，更需要专业精神。虽然进入公益行业时间并不长，但行甲老师已经是公益领域、儿童白血病方面的行家里手。

在跟行甲老师做访谈时，我脑海中一直回响着一个词"得道多助"，他在为大家做事，大家都愿助一臂之力。

愿"甲哥"的公益试点早日成为惠及更多百姓，撬动更大范围的公共政策。

后　记

不知不觉时间已经来到 2021 年。做这样一本访谈录的想法已经是两年前的事情了。整理访谈稿并不比自己写文章容易，从几万字的访谈录音稿中提炼出万余字的终稿，既希望最大化地保留访谈者的语言风格，又要做到书面表达的规范与严谨；既希望尽可能地呈现更多细节，又不得不忍痛割爱，删除一些与主线无关的内容。几易其稿，终于即将付梓面世啦。

感谢接受我访谈的各位公益人。正是他们的坦诚交流才成就了这本书稿，他们是这本书真正的作者。

感谢我所在工作单位深圳市社会科学院的各位领导。正是有了吴定海、陈少兵、王为理、谢志岿、罗思等各位院领导的大力支持，我才有可能把想法变为行动，把访谈变成书稿。深圳社科院是一个和谐温暖的大家庭，在这个平台上，只要你有想法，总可以得到领导的支持与同事的合作。特别感谢吴定海书记，在初稿完成后，他第一时间通读了全文，从遣词造句到思想内涵，都提出了独到的见解，令我感动不已。

感谢李朝晖所长，她作为我的直接领导，非常关心项目情况和书稿进度，多次就人物的选择、标题的命名等与我反复讨论。感谢深圳市社会科学院编辑部主任刘婉华，她作为深圳学人义库的负责人，为本书的前期研究和出版提供了大量支持，也做了很多协助性工作。

感谢我的导师王名教授。此书最初的思想源头在王老师，这两年多来，我多次就书稿的标题、内容、形式等诸多细节，与王老师反复沟通。也特别感谢王老师百忙之中为此书写序，画龙点睛。王老师给我序言稿子的日子刚好是我的生日，这是最好的 40 岁生日礼物！

感谢深圳市社会组织管理局原局长凌冲、深圳市社会组织总会原执行会长葛明、深圳市慈善事业联合会常务副会长刘国玲、深圳市关爱办原专职副主任陈励、深圳大学唐娟教授等老领导、老朋友。虽然两年间他们的工作职务有很多变化，但当年他们为项目启动时的出谋划策，依然历历在目，令我记忆犹新。

感谢社会科学文献出版社的编辑黄金平、郭瑞萍、白云等老师。由于此书是访谈录，口语化内容多，涉及人物多，我深知校稿难度大，各位编辑老师辛苦了。

感谢我的最亲爱的家人们。先生多次利用周末，与我认真探讨每一个人物的核心内容和标题；并发挥他严谨细致的风格，利用休息时间帮我对全书的人物简介进行核对。感谢女儿和妈妈，你们都是我最强大的后盾。

徐宇珊

图书在版编目（CIP）数据

知行者说：深圳公益人访谈录／徐宇珊主编. --
北京：社会科学文献出版社，2021.4
（深圳学人文库）
ISBN 978 - 7 - 5201 - 8063 - 4

Ⅰ.①知…　Ⅱ.①徐…　Ⅲ.①慈善事业 - 人物 - 深圳
- 访问记　Ⅳ.①K828.9

中国版本图书馆 CIP 数据核字（2021）第 042060 号

深圳学人文库
知行者说：深圳公益人访谈录

主　　编／徐宇珊

出 版 人／王利民
责任编辑／黄金平

出　　版／社会科学文献出版社·政法传媒分社（010）59367156
　　　　　地址：北京市北三环中路甲29号院华龙大厦　邮编：100029
　　　　　网址：www.ssap.com.cn
发　　行／市场营销中心（010）59367081　59367083
印　　装／三河市尚艺印装有限公司

规　　格／开本：787mm × 1092mm　1/16
　　　　　印张：18　字数：274千字
版　　次／2021年4月第1版　2021年4月第1次印刷
书　　号／ISBN 978 - 7 - 5201 - 8063 - 4
定　　价／98.00元